编著 薛伟强

基于学科核心素养的历史教学课例研究

华东师范大学出版社

·上海·

图书在版编目(CIP)数据

基于学科核心素养的历史教学课例研究/薛伟强编著.——
上海:华东师范大学出版社,2019
(基于学科核心素养的教学课例研究)
ISBN 978-7-5675-9538-5

Ⅰ.①基…　Ⅱ.①薛…　Ⅲ.①中学历史课－教学研究
Ⅳ.①G633.512

中国版本图书馆 CIP 数据核字(2019)第 183912 号

基于学科核心素养的历史教学课例研究
JIYU XUEKE HEXIN SUYANG DE LISHI JIAOXUE KELI YANJIU

编　　著　薛伟强
策划编辑　李文革
责任编辑　曹祖红　陆奕彤
责任校对　张佳妮
装帧设计　卢晓红

出版发行　华东师范大学出版社
社　　址　上海市中山北路 3663 号　邮编 200062
网　　址　www.ecnupress.com.cn
电　　话　021-60821666　行政传真 021-62572105
客服电话　021-62865537　门市(邮购)电话 021-62869887
地　　址　上海市中山北路 3663 号华东师范大学校内先锋路口
网　　店　http://hdsdcbs.tmall.com

印 刷 者　上海景条印刷有限公司
开　　本　787×1092　16 开
印　　张　20.75
字　　数　336 千字
版　　次　2019 年 12 月第 1 版
印　　次　2023 年 1 月第 3 次
书　　号　ISBN 978-7-5675-9538-5
定　　价　52.00 元

出 版 人　王　焰

(如发现本版图书有印订质量问题,请寄回本社客服中心调换或电话 021-62865537 联系)

前言

　　教师专业能力的提升虽然有赖于自身长期的教育教学实践和反思，但也离不开对同伴、同行，尤其是相关领域名师的学习和借鉴。课例是教师研究课堂、改进教学、促进专业发展的最佳载体之一。课例研究是教师以教学实践为基础，通过对一节课的全程描述或其中若干教学事件的描述，使之成为个人反思的对象，理论研究的素材或他人学习的范例。作为培养"研究型"教师的有效路径，课例研究着力于解决具体科目的教学难题，同时致力于发展学科教学知识。

　　在核心素养背景下，中学历史教学的样貌必然发生重大变化。目前，与历史学科核心素养接轨的初中历史课程标准正在修订中。如何在日常历史教学中培养学生的核心素养，如何让核心素养在初中历史教学中落地生根，这是广大初中历史教师关注的重点和难点。我们于 2017 年着手，组织苏鲁一线初中历史名师编写课例研究，历经两年时间终于编写完成，期望这些课例研究能在全国起到引领作用。

　　除九年级外，本书的课例皆使用教育部统编人教版初中历史教材，覆盖了初中所有的年级，内容包含中国古代史、中国近现代史和世界近现代史，绝大部分是常规新授课，也有活动探究课。课例中涉及的学校类型多样，既有城市学校，也有乡村学校，既有重点中学，也有普通中学，但以普通中学为主。

　　在核心素养时代，我们必须更新自己的教学理念。本书由来自江苏、山东的 11 位一线中青年名师编写而成，其中包含 3 位特级教师。本书倡导真实的家常课，反对形式化的表演课；倡导真实的课例研究，反对形式主义的评课。课堂教学永远不会完美无缺，总会有遗憾。本书力争求真求实，多元评价，深度反思，超前引领。

　　"课例解析"的四个部分都经过专家精心设计，统一规范，严格要求，并能提供课堂录像、调查资料、研讨记录等足够的原始材料加以佐证。期望让读者既看到这些课例的优点，也认识其中的不足，从而在今后的教学中举一反三，以体现本书的管用、有效。因此，课例解析部分同样精彩。

"学生反响"——教师教得如何，学生应该最有发言权，但他们的权利往往被忽视。本书统一提供学生课后评价的总体框架，要求教师在授课后现场进行客观真实的调查访谈，然后根据搜集的信息进行总结分析。相信很多老师能看到其中的亮点，甚至受到强烈的冲击。

"同伴声音"——重在研究分析，而非评价。可以有多个同伴声音，但要求是全程听课的同伴，结合具体的教学内容，凸显不同的声音和视角，有理有据，切忌空谈，切勿只有一片掌声。

"教师反思"——依据课标和学情，结合学生和同伴的反应，突出问题困惑与解决策略，展现备课、磨课的真实历程，遗憾之处。包含但不限于以下方面：学情分析是否科学精准，目标设计是否合理，教学资源的搜集开发是否完备，策略的运用调整、课堂的调控、生成的处理是否恰当，教学目标是否达成，教学效果是否达到课标要求，学生有哪些收获（知识、能力、情感态度、价值观、核心素养）等。

"专家点评"——专家一般要求为大市教研员或特级、正高级教师或大学教授。结合学科核心素养，突出高度、深度。

通过文字实录及课例分析，形成"文字＋解析"的课例系统。我们期望既提高本书实用性，也有利于一线教师进行深入的课例研究，以促进专业发展。

课例研究的关键不在"课例"，而在"研究"。研究"课例"不在形式，"研究"的要点也不在形式。课例研究的主旨并非找到一个完美的教学设计，因为教学情境永远充满复杂的不确定性。课例研究并非降低教师的理论要求，恰恰相反，没有丰厚的理论支撑，课例研究只能限于经验层面的低水平重复，难以获得深入的发展。因此，本书的开篇即课例研究、核心素养与初中历史教学的理论阐述，如果读者们认真阅读后再进行深入的课例研究，相信会有更多的收获。

历史教学不能单纯从教什么、如何教的角度出发，首先应该探究的是——学生是如何学习历史的。学生对任何历史事件的想法都不是白纸一张，有自己的原始知识或前概念，所以了解学生的想法是极其重要的工作。如果你能了解他们面对时空、证据、因果、变迁、延续、神入等概念时，有哪些困惑，存在哪些共同性的误解，然后针对这些问题做好准备,你的课堂会更成功。

其实,在核心素养提出之前,大多数老师都会在教学中渗透唯物史观、时空观念、家国情怀。这说明,历史学科核心素养并非遥不可及的天外奥秘,只要我们遵循教育规律,凸显中学历史学科特质,在日常教学中便可以逐步培育学生的核心素养。因此,本书课例中的教学设计和教学实施并没有太多明显的核心素养的标签。

学科核心素养可以单独界定,但很难单独培育。对教学实践而言,每一个重大史实都自然地包含唯物史观、时空观念、史料证据、历史解释、家国情怀等多种核心素养。学科核心素养的培育须融会贯通、多维一体。

如何培育学生的历史核心素养,这必将是一个长期而艰巨的挑战。教师首先要持续提升自身的核心素养,教学设计时精准分析学生情况,教学实施中创新教学模式方法、全力彰显学科特质,学习评价中着力进行多元评价,由此逐渐形成一个教授、学习和评价契合一致的核心素养培育系统。关于此,我们在总结篇有详细的论述。

本书由江苏师范大学教师教育学院统一策划组织,薛伟强副教授主持编写。理论篇与总结篇由薛伟强撰写,参与实践篇课例开发编制的一线教师有:山东省济宁市教育科学研究院邓继民、山东省青岛第四十四中学生鹏、青岛市第五十中学方元、江苏省徐州市新沂十中闫刚、淮安市开明中学赵俊、淮安市开明中学胡秀丰、无锡市天一实验学校罗红伟、无锡市凤翔实验学校代彦武、常州市市北实验初级中学徐波、苏州工业园区星港学校张巍然、连云港市海头初级中学王艳雨。同时感谢参与课例点评的各位专家,以及为本书出版付出辛劳的编辑。

薛伟强

2019 年 4 月

目录

总结篇

理论篇

第1章　课例研究与教师专业发展

一、课例研究的内涵

顾泠沅教授指出,教师职业的对象与建筑师、工程师、律师一样,也是人造物,并且都是实践性很强的领域,基于案例的学习具有特别重要的意义。因此,教师的专业发展需要:(1)以例识理。"例"也就是可靠的、能使用的实践课例,举个例子教师就明白了,不举例子他们则不容易明白。(2)行而知之。教师的研究往往是基于案例的研究,是以案例为载体的行动与反思,得出的道理是在做过之后悟出来的。仅仅有案例分析不够,接受了的东西也未必会用,还需在反复活动中做行为自省与调整跟进才能见效。

课例是教师研究课堂、改进教学、促进专业发展的最佳载体之一。课例是一个实际的、完整的课堂教学案例,即课堂教学实录或课堂教学纪实,它是真实记录教师课堂教学全过程的文本或视频。观摩一堂优秀教师的课后有所感触,认为这堂课较好地体现了某一种教育教学思想,有总结推广的价值,或者自己上了一堂课,对教学改革有了切身的体会,想总结交流一下,于是根据录音、录像或者记录稿,把这堂课的教学过程、方法措施等加以整理写出来,最后加上评析说明,就形成了一篇课堂教学的纪实性文章,即课例。

课例研究,是指围绕一堂课的教学,在课前、课中、课后所进行的种种活动,包括研究人员、上课人员与他的同伴和学生之间的沟通、交流、对话、讨论。课例研究以教师的教学实践为基础,通过对一节课的全程描述或其中若干件教学事件的描述,形成个人反思的对象、理论研究的素材、他人学习的范例。

对于学校来说,课例研究就是同伴互助式的校本教研活动,是运用观察、记录、分析、反思等手段,通过选题、选课、设计、实施与记录、课后讨论、撰写课例研究报告的过程,对课堂教学进行研究的活动。

从国际上来看,一般认为日本的课例研究走在世界前列。早在20世纪80年代早期,由于日本战后经济发展取得巨大成就,全世界都开始关注日本教育。在这种跨文化的比较教育研究中,"课例研究"被作为日本特色介绍到美国。1999年,"课例研究"经芝加哥大学斯迪格勒(James W. Stigler)和黑巴特(James H. Jebart)于《教学差距:来自世界各地关于课堂教学改进的最佳观点》(Teaching Gap: Best Ideas from the world's Teachers for Improving Education in the Classroom)一书中介绍之后,引起美国人的浓厚兴趣,并迅速在美国及新加坡、伊朗、澳大利亚、中国香港等多个国家和地区获得大力推广,被认为是"改变21世纪教师专业发展的强有力途径"。

在日本以外,其他国家和地区也有类似的教师研究形式,例如:美国的"工作坊研究"(workshop study)(Rearden, Taylor, & Hopkins, 2005)、德国的"教学艺术"(lehrkunst/art of teaching)(Berg & Grammes, 2006)、中国香港的"学习研究"(learning study)(Pang & Marton, 2003; Lo, 2006)等等。2006年,课例研究有了自己的国际组织"世界课例研究协会"(World Association of Lesson Study,简称WALS)。2012年,《国际课例研究与学习研究杂志》(International Journal for Lesson and Learning Studies)创刊,埃利奥特任首任主编。可以说,课例研究者已经获得了更大的发展平台,课例研究已经进入了一个新的发展阶段。在WALS的发展远景中,对课例研究这样描述:"课例研究作为一种专业学习的工具,已经在众多国家开始实践了。它帮助全世界的学校,发展成为学习共同体。"

日本的课例研究(也被译作"授业研究",对应于英文的"lesson study")是以课例为研究对象,旨在阐明课例的构造、功能及其形成条件,乃至揭示其间的规律性,确立起"课例的科学"的实证、实验的研究(钟启泉、方明生,1994)。课例由团队中的一位教师负责教学,其他人在这位教师教学的过程中进行详细记录,并在课后讨论所收集的材料,以此修订以后的教学设计。日本的课例研究在规模、主题来源、观课人员的组成等方面都有不同种类的设计。例如,根据观课人员的不同,可以将课例研究区分为校内的课例研究、公开的课例研究、全国范围的课例研究等（Lewis，2002），并且不同类型的课例研究在频率、主题、规模方面都可能有差异。

上海教育科学院顾泠沅教授最早在我国提出"课例研究"，并把它作为一种教师培训形式加以推广。2003 年，在教育部要求积极推进校本教研制度建设和开展行动研究的背景下，课例研究成为一种重要的校本培训或教研形式，进入研究者的视野。从 2004 年到 2009 年，随着教研活动的开展，教师对具体课例的研究和对课例研究的思考逐渐展开，认识不断深入。自 2010 年《人民教育》发表《教师如何做课例研究》系列文章后，课例研究不断升温，并成为目前教师教育研究以及教育教学研究的热点，研究范围也从义务教育阶段的课程教学拓宽到中职、高职、大学的课程教学。因为对于教师来说，最根本的就是课堂教学实践，教师的成长和专业发展都需要实践性知识作为保障，而"实践知能是隐藏在教学实践过程之中的，难以通过他人的直接讲授或阅读形式化的理论著作而获得，因此只能在具体的实践中发展和完善"（顾泠沅，2017）。

二、课例研究的实质

"课例研究"的关键不在"课例"，而在"研究"，因此，研究的"课例"不在乎形式。它可以是已成的课，也可以是改善过程中的课。如果把它当作研究的样例的话，也可以是正在设计中的课。它可以是别人上的课，可以是自己上的课，也可以是与专家、同伴共同研制的课；可以是现场的课，可以是录像的课，也可以是课的文字实录。总之，它是一门关于具体科目、具体学习内容的"课"，可以是完整的一堂课，也可以是课中相对完整的片断，或课中牵涉整体的某些细节。

"研究"的要点不在形式。它可以是自我反思，可以是同伴研讨，也可以是专家点评；可以是口头的形式，也可以是书面的形式；可以是正式的形式，也可以是非正式的形式。"研究"的要点也不在研究者的社会身份。研究者可以是教师本人，可以是另外的教师、教研员，也可以是专业研究者；可以是个人研究，也可以是合作研究；可以是教师同伴合作，也可以是专家参与或引领。

"课例研究"的关键是研究的问题和所用的研究方法。在中国长期被诟病的学校"教研活动"，与其说是诟病它的形式，不如说是诟病它的实质。做课例研究首先须有真问题。我们在评课的时候,说这堂课有毛病,但这个毛病并不是我们直接要研究的问题。"出现这种毛病,是什么原因?"这才是我们要研究的问题。学生提不出问题或乱提问题,这是毛病;学生为什么在学习这个内容时,提不出问题或乱提问题,这才是要研究的问题。说这堂课上得很好,有很多优点,这是评价而不是研究。一堂课不会无缘无故地好,它的好一定有道理,弄明白这个道理,分析它好的原因,这才是研究。

其次须有好"方法",科学的方法是保证研究成效的前提。它可以是质性研究,也可以是量化研究,或者兼而有之,但不能仅凭感觉。在教学设计时,用这个材料或换一个材料,组织学生这么学习或换一种方法学习,这还不是研究。为什么要换? 换了之后教学效果可能要好些,是什么道理? 如果只是瞬间的感觉,或只是利用已成的教学经验,说明这位老师具有才能。对这位老师来说,他不是在做研究,而只是在教学,他有较高质量的学科教学知识,也有丰富的实践性知识。如果另一个人去分析这堂课,通过种种办法,查明这位老师原来是这么想的,而这么想之所以正确,是因为这个或那个道理,这才是研究。譬如,想知道学生的学习效果如何,单凭一两位老师或几位学生的看法,很难有客观的结论,只有对全班进行调查研究、测验,才能得到比较全面客观的结果。

研究是价值负载的。研究如何救人,是一个好课题;研究如何激发爱心做慈善,是个好问题;反之则通常不被认可。方法也有伦理的原则。许多对"教研活动"的责难,其实是对偏离了正道的教学、课程、教育的责难,但以"应试"为主心骨的"非人"的教育、课程、教学,与"教研活动"这一方式没有因果关系。即便是后来受到否定的发端于 20 世纪 50 年代的"红领巾教学法",从"课例研究"的角度,仍不失为一个研究范例。

教学的问题很具体,始终处于特定的情境中,涉及特定的科目、特定的学生。从大的方面讲,"课例研究"无非研究两个问题:第一,教学内容。特定的学生学习特定的题材,应该教什么或学什么? 第二,教学策略,包括教学环境和资源。学习特定的内容,应该怎么教,或如何组织学生学习。教学策略的问题,其实就是教学内容如何展开的问题,两者的关联也就是学科教学知识。"课例研究"之所以有效、可贵,就是因为它能够激活、提炼、改善、发展教师的学科教学知识,这也就是教师为什么要成为研究者的原因。"课例研究"是着力于解决具体科目教学难题的活动,同时也是发展学科教学知识的活动。它在改善教学的同时,发展教师的学科教学知识,通过教师学科教学知识的发展促进教学的改善。

事实上,"课"的研究可以采用多种方法,关键是方法与问题的匹配,方法的有效性,以及研究方法的规范。日本的"授业研究"之所以产生重大国际影响而广被移植,原因之一是它形成了在课堂中研究"教学方法问题"的有效而严谨的方法系统。与"授业研究""课堂学习研究"相比较,我国的"教研活动",包括专家参与的"课例研究",需要强化方法的意识,需要从实践中提炼、描述具体的研究方法,并对研究方法加以审视和规范(王荣生、高晶,2012)。

三、课例研究的价值

"教师真正的专业成长不在于职前培训,也不在于脱产学习,教师能力的显著提高是在其任职学习的教育教学实践中进行的。"(孟学英,2004)课例研究聚焦于"原汁原味"的课堂,始终围绕教师"怎么教"和学生"怎么学"的教学实践进行,能帮助教师发现课堂中潜在的、真实的问题。在课例研究中,通过共同研讨学习,反复修改教学思路和方法,切实解决教学中的实际问题,能逐渐缩小课程发展与教师实践之间的差距。

(一)激发教师的研究兴趣,为培养"研究型"教师打开道路

"文化关怀是校本教研的血脉,思想引领是校本教研的灵魂。"学校的文化建设首先就要引导教师读书,使读书成为教师的一种生活习惯。想让学生读书,首先教师就要读书。课例研究的过程中,教师经常遇到研究的困惑,感受到教育理论的不足。比如在以往评课的时候,很多老师只是说哪里好,哪里不好,而现在评课或提出意见的时候都要老师说出为什么这样做,有什么改进的具体办法,理论支持是什么。想让学生学好,教师首先要了解学生。课例研究的出发点就是要关注学生在课堂中的表现,帮助教师全面了解学生,关注"学生怎样学",研究讨论"教师应该怎么教"。如果把"人的问题"弄明白了,所有的教育研究就都有了前提和方向;如果"人的问题"没弄明白,所有的教育研究就丢失了自己的前提或迷失了自己的方向(刘良华,2006)。诸如此类的问题都迫使教师主动寻求答案和解决问题的办法,读书成为了教师重要的选择。

课例研究的过程,也是教师从被动参与者逐渐转变为主动参与者的过程,读书就

是教师主动参与教育教学研究的最重要的体现。教师的学习更多是实践化的、情境化的，有时是悟性的知识，而课例研究为教师学习创造了理论与实践碰撞的空间，也充分体现了中国传统的"知行合一"的精髓。课例研究是一种教师擅长的、基于实践性情境的反思性研究。通过成功的课例研究活动，学校每学期能解决一些问题，培养一些教师，带动教研组发展，教师们逐渐养成教学中研究，研究中教学的良好工作习惯，这将带动整个课堂教学的改变。

（二）有助于教师理论联系实际，成为真正的研究者

进行课例研究，理论学习是必不可少的。在教育理论指导下进行课例研究，有助于教师对教学中的感悟进行归纳分析和理性思考。但理念只有在行为中体现出来，才能被真正地认识和接受，也就是说，理念的转变只能通过行为的变化才能体现出来。新课程改革以来，教师接触了大量最新的教育理念，如以学生为本、双主体教学理论、自主探究式教学、核心素养等，但大部分教师依然没能摆脱以往的教学模式和教学行为习惯。通过课例研究，教师结合教育理念在实践中进行深刻的反思，并有意识地去尝试改变教学方法，在反思中尝试，尝试中理解，理解中深化，最终实现教师教学行为的转变。

课例研究比科研课题研究容易些，教师从课例研究做起，将更容易跨入教育科研的大门。通过与专家、同事的交流和讨论，分享亲自参与、亲身得来的体验和研究成果，教师能逐步成长为真正的研究者。

（三）促进教师深入研究教材教学，增强专业能力

课例研究要求教师在分析教材时，能寻找其中隐藏的教育价值；在制定目标时会考虑学生的实际水平和发展需要，做到明确具体可行；在设计过程时更是紧紧围绕目标和学生的兴趣特点。课例研究要求教师深入了解教材的知识，发现自己知识上的不足和学习新知识的重要性，及时应对教学过程中遇到的关于教材问题、教学内容问题和教学策略问题的挑战。教师一起讨论教学细节，思考如何教学，思考采用哪种教学策略来引导学生学习，他们会发现自己在这个过程中对这部分的内容也会有更深入的理解，从而学到更多实实在在的东西。在此过程中，教师的专业能力会逐步增强。

（四）促进教师合作学习，共同提高教学能力

通过团体运作的方式改进教学，可使教师在分析课堂教学的过程中相互启发，从

而进一步学会教学(E. Beauchanlp, 2001)。教师的发展离不开团结、奋进、互助的环境,每个人都有自己的智慧与特长,汇集起来的力量是不可估测的。课例研究能提供给教师相互评论、反馈教学的平台,能提供给教师将他人和自己的教学设计、教学行为进行对比的机会,让他们通过不断的反思找出存在的差距,了解自己教学过程中存在的不足,从而从失败中寻找原因,从成功里分享快乐。课例研究使教师改善教学方法,提高教学质量,提升教学的实践智慧,使教师集体在专业发展的道路上不断前行。

课例研究的开展使得传统的教研形式得到了改进,更加完善。以往教研形式更注重的是结果,而现在更注重的是过程,同时也关注了研究结果的后期延伸,放大了活动的影响力和作用,使教师在参与课例研究的过程中得到全面的发展,在相互学习、相互鼓励、相互支持中成长。

四、课例研究的模式

课例研究的实施没有统一的要求,各国实施课例研究的过程不尽相同,具体的实践模式也是灵活多样的。

日本课例研究的实施过程为"合作设计研究课——关注实施中的研究课——讨论研究课——重新设计课(选择性的)——教授经过重新设计的课(选择性的)——交流按重新设计的课进行教学的反思"。具体而言就是:教师们聚集在一起,共同讨论,设计教案;选择一位教师上课,其他教师作为观察者进入课堂,将设计好的教案作为关注对象;课后交流课堂上所观察到的问题,并提出改进的建议;部分教师继续对研究课进行修改,设计出一个新的教案(选择性的);另一位教师或教授重新设计一堂课,同事再次观摩(选择性的);教师们再次集中到一起,对教学过程中出现的问题进行讨论。

中国、美国以及其他国家和地区的教师都是参照日本课例研究的实施过程,结合本国实际情况来进行。美国课例研究的实施过程与日本基本相似。顾泠沅先生结合新课改的实际,在开展教师的"行动教育"时,将其模式简化为"一个课例,三次讨论"。概括起来,其课例研究的实施步骤为:问题——设计——实践——反思——总结。为了便于学校使用,应对课程改革中的难点,他进一步提出了"三个阶段,两次反思"的观点。三个阶段为:关注个人已有经验的原行为阶段;关注新理念之下的课例的新设计阶段;关注学生获得的新行为的阶段。连接这三个阶段活动的是两轮有引领的合作反思:反思已有行为与新理念、新经验的差距,完成更新理念的飞跃;反思理性教学设计与学生的实际获得的差距,完成从理念向行为的转移。

课例研究的形式是多种多样的,关键是视研究的需要而定。采取多种形式的课例研究,能够使教师保持对课例研究的新鲜感,有利于调动教师的参与积极性,提升课例研究的质量和效果。根据组织形式和参与主体,基础教育学校的课例研究可以分为以下五种:

(一)同课异构式。本校或不同学校的多位教师同上一节课,也可邀请名师专家参与,在各自独立备课的基础上,相互观课,交流研讨,相互学习,达到共同提高教学能力的目的。

(二)异课异构式。本校或不同学校的多位教师围绕着课堂教学中存在的共同问题,邀请名师专家参与确立不同课型或内容的课题,在各自独立备课的基础上,开展相互听评课活动,交流各自解决问题的效果,并共同制订出解决问题的方案,达到共同提高课堂效率的目的。

(三)一课多轮式。一位教师在备课组的共同帮助下,在不同班级上同一节课。每上完一次课之后,备课组内开展听评课活动,分析课堂教学中存在的问题,并不断调整课堂教学设计,从而不断完善教学设计和实施方案,使上课教师与参与教师在不断改进教学模式的过程中形成学习共同体,实现共同发展。

(四)小组互助式。在同一个教研组内开展互助指导式的研讨活动,一人上课,其他人进行细致分工,明确每个人的听课任务,从不同的角度去评价上课教师的课堂教学效果。课后进行讨论,针对不同角度对上课教师进行点评,指出他们课堂教学的优点和不足。这种方式针对性较强,是对课堂教学的诊断与指导,比较适合年轻教师或者课堂教学中存在问题较多的教师。

(五)自我反思式。教师自主发展的最高阶段,就是实现由被动式发展转变为主动式发展。教师确立研究的主题和上课的内容,在精心准备的基础上,全程录制课堂教学过程,课后自己反复观看,展开自我剖析。教师也可以邀请有经验的教师或者专家共同观看录像,并对课堂教学行为进行深入的分析,不断规范课堂教学行为,提高实施教学方案的能力。

成功的课例,可以作为研究对象;偏颇但有追求的课例,可以作为研究对象;失败甚至糟糕的课例,如果它能反映较为典型的教学现状,也足以作为研究对象;不同场域、不同教师的课例,如表现教学的共性问题,可以合并为一类研究对象。

五、课例研究的误区

(一)课例研究旨在找到一个完美的教学设计

在课例研究过程中,教师会根据研究小组对前一次教学的反馈,不断调整和优化自己的教学计划,以形成下一次教学方案的蓝本。很多教师从这一表象出发,认为课例研究就是通过对教学设计的不断打磨,形成一个完美的范本,然后按照此范本开展教学。这样的推论显然过于表面化和简单化了。这种一劳永逸的想法难以面对充满不确定性的、复杂的教学情境。

课例研究干预教学过程具有复杂性,它至少强化了教学改进的三条路径:一是在研究中促进了教师有关学科、教学、学生等个体知识的形成与发展;二是通过同伴的帮助,增强了教师改进教学的责任感与动机;三是研究过程为教师的学习提供了资源支撑。因此,课例研究是通过教师从课堂的事实和工作的具体经验中学习,来实现教学改进的。它是一种基于观察与反思、旨在促进教师专业成长的"反思性实践",而非复制所谓完美教学设计的"技术性实践"。

(二)课例研究致力于解决教学实践问题,对教师的理论学习要求不高

虽然课例研究揭倡教师在教学研究中发展自身的"实践性理论",反对单方面地体现"理论的实践化",但这并不意味着教师的理论学习在课例研究中不重要。恰恰相反,没有理论作为教师思考与行动的"框架"并在研究中发挥作用,课例研究只能限于经验的层面,在低水平上重复,难以获得深入的发展。课例研究的推进要求教师加强理论学习。理论素养的提升不仅有助于提高教师理解和反思课堂教学的水平,而且有助于教师在课例研究中寻找自身专业发展的突破口和生长点。因此,理论学习应成为

课例研究开展的重要组成部分。课例研究尤其需要教师在实践中不断丰富自身对学生的理解，需要教师通过理论学习，广泛吸收心理学、社会学、文化学等方面对学生学习有帮助的理论研究成果，从而为透视课堂打下坚实的知识基础。

(三) 成功的课例研究可以通用

如果将课例研究作为一套通用的、适合任何学校教学研究的操作程序，无疑忽视了其在具体实施过程中对背景和环境的要求。课例研究作为一项校本教学研究活动，自上而下的外部灌输是无法应付其复杂性的。在一个地方成功的案例和模式不一定能在另外一个地方成功。因为课例研究深层结构中的合作习惯、群体氛围、文化特征等要素是无法由一地输入另一地的，甚至作为"当局者"的当地教师，对这些要素的特征也可能并不自知。

对每一所学校而言，重要的不是试图建构一套可供依循的课例研究的操作模式，而是以之为载体解决每一个研究小组乃至每一位教师特定的教学问题，并使教师在问题解决的过程中形成合作的研究共同体。相对于显性的研究行为，课例研究中隐性的要素，如研究热情、合作习惯、群体氛围等，则更加弥足珍贵。课堂教学改进是一个长期和缓慢的过程，课例研究不能急功近利，也不能为追求"出成果"而简单照搬其他学校的做法。与"出成果"相比，教师在课例研究过程中的成长与收获更为重要，课例研究更应看重教师教学和研究的专业态度与习惯的养成（安桂清、赵萌萌，2011）。

(四) 主题不清晰，目标不明确

课例研究要有明确的主题。由于主题不明确，教师在参与课例研究时容易出现盲目性，更多的时候是在完成上级部门布置的任务，为了研究而研究的情况也会经常性出现，这导致研究的效果大打折扣。课例研究结束以后，课堂教学依然如故，没有得到丝毫改变，教师的研究意识和反思能力都没能得到很好的提升。

主题来源于学校课堂教学中普遍存在的问题、急需要解决的问题，目标也源于问题，所以强化"问题意识"是促进矛盾解决的思想前提。问题意识就是主动发现问题，找准问题，分析问题的意识。在以往大多数的教研活动中，教师虽然也通过听课、评课发现一些问题，但这些问题往往比较肤浅，加上研讨也多为形式上的交流，很容易导致

"你好、我好、大家好"的局面。还有一种比较严重的现象是,领导或专家完全把持了话语权,造成了一言堂,这完全违背了课例研究的主旨。如果缺少深层次的质疑和声音,会致使教研活动缺少真正的思维碰撞,直接影响课例研究的效果。

(五) 全盘照搬西方理论,忽视本土经验

近代教育教学理论虽然源于西方,但在中国的过去和现在也有自己的本土经验。"课例研究"是我国教学研究的优良传统,也形成了适应本土条件的"课例研究"的多种形态,比如优秀教师的公开课、课堂教学实录、评课,这些都是我国学科教学研究的主要形态之一。在近年的学科教学论研究中,出现了一批对公开课或课堂教学实录进行深入分析的著述。

尽管有些学者把我国实行了数十年的"教研活动"视为与"授业研究"不同渊源的"课例研究",但在一些学者的笔下,"教研活动"被译成"teaching study",带有明显的贬义,并且刻意与"lesson study"相对照。"课例研究"似乎被当作外来经验,与日本的"授业研究"划上等号,或以"授业研究"为标杆。研究者致力译介,倡导借鉴,努力移植,却疏于对本土经验的发掘,有意无意地忽视、藐视甚至鄙视本土经验,因而借鉴、移植也未能切中本土条件下的问题要害。

毋庸置疑,我国的"教研活动",包括公开课、评课等,以及常被用来当作反衬的集体备课、"磨课"等,确有种种负面的表象,有的还令人反感。但我们也应该看到"教研活动"的正面价值,要把研究如何上好公开课、评课中的"课",与被作为评价对象或手段的公开课和评课、投机取巧的表演课等"课"区分开来。公开课中有许多课堂教学的精品,评课中有许多真知灼见,一些地区和学校的集体备课或共同备课,取得了令人瞩目的成效,国际社会对此也有肯定。例如:斯蒂文森(H. Stevenson)小组在 1999 年比较了中国、日本、美国教学工作的组织及其活动后,肯定了中国的教研组;竞争战略之父、美国专栏作家托马斯·弗里德曼到中国后,发现中国教师的专业化发展是可以在国际上推广的。

"教研活动"的核心就是"课例研究"。"课例研究"有真假好坏之分,所以,我们对待"教研活动"也要去伪存真,加以褒贬,在根除恶疾的同时,将有益经验发扬光大。然而现在,本土的经验或被遗弃,或被遮蔽,中国强有力的"课例研究"正被自我边缘化。

在我国，以教学实录为代表的"课例研究"是教师作为研究者，其研究成果的最为重要的表达形式。有想法、有追求的教师，是把课，尤其是把公开课，当作研究、当作神圣事业，甚至是当作生命价值的体现来对待的。作为研究对象的课例，可以是现场的教学实录，也可以是事后整理的教学实录。现场的研究，就是我们通常所讲的"评课"。评课有的是敷衍了事，有的会有胡言乱语，但是也有精彩的，甚至是令人醍醐灌顶的评课。评课有学问，评课中能见学问。

以教学实录为研究对象的"课例研究"，也被称为"课例分析"。课例分析，尤其是对那些足以作为学习范本的"名课"的分析，是开发学科教学知识、发展学科教学论的重要途径。从课例中获取教学知识，尤其是从"名课"中发掘优秀教师的教学知识，并力图将其转化为公共知识，这是学科教学论研究以及教学理论研究的知识生长点。

六、课例研究稿的撰写

很多经验教师和优秀教师都经历过不少"磨课"的过程，他们头脑中有一些精彩的课堂教学实例。如果能够把它们进行理性梳理和加工，提炼出一个焦点主题，并赋予其一定的背景意义，很可能就形成了一个课例。如何把这样的教学经验转化为一个课例呢？

第一阶段：琢磨典型的课例

如果从来没有写过课例，在前期准备阶段可以选择一个或几个典型的课例，对其内容、结构进行分析。可以重点领会如下几个方面：课例作者如何陈述事件的发生发展过程？如何突出研究的主题和产生的主要问题？如何处理课例的各个组成部分之间的关系？提炼的主题如何与选择的课堂教学情境或内容相关联？通过这样的学习过程，体会课例的几个要素。

第二阶段：回溯教学实例的产生过程

可以回想自己头脑中精彩的教学实例是如何产生的，包括如下方面：当时有哪些人参与教学研究过程？哪些人在哪个阶段的观点给自己留下了深刻印象？该教学实例产生前后上过几轮课？教研活动是如何展开的？在不同阶段，授课老师的心理感受、遇到的问题是怎样的？不同阶段的每个参与者的观点是如何发生改变或逐步深入的？对于这些问题的回溯性思考，是为了使教师回想起当时的经历和感受，目的是抓住精彩教学实例产生的前因后果和重要细节。

第三阶段：撰写课例初稿

如果对于该教学实例的整个过程，包括当时研究的主题、问题、背景、价值、意义都很清楚，那么可以立即从课例的几个要素着手开始写作。很多情况下，教师面临的问题是，觉得教学实例很精彩，但对研究过程、主要观点、主题、主要问题感觉一团乱麻，无从下手。在这种情况下，教师可以首先回想整个教学实例研究过程中，给自己印象最深的、最具有冲突性的事件片段，这往往是课例中最关键的事件。然后回想这个关键事件是如何产生的，当时的背景是怎样的，这个关键事件之后又发生了什么，是如何处理的，后来得到什么结论。这个办法其实是从最重要的事件入手，追因索果，是个比较有效的技巧，也让教师容易着手写作。

第四阶段：斟酌和修改课例

写好初稿后，首先可以用课例的几个要素来衡量，看看是否具备课例的基本条件，然后缺什么补什么，累赘的可以删去。自己感觉基本满意后，可以请没有参与过这个课例研究的人进行阅读，看看他们阅读后是否读懂了自己想要表达的思想。因为写作课例的人头脑中有很多潜在的细节，很多时候自以为都交代清楚了，明白无误，可是没有参与过的人对此一无所知，就不一定理解。所以听取"局外人"的意见，进行反思、斟酌，甚至重写，也是一个有效的技巧。

第五阶段：凸显课例的价值和意义

在课例基本完成后，考虑一下所写课例的类型，也就是整体考虑课例的价值和意义究竟在哪里。这个阶段可以重新考虑修改标题，用比较贴切的主题词汇突出该课例的价值和意义所在。（杨玉东，2008）

其实课例的写作本无定法，上述过程是给没有课例撰写经验的老师提供一个参照。精彩的课例没有什么固定的套路，甚至没有数字序号标记的段落划分，但是仔细研读会发现课例的几个要素一一具备。如果再配以优美的语言和吸引读者的文风，它就像一篇好的文学作品一样，令人享受且意犹未尽。

参考文献：

1. 杨玉东.课例研究的国际动向与启示[J].全球教育展望,2007(3).
2. 周超,顾泠沅.教师专业化的实践与反思——顾泠沅教授专访[J].苏州大学学报(教育科学报),2017(2).
3. 王荣生,高晶.课例研究:本土经验及多种形态(上)[J].教育发展研究,2012(8).
4. 孟学英.校本教师专业发展的管理策略[J].当代教育科学,2004(4).
5. 刘良华.教师怎样做叙事研究[J].湖南教育(教育综合),2006(13).
6. 安桂清,赵萌萌."教师如何做课例研究"之六 课例研究的认识与实践误区[J].人民教育,2011(3—4).
7. 杨玉东.教师如何做课例研究[J].教育发展研究,2008(8).
8. E. Beauchanlp. New and old voices On Japanese education [M]. Armonk, N. Y. , 2001.

第 2 章　核心素养与初中历史教学

历史教育须引导学生像历史学家一样思考,培养学生的历史思维能力。尽管对于历史思维能力的分类和含义还有很多争议,但时空、证据、因果、变迁、延续及神入等关键概念已经得到了国内外学界的广泛共识。老师们面临的挑战,是激发学生凭借一套与现今主流看法大不相同的观念去理解过去的社会,这是一个比一般人想象的要困难得多的挑战。对于儿童而言,过去是外国,甚至是火星,人们在那里做着与在当今社会完全不同的事情。英国多年的系列实证研究都表明,儿童学习历史的确会遭遇困难,且相对于其他学科是极其困难的活动。这也是数十年来一直困扰所有历史教师的难题。

学生历史思维的形成是一个漫长、复杂且曲折的过程,文化传统、教育体制、学科结构、教材编写、教师教学模式和方法等外部原因,对学生的学习经验有重要影响,其中教师的引导和陶冶作用最大。学生理解历史的前提,是对时代、事件、人物、史料、观点、态度等有基本的把握,其中要求一种相当成熟且许多学生不易达到的理解力。教师的首要挑战是要深入浅出、通俗生动地讲解相关学习内容,把教材中大量术语化的、抽象的知识具体化到足以使学生理解的程度。

老师应该结合具体的史实进行分析和示范,引导学生逐渐理解和掌握时空、证据、因果等基本概念的内涵和外延。每节课都要引导学生总揽全局,进行深度思考,理解其中的时序、因果、证据、变迁等相互联结的关系,理解不同时期和社会的观念、信念和心态,从而构建有机联系的知识网络。

一、中学生历史思维概说

历史思维是历史学背景中思维过程与结果的统一,在中学生学习历史的过程中,历史思维能力是他们完成历史学习任务的决定性因素。从1980年代初期至今,我国有关中学历史教学中的历史思维能力、历史学科能力的研究日益受到人们的重视。据统计,我国针对中学历史学科能力已发表百余篇论文,关于历史思维能力研究的文章将近五百篇,另有十余部相关论著。但长期以来,我国教师在历史思维能力与历史学科能力概念的内涵与外延、能力标准的制定上各持己见,一定程度上影响了历史学科能力目标体系的认同和建构。

中学历史学科的特殊能力或历史思维能力,是植根于历史学科专业性上的,是中学生应该掌握的史学研究的专门能力。它既需要以学生自身的思维结构及学习历史所需的思维特性为基础,也会受到学生学习历史的能力、策略和方法的影响。它涵盖一般的能力、技能和认识论,其不同层级的表现标准也应该取代各级历史学业评价标准。因此,指向学科特殊能力的历史思维能力,已经成为国际上历史学科能力的主流,然而其内涵和表现标准还存在差异,国内尤甚。我国的学科特殊能力大多缺乏分层次的、操作性的学习目标及表现标准,有些学科关于能力本身的定义就很不规范。

20世纪70年代,英国兴起的历史教育变革深受认知心理学的影响,尤其是皮亚杰的儿童认知发展理论。英国在学生历史思维方面的研究已持续了将近四十年并有丰厚的成果,引起其他国家的高度的注意,并被学习借鉴。20世纪80年代,伦敦大学的李彼得(Peter Lee)提出了包括证据、变迁和延续、原因和结果、神入、解释、时序等的"第二层次概念",这是西方国家有关历史思维的重大成果。它对20世纪末英、美、德、加、澳等世界许多国家的历史学科核心能力的结构和内涵产生了巨大而深远的影响。20世纪80年代末,英、美、法等国颁布的中学历史教学课程标准中,都明确地提出了要培养学生的历史思维能力,英国和美国更是把历史学科能力专指为历史思维能力。目前,培养学生的历史思维能力已经成为英、美两国历史教学最重要的目标。

近年来,欧美各国十分注重对历史学科"第二层次概念"(核心概念/关键概念)的研究,除了以往熟悉的证据、变迁和延续、原因和结果、神入、解释、时序等,又提出了相似与不同、历史意义、复杂性、多重观点、历史方法、记载、转折点、历史观点、道德维度等很多新的核心概念。英国、美国、加拿大等近年都出版了专门的与历史学科思维相关的课程与教学论教材,重点研究其中 5—6 个核心概念的内涵、意义及其教学策略。国外的研究已表明,儿童的历史思维最早从小学就可以开始培养。

2018 年中国教育部公布的《普通高中历史课程标准(2017 年版)》遵循了学科特殊能力的思路,令人耳目一新,具有划时代意义。它不仅首次明确了高中历史教学的 5 个核心素养,即唯物史观、时空观念、史料实证、历史解释、家国情怀,每个素养还有具体的内涵以及用于测量评价的 1—4 级水平标准。可以说,它的形式和内容都达到了国际先进水平。很明显,该能力体系受到了英美学术研究的重要影响,其表述中有很多相通之处。

中学历史思维能力问题,是涉及教育学、心理学、历史学、测量评价学等学科的综合性、跨学科的复杂问题,尤其离不开本土的基于学科特质的长时间、大样本的实证研究。正如有学者不客气地说,"只要是闭门造车,坐而论道,就绝不可能最终解决中学历史学科能力这一在理论上和实践上都具有重大意义的研究课题[①]。"尽管教育部已经明确历史学科核心素养,但中学历史学科能力或思维能力的特性、层次和结构的问题仍然没有得到彻底解决。尽管有很多学者提出了不同的看法,但绝大部分都是经验式、思辨式的质性研究,基于科学实证的研究稀见。截至目前,中学历史学科或思维能力究竟是什么,这个核心的关键问题尚未取得共识。甚至在以后相当长的时间内,"历史学科能力或直言历史思维能力依然是我们需要攻克的严峻课题"(赵亚夫,2007)。

历史素养必须以能力为基础,历史学科的能力培养是历史素养的重要组成部分,甚至可以说,学科能力的水平决定着历史素养的程度。怎样理解历史学科能力的问题,过去没有一致的结论,以后也难形成相同的看法。"如今我们最缺的不是理念和顶层设计,缺的是学科视野,是踏实地解决学科真问题的愿望和能力。"[②]过去数十年欧美各国的研究表明,历史学科的很多关键概念与青少年带进课堂的日常观念都是相反的。换言之,界定和宣示中学历史思维的内涵及标准或许不太困难,但如何实践理论,培育中学生的历史思维能力,这绝对是一个长期的、巨大的挑战。

① 叶小兵. 关于中学历史学科能力的研究[J]. 历史教学,1996(3).
② 熊巧艺,赵亚夫. 核心素养概念辨析——兼议历史教学改革[J]. 中学历史教学参考,2016(12).

借鉴国内外的相关研究,我们认为,中学生历史思维的核心概念包括时空观念、史料证据、变迁和延续、原因和结果、相似与不同、历史意义及神入。下文将以唯物史观为基础,重点论述时空、证据、变迁和延续、原因和结果及神入五种历史思维,它们都蕴含着历史理解与解释,或者说是历史理解与解释的具体体现。需要说明的是,尽管在概念上我们或许可以区分不同的历史思维能力,但实际上它们都是互相联系、相辅相成的,实践中很难单独培育其中某一种思维。

二、时空思维

时间和空间是一切事物存在的基本形式。恩格斯说:"因为一切存在的基本形式是空间和时间,时间以外的存在和空间以外的存在,同样是非常荒诞的事情。"任何历史事物都是在特定的、具体的时间和空间条件下产生的,只有在特定的时空框架当中,才可能对史事有准确的理解。在不同的时空框架下理解历史上的变化与延续、统一与多样、局部与整体,才能对史事做出合理解释。时空观念是在特定的时间联系和空间联系中对事物进行观察、分析的意识和思维方式。

时空思维能力对历史学习有着重要意义,它是历史理解和历史解释的基础和前提。我国将空间与时间合为时空观念,一同列入核心素养,既符合时空相辅相成的原理,也适应了我国长久以来"左图右史"的传统,具有自己的民族特色。但从中学历史教学实际来看,时序思维比空间思维更重要,这或许就是英美等国没有将空间列入历史核心概念的原因。

由多年的课堂教学和测量评价实践来看,初中学生时空概念错乱的现象非常严重。例如,很多学生搞不清楚中国古代主要王朝的先后顺序、甲午战争与抗日战争的先后顺序、合作化运动与人民公社化运动的先后顺序、法国大革命与巴黎公社的先后顺序、新经济政策与农业集体化政策的先后顺序。

《历史学科学业质量标准》中的"时空观念水平1"基本上可以作为初中阶段的时空观念的最高标准——能够了解所学内容的历史分期方式,理解历史时期是按时序划分的;能够知道认识史事要考虑到历史地理的状况;能够识别历史地图中的相关信息,知道古今地名的区别。但从长远来看,初中历史也需要分学年进一步细化。培养学生的历史时空思维能力,可以从以下几个方面入手。

(一) 理解历史时间的基本概念

1. 机械时间和历史时间

机械时间指以现代计时器计时的基督纪年的时间系统,我国通称为公元纪年,涉及世纪、公元前(后)等重要概念。从基督降生开始计算年代的基督纪年始于公元 8 世纪,15 世纪以后逐渐被世界各国普遍使用。历史时间是世界上的国家和地区对自己的历史进行划分并用日期表达的形式,几乎每个国家和地区都有自己独特的历史时间形式。譬如:中国的干支纪年纪日、年号纪年、黄帝纪年及中华民国纪年;古希腊的奥林匹克运动会赛事纪年;早期英国的寺院年代;其他的天文纪年法、帝王年号纪年法、佛教纪元、犹太教纪元等。历史时间概念的养成,非一朝可成,必须先有对于机械时间的认识作为基础。

培养学生认识史学的时间概念,绝不能仅止于娴熟的技师能力,还必须引导学生回归到最根本的历史学的问题上。这样才能帮助学生认识历史知识的建构过程,认识历史与过去的不同所在。

没有记忆我们无法思考。对于很多重要的历史事件的年代及分期等,中学生必须掌握。而对于年代、人名、地名、历史事件及意义等的记忆,恰恰是很多初学历史的学生最头疼的地方,甚至也是很多高中文科生遇到的最大困难。知识的记忆是能力培养的基础,背历史有规律,也有很多行之有效的技巧和方法,老师需对学生加以系统的指导,尤其是初中阶段的学生。

2. 循环时间和线性时间

循环时间是古代社会长期广泛使用的时间系统,具有周期性,无论是中国、印度,还是古希腊、古罗马都是如此。受四季循环、昼夜交替的自然节律影响,古代历史学家编写历史多以统治者在位时间来纪年,如万历多少年、乾隆多少年、某某帝王多少年、某某执政多少年,或者以天干地支纪年,60 年一个循环。线性时间主要产生于古罗马基督教,呈现的是基督救赎人类的时间观念。它的开端是基督降生,然后一直通向未来,呈现直线发展的形状。由于循环时间缺乏连续性,容易出现重复、混乱和缺失,因此进入现代社会后逐渐被线性时间取代。

3. 历史分期

就像地理学家把空间分割为不同区域才能进行分析,历史学者将时间分割为不同时期。实际上,不切分就无法把握整体。当然,并非所有的分割方式都具有同等价值,不同的分期代表了不同的历史理解与解释。历史分期有很多种类别。如按照生产力分期,可分为史前、古代、近代、现代,或者农业社会、工业社会、信息化社会;按照王朝分期,可分为先秦时期、秦汉时期、魏晋南北朝时期、隋唐时期、宋元时期、明清时期,或者金雀花王朝、斯图亚特王朝、波旁王朝、拉美西斯十一世、莫卧尔帝国、亚历山大一世;按照社会形态分期,可分为原始社会、奴隶社会、封建社会、资本主义社会、社会主义和共产主义社会;按照社会性质分期,可分为半殖民地半封建社会时期、资本主义萌芽时期、旧民主主义革命时期、新民主主义革命时期;按照重大事件分期,可分为地理大发现时期、文艺复兴时期、资产阶级革命时期、一战时期、二战时期、战后时期、冷战时期等。因为历史分期具有多样性,所以同一历史事件可以选择使用一种或多种分期术语来描述。随着历史的发展,历史分期的标准和断限也会发生变化。譬如,当下的现代史必然成为将来的古代史甚至远古史。

(二)掌握常用的时空表达方式

1. 时间轴(年代尺)

2. 历史年表

3. 历史地图

4. 历史概念图(思维导图、心智图等)

(三)把握历史阶段的时代特征

关注时代特征,是把握历史的核心。时代是指人类社会发展过程中的不同的历史阶段。时代特征是指与特定时代相适应的政治、经济、文化等的基本状态及基本特征,具有明显的时间性,也蕴含了空间性。短时期的历史阶段的时代特征一般被称为阶段特征。时代特征是抽象的,能反映历史发展的本质,一般的学生难以独立把握,需要老师加以引导。在学生掌握具体的历史事件的基础上,通过理解某一历史阶段或若干年间(如每十年)的时代特征来把握整体的历史内容,这一点在通史教学和专题式教学中都很有必要。

(四) 梳理历史事件的发展脉络

历史的发展脉络指的是历史发展过程中发生的重大事件及其相互关系，它是历史发展的连接点和关键点，也是思维的线索。历史的发展脉络主要是时间性的，也必然包含空间性。中外历史在时间上、空间上都有纵横复杂的联系。梳理历史脉络，我们并不只是要学生学习建构过去事情的编年秩序，而是希望学生能形成前后一贯的解释，并能开始了解事物之间在时间面相以外的关系。通过梳理建立一条时空线索，有利于学生归纳前因后果，认识变迁与延续，理解进步与倒退，从而更好地在整体上洞察诸多历史事实之间的关联。

三、证据思维

任何关于过去的知识与想要认识过去的人之间，都横亘着过去所留下的遗迹、遗物或文献记录等中介物。"要了解历史的过程，就必须认识到证据的作用。"[①]

无证据便无论断，无事实便无历史学。可靠的历史资料和科学的历史理论，是历史研究不可缺少的两个方面。史料是人类在社会实践活动中残留或保存下来的各种痕迹、实物和文字资料，是有助于认识历史、复原历史真实情况的一切资源。史料是学习和研究历史的基础，是历史思维的起点。历史研究的主要方法就是对史料进行搜集、整理、考证，并运用史料进行判断推理，最后给出令人信服的解释。

《普通高中历史课程标准（2017 年版）》将史料实证列入 5 个学科核心素养之一，史料证据素养与《中国学生发展核心素养》中的科学精神、责任担当 2 个核心素养及理性思维、批判质疑、社会责任等 3 个二级指标直接相关，也是唯物史观和历史解释素养的基础，可见其具有学科内及跨学科的重要意义。

《历史学科学业质量标准》中的"史料实证水平 1"基本上可以作为初中阶段证据思维的最高标准——能够区分史料的不同类型；在解答某一历史问题时，能够尝试从

---

① 蒂姆·洛马斯，叶小兵. 论史料教学[J]. 历史教学，1998(2).

多种渠道获取与该问题相关的史料；能够从所获得的材料中提取有关的信息。

培育中学生的史料证据思维能力，可以从以下三个方面入手。

（一）培养中学生史料证据的基本技能

1. 搜集史料的技能

历史上流传下来的史料不计其数，首先应该进行分类。按照资料的表现形式，可以分为文献史料、实物史料和口述史料；按照资料性质的不同，可以分为第一手史料（直接史料，原始材料）和第二手史料（间接史料）；还可以分为有意史料与无意史料、"正史"与"野史"等。历史教学要构建现代的材料观，让学生经历思辨之路。

中学生搜集史料的基本途径有以下几种。（1）就地取材：从中学历史教材及教辅资料中搜寻史料，现行历史教材中都有精选的典型史料，尤其是高中教材中的典型史料，占有相当篇幅。（2）网络寻宝：在信息时代，网络是中学生最熟悉的信息来源，通过相关的门户网站、专业网站、电子图书、手机新媒体等渠道都能有所收获，但网络资源良莠不齐，需要辨别分析。（3）生活积累：以发现的眼光阅读小说、报纸、杂志，观看电视、电影，并注意搜集记录，正所谓"处处留心皆学问"。（4）调查采访：实地调查、访问、观察。（5）追踪搜寻：目录、索引、研究论著中的引注资料；人与人、事与事的关联性。（6）工具索引：各类字典、辞典、百科全书；目录、索引、年鉴；丛书、类书。

2. 辨别史料的技能

史料的鉴别或称考证，归纳起来不外两种：一是外考证，即史书的辨伪与文句的校勘；二是内考证，即对史事的真实性加以鉴别。不是所有的史料都是真实的，不是所有的真实的史料都是有用的。我们要重点考察史料的真伪及其可信度。史料的编写受时代和编写者所限，没有完全不带偏见的史料。不可靠的史料可能仍然是有用的，假史料也可能从反面反映真实的历史。

3. 运用史料的技能

史料并非天然是证据，没有问题就没有证据，只有对解决问题有用的史料才是证据。一般而言，史料与结论之间的关系有几种：必要条件、充分条件、充要条件。史证的充分性是历史论证中的逻辑问题，有时史料虽然可靠、确凿，但用来证明某一历史结论却不一定充分。只有保证证据的完整性和充分性,才能形成完整的证据链。要坚持"孤证不立"的原则,避免史料与其结论之间逻辑关系的简单化;要重视反面证据,力戒抽样作证;要避免滥用"默证","中学历史教材中没有提到的就是没有的",这是不少历史教师的认识误区。

(二) 熟悉中学生史料证据思维的基本特征

无论如何,让学生对已知信息和证据做出区别是很难的。因此,在史料证据方面,学生有很多误解。

史料即过去。初中生最常陷入的思维陷阱是将史料视为过去的"直接报道"。然而,史料自己不会说话,它们"像害羞的孩子,不但在被询问时才说话,而且不对陌生人说话"。没有问题,就没有证据。研究表明,很多学生并没有想过人们是如何了解过去的,他们认为历史就像教材或大百科全书中写的那样。很多学生把史料看作是可以直接说明历史的依据(甚至包括影视剧),而不会询问对于历史的陈述所依据的是什么,仅仅是做出真实与不真实的判断。他们在对史料和陈述进行对照的时候,不是用史料推翻陈述,就是用陈述推翻史料。

史料即信息。把过去看作是固定的、完成的、出自权威之笔,便是切实的。把所有的史料看成信息,面对史料与陈述有差异的时候,学生通过比较信息的异同和材料的多少来判断。但他们在回答问题时未采取任何史学分析的方法,只求助于权威或更多、更好的书本著作。当史料出现矛盾时,他们认为是找不到信息,或者是作者、老师能力不足,也可能是别人故意刁难。

(三) 优化教学模式和方法

运用史料教学培育中学生的历史思维,并非如表面上那样单纯,可以说这是一项比历史学者所面对的问题还要复杂的挑战。我们应该努力构建民主和谐的教育文化,促进合作、互动和分享。教师要放手让学生想一想、说一说、议一议,让学生自己去发现、探索,并充分利用教材的小字、注释、图片、图表、思考题及其他材料,强化证据与历史的联系,注意论证的逻辑。教师与学生、学生与同伴间保持持续沟通,"这个说法有没有证据? 这个证据可信吗? 这些证据充分吗? 这些材料可以得出什么结论? 你为什么这样想？你有没有新的想法？司南和地动仪的造型有科学依据吗？面对否认南京大屠杀的日本右翼，你能用哪些证据去反驳他们？……"在不断互动、分享、反思的过程中，学生的史证素养便可被渐次培育。

四、因果思维

原因是造成某种结果或者引发某种事情的条件，结果为事物在某种条件或情况下产生的某种结局。万事万物都是有原因的，这是人的一种最根本的信念。"那种要去寻找原因的冲动内在于人类的灵魂。"（托尔斯泰）因果推理是人们习以为常的东西，我们几乎每时每刻都在用。因果关系也以不同形式存在于各个学科。

因果关系一直是史家关注的核心问题之一。现代史学由英国哲学家傅格森（Adam Ferguson）在启蒙运动时期所定义，即将史实按照时间先后记载下来，再加上其发生的原因及结果。该定义成为近代以来史学的基本内容。如何确定因果，哪些是最重要的原因，哪些是最重要的结果，历来为中外史家所讨论。

经过后现代主义的震荡与挑战，当前学界对历史学中因果概念的基本看法如下：第一，完整的历史解释是不可得的，过去已经一去不复返，人不可能离开现在而回到过去；第二，事件跟事件之间的关系并非理所当然，事件的选择以及赋予各因素的不同价值，完全由史家经过专业研究后做出主观认定；第三，事件是各种因素间交互作用的结果，因果关系就像一张庞大的关系网络，并非单纯而直线发展的因果链，也不是独立的个体；第四，各种因素并非等值，根据原因的重要性赋予其不同价值，常见的如背景因素和导火线，前者有助于解释引发历史事件的诸多因素，后者往往具有偶然、突发、引爆的特性，在历史事件中扮演着催化剂的角色；第五，因果解释应包含人的动机和意图，既包含当事人对外声称的理由，也包含其心里真正的理由或者未曾意识到的动机，我们往往因为当事人原始的意图、动机与事件的发展大相径庭而忽略了人的因素；第六，许多事情即使并非出于人的意图，但还是发生了，如长时段的历史变迁、启蒙运动、科学革命的发展等。

最新的2017版高中新课标中，因果思维包含在历史解释核心素养中，含义为：通过对史料的搜集、整理和辨析，辩证、客观地理解历史事物，不仅要将其描述出来，还要揭示其表象背后的深层因果关系。能力要求为：能够说出重要历史事件的经过及结果、重要历史人物的事略、重要历史现象的基本状况；能够分辨不同的历史解释，尝试从来源、性质和目的等多方面，说明导致这些不同解释的原因并加以评析。初中阶段自然应该相应地降低要求。

培育中学生的历史因果思维能力，可以从以下方面入手。

（一）熟悉中学生因果思维的基本特征

学生往往认为原因具有可取代性。当原因被视为一种实体时，那么就会被认为具有可取代性。比如学生会说，如果没有洪秀全，还是会有太平天国，因为天灾人祸，总有人会揭竿起义。这显示学生也许对历史偶然性的认知尚未成熟。

学生倾向于进行简单化的因果思考。他们倾向于以人物性的原因解释历史事件的发生，但却很少归因于外在的结构性因素；他们倾向于将具体的人物因素极大化，而将抽象性的结构性因素极小化；他们在处理因果关系的信息时有寻求真正的、唯一的原因的习惯，将复杂的因果关系看成单纯的原因与结果的关系。

学生会将原因串成一条直线的因果链。他们认为第一件事情影响第二件事情，第二件事情影响第三件事情。所以以此类推，他们就很容易陷入以简单时序排列的因果关系，并认为历史事实之间无轻重差别。学生经常会忽略人的意图与动机，尤其当人物的初始动机或意图与后来事件的发展有所不同时。事实上，人的动机和意图会在相当程度上影响事件的发展。

（二）引导学生理解因果关系的基本概念

1. 主观/内部原因和客观/外部原因
2. 偶然原因和根本原因，直接原因和间接原因
3. 主要原因和次要原因
4. 直接结果和间接结果
5. 必然结果和偶然结果
6. 正面/积极结果、中性结果、反面/消极结果
7. 主观结果和客观结果

8. 因果关系的多样性和复杂性

历史事物变迁的因果形式多样：有远的，也有近的；有主要的，也有次要的；有积极的，也有消极的；有主观的，也有客观的；有必然的，也有偶然的；有直接的，也有间接的。诸多原因与原因、结果与结果、原因与结果之间，并非各自独立，线性发展，而是交互影响，构成复杂的网络。

一因一果，即一个原因产生一个结果，这种情况在历史上非常少，更多的是一因多果或多因一果、多因多果。教师应该引导学生认识到，一个原因可能影响到许多事件的发生，一个结果也可能同时有多个原因，多个原因可能产生多个结果。学生需要理解原因与历史事件之间复杂的互动式连接甚至互为因果的关系，展现全部的因果关系联结。例如：五四运动对于中共成立来说是原因，对于巴黎和会外交斗争失败来说是结果；东汉田庄的形成既是东汉政权建立后的结果，又是东汉末军阀割据局面形成的原因。

（三）教师的引导和示范

教师因果概念的教学方法会深深影响学生的思考逻辑。比如，很多老师使用概念图或思维导图进行教学，优点是化繁为简、一目了然，缺点是过度简化了因果关系，容易让人误以为事情就是那样自然而然地发生的。概念图或思维导图的内在逻辑在于将事情的原因与结果认为是一套完整确定的事实，只是用图表的方式来重新描述发生过程的顺序而已，且因素之间的关系都是单向影响，甚至根本没有关系。因此，教师在使用概念图教学时，要引导学生全面分析，扬长避短，并尽可能呈现因果关系的整体复杂面貌，兼顾脉络的逻辑性。

增强与学生在思考过程上的互动。老师如何看待历史，不但决定了他如何教历史，也在很大程度上决定了学生如何思考历史。历史教师应增强与学生在思考过程上的互动，比如：带领学生体验历史建构的过程，进而了解历史知识如何被建构；在弹性化的空间、开放式的提问及多元形式的资料里，让学生经历妥善的历史学习与训练，让他们有机会进行深刻的自我思索，"为什么会发生这件事？这些真的是事件发生的原因吗？还有其他的原因吗？如果斐迪南大公夫妇没死，第一次世界大战还会发生吗？"

五、变迁与延续思维

万物皆变,无论是古希腊的"人不能两次踏入同一条河流",还是中国古代的"生生不息之谓易",讲的都是这个道理。万物亦有不变,具体到某一个有特定内涵或质的规定性的客体来说,在特定的历史时期内,变中必须有不变,必须有相对的稳定性。不变之中蕴含着变化,变化之中又包含着不变,这是哲学的基本理念。

历史循环论曾经在古代长期流行,中国的"分久必合,合久必分",西方的"太阳底下没有新鲜事",都是典型。在轴心时代,循环时间观普遍存在于中国、印度、古希腊和古罗马。《周易》对时间和历史的循环性有突出的理解,孔子是循环性历史观的奠基人。

延续中有变迁,变迁中有延续,这也是古今中外历史的铁律。如夫妇、父子、君臣三纲及仁、义、礼、智、信五常,为中国古代世相相因、百代沿袭的传统文化。在现代社会,"三纲"固然已不合时宜,但"五常"是人类基本准则,仍然在不断流传。秦始皇创立的诸多制度被世代沿袭,譬如皇帝制、三公九卿制、郡县制、统一的文字、度量衡及币制等,号称"百代犹行秦法政"。但每项制度在不同的朝代都有不同的形式和内容,使得中国在其后相当长的一段时间内领先于西方。

很多西方国家也奉行"祖宗之法不可变"的理念。英国的君主立宪制,是 1688 年光荣革命后建立起来的议会君主制,沿袭至今。用作英国议会大厦的威斯敏斯特宫也一直沿用至今,它依然保留了 11 世纪初建时的许多遗迹,于 1987 年被列为世界文化遗产。美国宪法自 1787 年确立以来,已经存在 230 余年,其间国内外局势发生了天翻地覆的变化,但至今除了 20 余条宪法修正案外,并没有做大的调整。

历史也可以发生"度变"。譬如关于什么是社会主义、如何建设社会主义,自马克思、恩格斯初创理论以来,后人又不断对其进行丰富和完善。比如从以阶级斗争为革命武器,到树立科学发展观,构建和谐社会;从消灭私有制进行社会主义改造,到发展市场经济,以公有制为主体,积极鼓励和扶持私有制发展等。这是我们认识的深化,也可以说是社会主义的"度变"。但社会主义的根本不能改变,否则就会亡党亡国,苏联解体和东欧剧变是前车之鉴。

2017 版高中新课标中,变迁与延续思维主要包含在时空观念和历史解释核心素养中,含义为:在不同的时空框架下理解历史上的变化与延续、统一与多样、局部与整体,并据此对史事作出合理解释。区分历史叙述中的史实与解释,知道对同一历史事物会有不同解释,并能对各种历史解释加以评析和价值判断。面对现实社会与生活中的问题,能够以全面、客观、辩证、发展的眼光加以看待和评判。其后,各个模块的内容标准和教学提示几乎都强调理解历史进程中的变化与延续、继承与发展、原因与结果,建构历史发展的前后联系,认识历史发展的总体趋势。可见我国虽然未将变迁与延续列入核心概念,但仍然相当重视。

学生变迁与延续历史思维的形成是一个漫长、复杂且曲折的过程,培育中学生的变迁与延续思维能力,可以从以下方面入手。

(一)熟悉学生变迁与延续思维的基本特征

"历史的变化"是学生很难理解的一个历史概念。对于大多数学生而言,变化是人类生活经验的基本特征。他们最初会感到,除了日常生活中自己的衣服、书包、手机等的改变,很难在其他任何用途中想到这个概念。因此,对他们来说,历史中的变化常常被认为等同于讯息。有很多学生将变化视为一段插曲,而不是一个连续过程,将变化视为全部推倒重来,而不是继承延续之上的创新。

如果认为进步是必然的,许多学生会低估过去。他们认为过去的人在智力上低于今天的人,并且时间越往前,人的智力越低。现代人周围堆满了物质进步的证据,且他们对人类演化及哲学发展理论的理解也会支持这样的看法。但是过去的人根本不可能知道、更无法理解现代社会熟视无睹的事情,比如互联网、手机等。陌生的和不同的,并不必然是愚蠢的、低贱的,越接近现在未必一切就变得越好。譬如很多专家同意,现代人的体质远远不如人类祖先。远古男性要比现代人跑得更快,身体更加强壮,体型更加优美,性格更勇敢和坚毅。

如果认为延续是必然的,很多学生会高估过去。青少年经历的短暂人生和有限的遭遇,使他们很难能够身临其境地去感受过去。他们认为,古人与今人是相同的,这种观点几乎意味着否定历史长河发生的变化。学生想当然地认为变化会即刻发生,他们倾向于片段化地分割他们学到的历史,由此想当然地认为变化是即刻发生的。比如:自然经济马上就解体了;封建体制迅速就瓦解了;家庭生产体系突然变化为工厂生产体系。

（二）引导学生构建有机联系的知识网络

总揽全局。教师可以通过时间表、事件表、思维导图等，每节课都引导学生总揽全局，并结合所学内容，进行问题探究、话题讨论等活动，引导学生进行深度思考，理解其中的时序、因果、证据等相互联结的关系，理解不同时期和社会的观念、信念和心态，从而构建有机联系的知识网络，培养学生的理解力和判断力。

关键议题应该与学生已有的历史学习经验相结合，或者与他们今天的生活经历相结合。为了突出其中缓慢或快速的变化（进步或退步），可以使用适当形式的时间表、纪年表、图表或曲线图等。有时，我们需要把控图表呈现的清晰度和准确度，以便给学生留出思考的空间，让他们在某些想象性的图表中标出关键节点。

单元总结。在每一单元新课结束后，用至少一节课的时间做一个分析总结，目的是帮助学生在学习历史事件后将各种信息组织起来，扩展他们对变迁与延续的认识。

建立通则（generalisation）。建立通则是帮助学生建构历史变迁与延续叙述的重要工具。教师应该引导学生认识通则是什么，是如何形成的。通则是事物变迁与延续中呈现出来的具有稳定性、规律性的原理和原则。对一些学生来说，学习如何建立通则是不容易的，这需要他们选取和抛弃一些数据。这些选择的标准会根据所提的问题而改变，而学生在对特定历史事件不完全清楚时很难做出相关的选择。

（三）引导学生进行比较

相似和差异的比较是帮助学生理解变化和连续概念的一种有效策略。将有一定关联的历史事件和现象进行比较对照，然后判断异同，分析缘由，这有利于学生理解变化和连续，把握历史发展进程的共同规律和特殊规律。历史教学中的比较，一般包括纵向比较和横向比较两种类型。

六、神入思维

"神入"（empathy）又译作移情、共情、通情、同感、同理心等，原本是心理学中的一个概念,类似于我们日常生活中的"换位思考",是指想象自己处于他人境地,并理解他人的情感、欲望、思想和活动的心理过程。神入概念被广泛应用于心理学、哲学、美学、文学、历史、社会学等学科,心理学领域一般翻译成"移情",历史学领域则普遍使用"神入"。

历史神入(historical empathy)或神入历史是"主体进入客体之中去想象客体"的心理活动,即当事者置身于特定的历史时空,站在历史人物的立场,尽量理解其看事情、想问题的方式,尽量体会其感受,尽量走入其心中,避免用现代的观念、想法去看历史人物,去理解过去。历史神入需要一定程度的想象,但不是凭空虚拟,需要足够的资料佐证和逻辑推理。

神入历史对历史教学具有重要的意义。首先,有助于拉近学生与历史的距离,激发学生对历史的学习兴趣。神入历史的过程,实质上就是学生走进丰富多彩、变幻莫测的历史的过程,是学生感受知识的魅力和思考的价值的过程。其次,有助于增强学生对历史的感悟和理解,强化历史意识和观念。在尝试进行因果分析、变迁延续和动机分析的过程中,学生可以逐步加深对历史人物的思想和行为的理解,从而能从历史脉络的情境中去理性理解历史人物行为的意图与影响。再次,神入历史可以培养学生的历史思维能力。在对历史事件、历史现象、历史人物进行分析、评价和判断的过程中,学生的历史意识和学科能力会逐渐增强。

2017版高中新课标中,神入思维主要包含在时空观念和历史解释核心素养中,含义为:任何历史事物都是在特定的、具体的时间和空间条件下发生的,只有在特定的时空框架当中,才可能对史事有准确的理解。人们通过多种不同的方式描述和解释过去,通过对史料的搜集、整理和辨析,辩证、客观地理解历史事物,不仅要将其描述出来,还要揭示其表象背后的深层因果关系。具体要求为:能够按照时间顺序和空间要素,建构历史事件、历史人物、历史现象之间的相互关联;能够在不同的时空框架下理解历史上的变化与延续、统一与多样、局部与整体,并据此对史事作出合理解释;知道对同一历史事物会有不同解释,并能对各种历史解释加以评析和价值判断;能够客观论述历史事件、历史人物和历史现象,有理有据地表达自己的看法;能够认识历史解释的重要性,学会从历史表象中发现问题,对历史事物之间的因果关系作出解释。可见我国虽然未将"神入"列入核心概念,但仍然相当重视。

　　培育学生的神入思维能力,需要长期积累,面临很大的挑战,我们可以从以下几个方面入手。

(一) 熟悉中学生神入思维的基本特征

　　学生很难理解现在与过去有区别。他们总是认为历史人物和现代人很相似,以为历史人物的动机、价值观、信仰和心态与现代人差不多。人的动机、价值观和目的都有不变的模式,所有的行为制度、社会习惯都可以借助这个模式来理解。

　　学生很难体会历史人物实际遭遇的困难。历史教师经常会发现,有些学生不假思索地就把历史人物讥贬为"傻瓜",例如慕尼黑会议上的张伯伦、法国大革命前夕的路易十六、1918 年力主签订《布列斯特和约》的列宁等。学生很难进入历史人物的思考脉络,他们在判断历史人物的行为时,会以自己的而不是当时的条件去考虑。

(二) 引导学生进行反事实推理

　　引导学生进行反事实推理是神入历史的一个很重要的手段。反事实推理又称反事实思维,是指对过去已经发生的事实进行否定而重新表征,以建构一种可能性假设的思维活动。我们可以简单地把它看作确定因果关系的思维实验。实际上,我们每天都在运用反事实推理。比如,"假如那天晚上参加聚会,那么我和他(她)可能早就是朋友了"。

　　人们常说历史不能假设,但实际上恰恰相反。法国现代史学家拉孔布认为,"想象的经验是历史学中唯一可能的经验"。任何重建过去的尝试都是以想象力的发挥为前提的,因为保存下来的资料不可能是完整和全面的。

(三) 采用多种教学方法

　　除了反事实推理,促进神入历史的常用方法还有讨论法、角色扮演、第一人称虚拟写作等。运用讨论,可以帮助学生彼此交流不同的意见,接受多元的观点,有助于发展神入历史。譬如:假如文革没有发生,中国将如何发展?假如古巴导弹危机没有及时解除,第三次世界大战会爆发吗?假如二战中法国没有迅速失败,二战的进程会改变吗?……在讨论过程中,教师的引领和指导非常重要。应当鼓励学生既向教师提问,也互相提问,从学生的发言中教师可以了解到他们对历史的理解或不理解的许多情况。

神入历史是最令人着迷,同时也是最让人感到迷惑不解的。我们所处的时代与过去相比已经发生了翻天覆地的变化,许多对我们而言不可思议的、不可能的,或是极其愚蠢的事情,对过去的人而言是合理的、正常的;反之亦然。只有神入历史,像当时的人那样去看待当时的世界,我们才能理解当时人们的思想和行为。

总之,为了培养学生的历史思维能力,我们必须引导学生像历史学家一样思考。中学历史教育的目的绝不是要培养小历史学家,但通过对唯物史观、历史时空、史料证据、变迁与延续、原因和结果、神入及家国情怀等历史思维的引导与训练,中学生就能像历史学家一样去思考历史、人生和社会,逐渐增长智慧,积淀人文素养,从而为未来做好准备。

核心素养或能力很难通过死记硬背、题海战术来培育,我们必须改进传统的以讲授为主的教学方法,积极践行启发式、参与式、讨论式、体验式教学,营造独立思考、自由探索、勇于创新的良好环境,让学生学会发现学习、合作学习、自主学习。

历史教学不能一味从老师教什么、如何教的角度出发,而应该先探究学生是如何学习历史的。学生对任何历史事件的想法都不是白纸一张,有自己的原始知识或前概念,所以了解学生的想法是极其重要的工作。如果你能了解他们面对时空、证据、因果、变迁与延续、神入等概念时,有哪些困惑,存在哪些共同性的误解,并为此做好准备,你的课堂一定会更成功。

【作者简介】

薛伟强,历史学博士,教育学博士后,江苏师范大学教师教育学院副教授,硕士研究生导师。主要研究方向为历史课程与教学论,主编历史学专著 1 部、历史课程与教学论教材 1 部,主持省市级科研课题 4 项,发表 CSSCI 及北大核心期刊论文 20 篇,其中被《新华文摘》全文转载 1 篇,人大复印资料全文转载 6 篇。

实践篇

第3章 中国古代史教学名师课例

课例1 汉武帝巩固大一统王朝

执教：徐波

一、教学预设

（一）课标要求

知道汉武帝巩固大一统王朝。

（二）教学目标

1. 知识与能力：从政治、思想、经济等方面归纳"推恩令""罢黜百家，独尊儒术"和盐铁专卖等汉武帝巩固大一统王朝的措施。

2. 过程与方法：通过进行列表归纳，帮助学生初步掌握历史学习中表格归纳的学习方法。设置相关问题，引导学生阅读史料，分析汉武帝所采取的各项措施，理解汉武帝实施"推恩令""罢黜百家，独尊儒术"和盐铁专卖的目的和影响，以此培养学生的史料实证意识、问题分析能力和问题解决能力。

3. 情感态度与价值观：感知汉武帝为巩固大一统局面所做的努力，认识维护和巩固国家统一是中华民族长期的任务。

(三) 学情分析

常州市市北实验初中是一所公办普通初中,生源以周边社区学生为主,外来流动人口子女占比约为60％。七年级(8)班属于教改实验班,生源质量较高。

七年级学生刚刚进入初中,第一次接触到历史这门学科。尤其是在七年级第一学期,十二三岁的学生,好奇心、求知欲强,不少学生有一定的历史知识积累,但从思维结构上来说,仍以形象思维为主,抽象思维有待发展,因此对复杂历史现象的理解往往还处于较为幼稚的状态,容易简单化理解,常常将历史人物脸谱化。虽然他们对于历史学习的基本方法、手段还不甚了解,但可塑性极强,发展空间大。

七年级学生需要面对的历史学习内容是中国古代史,应该说中国古代史知识本身故事性强,有趣的历史故事对学生有较大的吸引力,能够激发学生的学习兴趣。但另一方面,必须看到,学生在中国古代史的学习过程中运用到的第一手史料往往以文言文形式呈现,这对于七年级学生而言构成了较大的阅读障碍,对于他们深入理解历史现象是一个不利因素。因此,教学过程中教师必须要精选史料,并做好翻译、解读等工作,帮助学生逐步提升阅读理解能力,破除阅读障碍,进而掌握历史学习的基本方法。

(四) 教学重点

"推恩令""罢黜百家,独尊儒术"和盐铁专卖等汉武帝为巩固大一统王朝所采取的政策措施。

(五) 教学难点

理解汉武帝实施"推恩令""罢黜百家,独尊儒术"和盐铁专卖等大一统措施的目的和影响。

(六) 课前准备

布置学生预习伴你学,制作多媒体课件。

（七）教学方法

列表归纳法、师生对话法、讲授法、史料研读法。

二、课堂实录

（时间：2017 年 11 月 21 日　授课地点：常州市市北实验初级中学　班级：七（8）班）

（一）新课导入

师：前面我们已经学习并了解了一些关于西汉的故事，今天我们要继续学习西汉王朝的历史。请一起来读一读这段材料。

（多媒体课件出示材料，学生齐读。

他是秦始皇以后又一位雄才大略的皇帝，他把秦始皇创建、汉高祖重建的帝国体制进一步强化、完善，使大汉帝国尽显其威仪，并且走向了顶峰。

——樊树志《国史十六讲》）

师：这位皇帝是谁呢？

生：汉武帝。

师：今天就让我们一起来学习第 12 课《汉武帝巩固大一统王朝》。

（多媒体课件出示课题"第 12 课汉武帝巩固大一统王朝"。）

（二）新课教学

师：首先我们来看一看汉武帝的简介。

［多媒体课件出示：汉武帝刘彻（公元前 156 年—公元前 87 年），汉文帝的孙子，汉景帝的儿子。16 岁（公元前 140 年）登基称帝。70 岁驾崩，在位 54 年。他继承了文景之治留下来的富强基础，励精图治，把西汉王朝推向极盛。］

师：先搞清楚汉武帝和西汉王朝前面的几位皇帝是怎样的关系。

生：汉武帝是文帝的孙子，景帝的儿子。

师：也就是说，在汉武帝即位之前，西汉王朝已经迎来了一个繁荣的局面，我们把这个局面叫作……

生：(齐声回答)文景之治。

师：汉武帝即位之时只有 16 岁,在位 54 年,是中国古代历史上在位时间第三长的皇帝。在他的统治下,西汉迎来了一个更为繁荣的局面。

师：16 岁的大汉天子,心怀雄才大略。但眼前"文景之治"的繁荣背后,却潜藏着许多隐忧,少年天子也有许多烦恼……下面,就让我们一起来阅读教材 54—56 页,试着归纳一下,汉帝国有哪些隐忧,让汉武帝这位少年天子感到烦恼。大家手中都发到了一张学案,学案中的第二列就是"汉帝国的隐忧",请大家在阅读课文的基础上,把"隐忧"按照类别简单概括一下,写在你的学案上。给大家大约 5 分钟时间,写好后我将选取部分同学的学案进行投影展示。

(多媒体课件出示问题,展示少年天子刘彻的图片。可用影视图片增强学生的亲切感。)

(学生按照要求阅读课文,认真思考归纳,并填写表格。)

(老师巡视课堂,点拨学生,关注填表进展情况。提示学生注意要求,不要原文抄写。)

	汉帝国的隐忧	汉武帝的措施	影响(作用)	历史意义
政治				
思想				
经济				

师：(投影展示生 A 所填表格,依据生 A 所填内容,提出问题。)诸侯王势力很强大,有哪些具体的表现?

生：横行霸道。

师：思想上,许多人依附诸侯王,依附诸侯王的是哪些人?

生：士人。

师：这些人在干什么?

生：游说。

师：用什么游说？

生：诸子百家的学说。

师：你写到了"私人铸币还未禁绝"，除了铸币，这些人还做了什么？

生：盐铁经营权。

师：(投影展示生 B 所填表格。)这位同学的课文阅读仅限于 54 页了。

师：接下来，我们一起来看看，到底汉武帝面临着哪些烦恼。

1. 文景存隐忧，汉武有烦恼

师：刚刚有同学提到了，西汉初年所实施的统治的基本思路是……

生：无为而治。

师：在"无为而治"思想之下，虽然也创造了"文景之治"的繁荣，但是问题也随之产生，造成了政治、思想、经济三方面的一些问题。首先在政治上，(出示中央政权与封国管辖人口柱状比较图，西汉前期封国示意图。)封国是怎么产生的？

生：刘邦建立西汉后，分封了一些诸侯王，随着经济的发展，诸侯王的势力也膨胀起来，造成了"七国之乱"。

师：这位同学讲到了，刘邦分封诸侯王。你知道哪些人可被封为诸侯王呢？就是皇帝的那些子弟，也就是儿子、侄子等亲属。因为刘邦认为秦朝灭亡的一个原因就是没有分封子孙，以致发生农民起义的时候没有人帮忙看守天下。所以他认为要守住"刘家天下"，还是要靠刘家人。于是他分封大量诸侯，后来导致了怎样的局面？(引导学生看多媒体课件所示图片。)

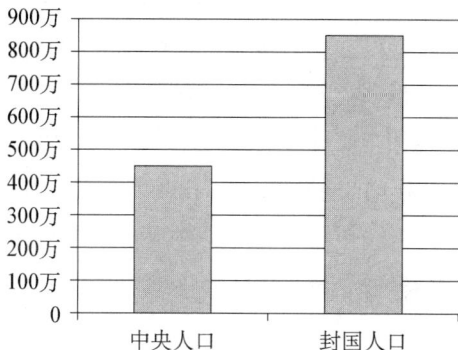

封国人口比中央直接控制的多,面积也比中央直接控制的大(图略)。这种局面带来的危害是怎样的呢?

(多媒体课件出示材料:今诸侯或连城数十,地方千里。缓则骄奢易为淫乱;急则阻其强而合纵以逆京师。——《汉书·主父偃传》)

诸侯的实力越来越大,如果中央骄纵他们,不闻不问,他们的力量就会发展得越来越大;如果要削弱他们的封地,他们就会"合纵以逆京师",最典型的例子就是刚刚这位同学提到的"七国之乱"。中央政府要削弱诸侯,而诸侯却索性先下手为强,发动了叛乱,给整个国家带来了巨大的混乱。

师:所以政治上出现的第一个问题,就是"诸侯国势力强大,严重威胁到中央"。

师:还有另外一股势力——地方上的大地主、大商人,也在不断发展。

(多媒体课件出示材料:孝景时……网疏而民富,役财骄溢,或至兼并豪党之徒,以武断于乡曲。——《史记·平准书》译文:景帝时……法网宽疏而百姓富实,出现不少利用财物做骄奢不法之事的人,那些兼并土地的人以及土豪巨党,以威势武力横行于乡里。)

豪强地主利用国家法律比较宽松,利用中央对地方的控制比较宽松,于是发展自己的力量,横行乡里,不把中央放在眼中。这张图片演示了当时这些豪强地主的庄园有多大的规模。

(多媒体课件出示图片《地方上的豪强地主发展起来》。)

(多媒体课件出示:诸子百家学说流行于社会。士人四处游说,依附诸侯王,对抗朝廷。)

(多媒体课件出示材料:今师易道,人易论,百家殊方,指意不同,是以上亡(无)以持一统;法制数变,下不知所守。——《汉书·董仲舒传》译文:如今为师者所述的道理彼此不同,人们的议论也彼此各异,诸子百家研究的方向不同,意旨也不一样,所以君上不能掌握统一的标准,法令制度经常改变,百姓不知道应当怎样遵守。)

师:在思想上,各种各样的思想都存在。出现了怎样的一种局面呢?请看译文。没有统一的思想,带来的问题是中央政府的法令制度经常改变,百姓不知道应当怎样遵守。我们已经学过了两种统治思想,曾经主导秦朝政治的是哪家思想?

生:法家思想。

师：（点击出示法家。）严刑峻法，结果老百姓很苦。汉朝初年的"无为而治"是哪一家的思想？

生：道家思想。

师：（点击出示道家。）国家管的很少，但是也带来了很多问题。法律制度不严密，很多人就容易"钻空子"。此时，各家思想都在社会上流传，其中很多人跑到诸侯王那里，鼓动他们对抗中央政府。他们掌握的知识变成了对抗中央的工具。

（多媒体课件出示材料：是时，吴以诸侯即山铸钱，富埒（相等）天子，后卒叛逆。邓通，大夫也，以铸钱，财过王者。故吴、邓钱布天下。——《汉书·食货志》

富商大贾……冶铸煮盐，财或累万金，而不佐国家之急，黎民重困。——《史记·平准书》译文：富裕的商人，冶铁铸币卖盐，积累了数以万计的财产，却不顾国家危急，加重百姓困苦。）

师：第三个，来看经济方面。请看第一段材料，"吴"就是"七国之乱"中为首的一国。它为什么能在"七国之乱"中为首呢？就是因为吴王经济实力强，通过铸币，成了天下首富，与天子相等。邓通是汉文帝所喜欢的一个大臣，从文帝那里获得铸币的特权，结果发财致富。整个天下使用的货币都出自吴王和邓通这两家，那么中央的财政主导权到哪里去了？中央拱手把财政的主导权让给了私人，造成了国家财政的困难。国家财政很困难，但是那些富商大贾们除了靠铸币赚钱，还靠什么赚钱致富？

生：盐铁——煮盐、炼铁。

师：盐铁是生产、生活的必需品。富商大贾利用这两样，积累了巨额的财富。国家财政困难要跟他们借钱时，却"不佐国家之急"。这些豪强富商也成了国家继续发展所面临的重要问题。

（多媒体课件出示：豪强富商控制国家经济命脉，唯利是图，不关心国事。）

（多媒体课件出示图表，归纳政治、思想、经济三方面的隐忧、问题。）

师：两种势力——一个诸侯、一个豪强地主，影响了国家的继续发展。在这种局面下，汉武帝这样一个少年天子到底应该怎么办呢？

2. 名臣献妙计，汉武固一统

师：同学们，作为汉武帝身边的大臣，能给汉武帝提些好的建议和办法吗？请阅读课文，把你的建议写在学案表格上。

(学生自主阅读课文,填写学案表格。)

(老师巡视课堂,点拨学生,关注填表进展情况。)

师:(投影展示生C所填表格。)这位同学能准确运用历史名词来填写,不错。

(1) 政治

① 颁布"推恩令"

师:现在,让我们一起来看看,这些汉武帝身边的名臣给他提出了怎样的建议。

[多媒体课件出示主父偃图片及材料:今诸侯子弟或十数,而适嗣代立(只有嫡长子世代继承王位),余虽骨肉,无尺寸地封,则仁孝之道不宣。愿陛下令诸侯得推恩分子弟,以地侯之。彼人人喜得所愿,上以德施,实分其国,不削而稍弱矣。——《汉书》]

师:先看这位,他是谁?

生:主父偃。

师:姓什么?

生:主父。

师:他给汉武帝提出了怎样的建议? 请看一下这段材料,试着解读一下。

生:让诸侯子弟来适应……额……只有嫡长子继承王位,其他人没有封地……额……

师:看来还有很多困难。其他同学呢?

生:诸侯的子弟多达十几个,但只有诸侯的长子能继承王位,其他王子虽然也是诸侯的骨肉,却没有土地分封,就不能尽到仁孝之道。

师:非常好。只有嫡长子继承,其他王子分不到土地,诸侯王想要喜欢其他儿子没有办法,小儿子们要孝顺诸侯王也没有办法孝顺。既然这样,现在,主父偃提出的建议是,用"推恩"这个办法。什么是"推恩"?

生:规定诸侯王除让嫡长子继承王位外,可将封地再次分封给其子弟作为侯国,由皇帝制定封号。

师:很好。"推恩分子弟"是把原来的诸侯国分成几份,给几个儿子;"以地侯之"就是把这些土地给其他的儿子,这些儿子也被册封为诸侯。这种办法,我们就把它叫作"推恩令"。"推恩令"巧妙在哪里? 请看材料的后几句话。

生:这样侯国越来越多,诸侯王的封地和势力越来越小。

师：除此之外，得到封地的人和皇帝有什么好处？"喜"说明了一切。得到封地的人对皇帝感恩戴德，实际上起到的作用是使诸侯势力日益弱小。（多媒体课件演示诸侯推恩越分越小。）后来甚至出现了"诸侯寡弱，贫者至乘牛车"的局面。

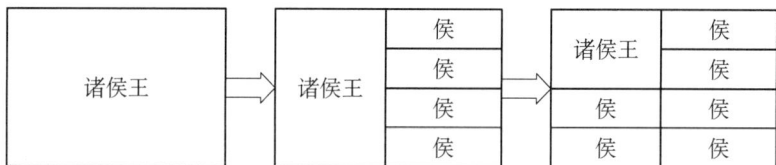

诸侯王		诸侯王	侯	
			侯	
			侯	
			侯	

诸侯王	侯
	侯
侯	侯
侯	侯

诸侯的力量被削弱了，带来的是中央和皇帝的力量增强了。侯国数量迅速增加，汉武帝是怎样对待这些侯国的呢？

生：汉武帝又找各种借口削爵、夺地甚至除国，严厉镇压他们的叛乱，诸侯王从此一蹶不振。

师：好。按照规定，诸侯要向汉武帝进献贡品，要为祭祀祖先提供祭品。有些诸侯没有按规定做，最后，都成为了汉武帝惩罚他们的借口。轻一点的取消你本人的爵位，重一点的削减你的封地，最严重的取消你的封国，子孙后代也不准继承。这样一来，中央直接控制的地方就增加了。

② 建立刺史制度

师：这时，怎么来监督地方上的豪强地主、郡守县令们？汉武帝想了什么办法？

生：设置刺史。

师：这个名称就告诉你，这个官职是干什么的了。"刺"就是侦查。汉武帝派这些官员到地方上去，侦查地方官员的行动，发现不轨行为可以直接报告给皇帝。地方官员对这些人心怀恐惧，中央也能够及时了解地方上的动向。这些措施加在一起，起到了怎样的作用？

生：通过这些措施，中央对地方的控制大大加强。

（2）思想：罢黜百家，独尊儒术

（多媒体课件出示董仲舒图片及材料：臣愚以为诸不在六艺之科、孔子之术者，皆绝其道，勿使并进。邪辟之说灭息，然后统纪可一而法度可明，民知所从矣。——《汉书·董仲舒传》）

师：思想问题是根本问题。下面我们来看一看思想方面。从这则材料就可以看出，董仲舒是哪个学派的？

生：儒家。

师：董仲舒的建议被概括成八个字。（多媒体课件出示：罢黜百家，独尊儒术。）

（学生齐读"罢黜百家，独尊儒术"。）

师："罢黜百家，独尊儒术"就是说不要理睬其他学派的学说，只要尊崇儒家学派的学说。董仲舒认为，尊崇儒家学说就能达到怎样的状态呢？请看材料最后几句。"邪辟之说灭息，然后统纪可一而法度可明，民知所从矣"是什么意思？你能解读吗？

生：只有其他学派的学说都不管了，然后才可以统一法律和规定，百姓才知道遵从。

师：董仲舒认为，诸子百家的其他学说都是邪门歪道的学说。国家可以通过尊崇儒家学说，使其他学说都不再流行。只有儒家学说能够把法律和制度统一起来，老百姓都按照儒家学说的规定去行为做事，天下就太平了。为了尊崇儒家学说，汉武帝具体有哪些做法？

生：汉武帝还在长安兴办太学，以儒家的《诗经》《尚书》《礼记》《易经》《春秋》作为教材，培养统治阶级需要的人才，儒士也进入各级政权机构。

师：（多媒体课件展示太学、"五经"的图片。）办了一个最高学府——太学，太学里教什么？"五经"。精通"五经"的人就能从太学毕业，可以当官，进入政府。这样一来，大家愿不愿意去学习儒学？

生：愿意。

师：最终培养出来的人才具有一种怎样的品质特征？

生：忠君守礼。

师：这才是皇帝所需要的。

（3）经济：盐铁专卖

师：最后我们来看一看经济方面。汉武帝充分认识到铸币权的重要性。所以，他决定把铸币权收归国有。

（多媒体课件出示五铢钱图片和简介。）这是汉武帝铸造的五铢钱。之前，秦朝统一的货币上铸造的是哪两个字？

生：半两。

师：现在铸造的是"五铢"。"铢"和"两"是怎样的换算关系？一两的二十四分之一为一铢。

（多媒体课件出示材料：设置均输官和盐铁官，让边远地区的官员各自以他们以前跟商人进行买卖的物价为赋税，而互相转输。在京城设置平准机构，接收天下输纳来的物品。各机构全部垄断了天下的货物，物价贵时就卖出，贱时就买进来。——《汉书·食货志》）

此外，他还采纳桑弘羊的建议，设置了均输官、平准官，还有负责盐铁专卖的官员。从采矿到冶炼，直到最后的流通经营全部收归国家所有和管理。通过这样一种手段，能够为国家财政带来什么好处呢？

生：统一货币，便利物资流通。

师：还有吗？

生：为汉武帝许多政策的推行奠定了经济基础。

师：是怎样奠定经济基础的？

生：就是能够积累大量金钱。

师：对。实际上就是使国家积累了巨量的财富。这样国家才能有更大的经济空间可以去从事大规模的战争。

（三）课堂小结

师：最后让我们一起来总结一下本课所学内容。汉武帝即位之初，汉帝国面临着诸侯和豪强地主这两种力量，汉武帝在政治、思想、经济上分别采取了什么措施？由此带来的作用是什么？

（多媒体课件展示表格。）

	汉帝国的隐忧	汉武帝的措施	影　响
政治	诸侯势力强大，豪强地主发展起来	颁布"推恩令"；建立刺史制度	加强了中央对地方的控制，巩固了中央集权，维护了国家统一，实现政治上的大一统

	汉帝国的隐忧	汉武帝的措施	影 响
思想	诸子百家学说流行,士人四处游说,依附诸侯王,对抗朝廷	"罢黜百家,独尊儒术"	使儒家学说成为正统思想,实现思想上的大一统
经济	豪强富商控制国家经济命脉,唯利是图,不关心国事	统一铸五铢钱;盐铁专卖;统一调配物资,平抑物价	改善了国家的财政状况,为汉武帝许多政策的推行奠定了经济基础,实现经济上的大一统

(依据表格,教师带领学生共同归纳。师生一起说一说。)

师:最终汉武帝带来了西汉王朝的巅峰时代。请大家齐读一下最后这句话。

生:(齐读)汉武帝从政治、思想、经济等方面巩固了大一统的局面,使西汉王朝开始进入鼎盛时期。

三、学生反响

(调查时间: 2017 年 11 月 21 日)

(一) 本节课中你最大的收获是什么?

生 1:了解了汉武帝巩固大一统王朝的措施及其意义影响。

生 2:知道了汉武帝如何使西汉王朝进入鼎盛时期。

生 3:懂得了"文景之治"也是有隐忧的。

(二) 本节课中你印象最深的是什么?

生 1:知道了汉武帝巩固大一统的一系列措施,如"推恩令"、刺史制度、"罢黜百家,独尊儒术"……

生 2:知道了汉朝国家统治中存在的隐忧,理解了汉武帝大一统的历史意义。

生 3:知道了汉武帝找各种借口削爵、夺地、除国,严厉镇压叛乱。

生 4:通过自主学习和老师指导,学案都填对了,很开心。

（三）本节课中你还没有完全掌握或还有疑问的是哪一部分？

生 1："罢黜百家，独尊儒术"的内涵到底是什么？

生 2：盐铁专卖这方面的知识还没有完全掌握，比如汉武帝是怎样控制盐铁专卖的？

生 3：汉武帝在经济方面如何控制物资流动？

生 4：秦朝的半两钱到了汉朝是怎么变成五铢钱的？

生 5：汉武帝时期的国力强盛与强化中央集权有什么关系？

生 6：汉武帝实行这些大一统政策最终有哪些影响？书上写的太少啦。

（四）学完本课后你还想了解的是什么？

生 1：汉帝国是怎样灭亡的？

生 2：西汉在政治方面除了刺史制度，还有其他制度吗？

生 3：汉武帝还做了什么？有没有其他伟大的成就？

生 4：汉武帝时期平民的生活情况怎样？

生 5："七国之乱"是如何平定的？

生 6：如果董仲舒尊崇的不是儒术，那么汉武帝还会采纳吗？

生 7：经济方面还有其他的隐忧吗？

生 8：汉武帝名字的由来是什么？谥号为什么是"武"？

（五）你对老师上课还有什么建议？

生 1：课件中如果有一段视频更好。

生 2：希望教学能更生动，多和学生交流。

生 3：希望能多拓展一些课外知识。

生 4：老师上课要更幽默一些。

生 5：课上给我们充分的时间，让我们把笔记记全。

四、同伴声音

本课教学现场共有十多位本校不同学科教师前来听课观摩。次日组织了本校历史教研组四位同仁进行评课研讨活动。

黄娟雅(本校教师):这节课提供的史料非常丰富,上课的形式也比较多样,徐老师在整体教学设计中对教材做了重新整合,对学生能力的提升有很大帮助,也让我耳目一新。

彭维坚(本校教师):本课致力于史料教学研究,体现了核心素养与史料教学的有机结合。教学过程中,徐老师对提供的大量史料进行重点解读,帮助学生理解,对于学生能力的发展起到较好的促进作用。但个人感觉教学中出现的不少古文史料对于七年级学生而言难度太大了,学生在阅读中有不小的障碍,导致整节课比较沉闷。当然,徐老师对整节课的框架做了重新整合,是一次大胆的尝试,对于学生而言,这样的整合能够更好地激发他们的探究兴趣,但也可能对他们的学习造成一定困难,我在听课过程中发现小部分学生不太适应这种方式。

李红虹(本校教师):本课践行史料教学,非常典型。但史料选取要适当考虑七年级学生的学情和能力水平,对史料的类型、数量还要进一步精选、精简。徐老师对史料的解读能力,我还是深感佩服的,对于七年级学生而言,老师的逐层解读剖析可以帮助他们慢慢提高古文阅读能力。由于材料阅读费时较多,个人感觉本课在问题设计上思维量还不够,建议可以将汉武帝"罢黜百家,独尊儒术"与秦始皇"焚书坑儒"进行对比,这样可能更加能体现汉武帝的雄才大略。

郑晔(本校教师):我在史料教学上的建议是,史料可以让学生读一读,这既有助于阅读理解,也有助于适当调节课堂氛围。这节课教学过程中缺乏小组合作学习,是否可以设置讨论型思考题并展开小组研讨,这样可以更好地锻炼学生的思维能力,也有助于活跃课堂气氛。

五、教师反思

本课教学设计上着力于对教材进行重整梳理,采用史料教学的方式,来为学生营造历史学习的氛围，提升历史学习的能力。

从课堂实际教学效果来看，也存在不少遗憾。

1. 对学情的把握还不够准确到位。课前预设时考虑到了七年级学生的文言文阅读能力不高，在选取史料时已尽量选取简明易懂、对学生不构成较大阅读障碍的史料，部分较难理解的史料还提供了翻译。

本课教学中共引用文献史料十则，其中大多数为文言文史料，相对于学生的阅读能力而言偏多了一点。不少学生古文阅读功底确实不够，以致我在教学中不得不化费大量时间用于帮助学生解读史料，由此也带来了两个副作用：一是教师讲得偏多了，学生个性思考的空间受到了挤压；二是课堂教学氛围压抑，学生被史料"打蒙"了，以致课堂气氛较为沉闷。

但个人又感觉到，这样的"牺牲"是值得的。学生初次接触到大量古文史料，有此反应是正常的。学生的古文阅读能力恰是在这样的一步步"扶着走"的尝试过程中，逐步培养发展起来的。

然而，这节课毕竟还可以做得更好一些：不是每一段史实都必须采用古文史料来加以说明，应该尝试运用一些故事性强的现代文史料来提升学生兴趣；在史料的解读方面学生的参与度还可提升，通过读一读、想一想、议一议，学生可能会对这些古文史料少一点畏惧，多一点亲切。

2. 从教学流程设计上看，本课对教材内容进行重组整合，从汉武帝即位时所面临的隐忧形势入手，激发学生思考探究的兴趣，进而铺陈展开汉武帝采取的一系列措施。考虑到这样的思路对学生知识构建带来的困难，我又试图通过让学生自主学习，然后在学案表格上归纳"隐忧""措施"的方式来帮助他们构建知识框架。

但由于表格归纳的形式是学生在历史学习中首次接触到的，并且在学习活动展开前我没能进一步讲解清楚自主学习活动的要求，导致不少学生一开始面对表格感到不知所措。整节课结束时，仍有个别学生对这一表格知识框架理解不清。

列表归纳法是历史学习的一种重要学习方法，本课在七年级上学期就试图让学生接触和了解这一方法。从整节课学生的初步反响来看，最终学生还是能够接受并掌握这一历史学习方法的。

教材的重整对于新课教学来说往往是"双刃剑"。如果教材本身结构确实存在问题,重整则能够帮助学生理解难点;反之,如果教材本身的结构能够自成一体,那么重整往往会对教学过程构成较大挑战。本课教学中我就感受到了这一点,由于需要学生先通读课文找出汉武帝即位之初面临的"隐忧",这对少部分阅读能力不强的学生构成了较大挑战,不知应从何开始,这也是我在教学设计之初没有预想到的。

3. 从课堂教学容量来看,这节课突出史料教学这一中心主题,从唯物史观、时空观念、史料实证、历史解释、家国情怀等多个维度培养发展学生的核心素养,容量大。通过对"文景之治"存在隐忧的提示,使学生初步懂得采用辩证分析的唯物史观看待历史现象;通过对汉武帝与西汉前皇帝的关系的梳理,明确本课所处的时空位置;通过对汉武帝大一统措施的分析,引导学生树立统一多民族国家的初步概念。从学生课后反馈来看,这些核心素养的培养目标,初步能够达成。

但整节课下来,学生也感觉到信息量大,有点来不及接受,也来不及记笔记。也由于课堂内容较多,就没能为小组合作学习留出时间,也没能为最初设计的秦始皇与汉武帝的对比研讨留出时间,使得整节课看起来深度不足。同时学生在课堂教学活动中的参与度也不够,需要自主组织语言进行回答的问题不多,真正有较高思维价值的问题不多。这些不足也使得"历史解释"这一素养的培养还不到位。

此外,从学生反映来看,教学节奏较快也导致学生的知识构建处于"夹生"状态,学生对本课众多历史现象的理解还处于初级阶段。

4. 从教学目标和重难点的达成上来看,本课课标要求为知道汉武帝巩固大一统王朝。主要是要学生了解相关重要举措,懂得这些举措对于巩固大一统王朝的作用。据此,本课确立的教学重点是学习了解汉武帝在政治、思想、经济方面采取的巩固大一统王朝的主要措施,难点是理解采取这些措施的目的和影响。

从课后反馈来看,多数学生通过本课学习能够初步了解汉武帝巩固大一统王朝的主要措施,能初步理解掌握"推恩令"、刺史制度、"罢黜百家,独尊儒术"等一些重要历史名词,但对相关措施的影响的理解还不够准确、深入。尤其是经济方面的措施,这一部分内容对于七年级学生而言属于离生活较远的知识,学生接触少,对具体情况不熟悉且难于通过类比来学习,教学中我又只能通过简单的图文史料进行初步的介绍,所以不少学生学完以后依然"一知半解"。

六、专家点评

点评专家：黄天庆博士,常州市历史教研员

徐波老师的这一教学案例立足学生认知规律,依托现代信息技术,运用典型史料创设教学情境,为学生营造了一个形象生动的学习环境。如何引导学生将历史人物的人格与成就置于波澜壮阔的历史中去考察与理解,这一教学案例提供了一个很好的范例。主要表现为以下几个方面:

首先是立意高。本课以"国家统一的巩固"作为贯穿全课的一条主线,使学生感知汉武帝为巩固大一统局面所做的努力,从而认识到维护和巩固国家统一是中华民族长期的任务。教学中设计的两大板块"文景存隐忧,汉武有烦恼"和"名臣献妙计,汉武固一统",每一板块都围绕主线展开,以历史现象引发学生探究的兴趣,以文献材料震撼学生的心灵,使学生需要完成较多基于历史材料而设计的深度学习探究任务,从而达成教师的教学目标。

其次是充分应用体验性史料,促进核心素养生成。初中历史教学最核心的着力点之一在于激发学生兴趣。教师要激发学生兴趣,需要发掘易于学生体验的史料。对于七年级的学生来说,历史人物故事材料是最易引起学生兴趣的历史材料之一。本课教学充分应用能促进学生体验的史料,如历史人物故事和故事性材料,来构建和引入大的宏观时空背景。从导入部分开始,教师即以几位历史人物为切入点,随后应用汉武帝、主父偃等人的相关材料,形成时空线索,使学生仿佛在设身处地地为汉武帝、董仲舒等当事人解决其所面临的"烦恼"。

最后是本课的教学能协调多种课堂关系,使教学中关键问题的解决指向关键能力。促进素养培养的课堂需要处理好诸如"内容与形式""互动与调控""预设与生成""主体与主导"等方面的关系。本课的教学之所以有其独到之处,正是因为教师较好地弹好了这几个方面关系的"钢琴曲"。围绕史料解析、论从史出、时空观念等关键能力,依据实质内容组织提问、主体设计。互动、预设充分体现了学生的主体作用,教师又不失必要的主导作用,特别是其中的追问环节。

总之,本节课的教学充分体现了教师作为教学的设计者、学习的引导者的角色,发挥了学生的主体作用。通过这样的学习,学生的历史学科核心素养得到了充分的培育。

【教者简介】

徐波,南京师范大学教育硕士,中学高级教师,常州市教科院初中历史兼职教研员。2008年获"常州市初中历史评优课大赛"一等奖,2011年获"常州市初中历史教师基本功比赛"一等奖;参与省中小学教研立项课题研究,参与编写《初中历史教师专业能力必修》;在初中生历史批判性思维能力培养和评价、初中历史教学中史料教学有效开展的策略、初中历史教学中故事教学的有效策略、初中历史中考复习策略等方面,先后发表6篇论文。

课例2 三国鼎立

执教:邓继民

一、教学预设

(一)课标要求

1. 课程内容:知道赤壁之战和三国鼎立局面的形成。
2. 教学活动建议:阅读《三国演义》的片段,讲述史实与《三国演义》描述的区别。

(二)学情分析

初一学生形象思维比较发达,而且三国故事家喻户晓,学生学习起来兴趣浓厚,能够把课堂内外的新旧知识结合起来,容易创设历史情境。但学生抽象思维能力较弱,对历史人物的认识和评价往往呈现出单一和片面的特点。

(三)教学目标及理念

1. 在课程标准的统领下,立足于立德树人和培养学生的历史学科素养。
2. 整合本课内容,夯实基础知识。

3. 跳出教材,从大历史观的角度,回看课本中的"小历史",大胆延伸拓展。

4. 引导学生多角度认识、分析历史事件,拓展历史视野,发展历史思维。

(四) 教学重难点

1. 重点:了解并评价一个人物——曹操;讲述并分析两场战争——官渡之战与赤壁之战;知道并识记三个国家——魏、蜀、吴。

2. 难点:通过史料分析和对比,培养学生辨别历史真相的能力。学生历史核心素养的培养。

(五) 教学方法

板块教学法、史料分析法、情境教学法等。

二、课堂实录

(时间: 2014 年 11 月 6 日　授课地点:济宁市第十三中学　班级:七年级(2)班)

(一) 课前交流

(出示课件,展示教师寄语。

教师寄语:

读书:圈点标注,多动笔。

听课:专心致志,勤思考。

交流:感悟善言,展才华。)

师:同学们好!

生:老师好!

师:请同学们往台下看,今天来了这么多的老师给我们捧场,我们应该对老师们的到来表示欢迎和感谢!

(学生鼓掌欢迎。)

师：同学们，从小学一年级到现在，有像我这样老的老师给你们上过课吗？

生：(齐说)没有。

师：那好，今天，就让我这位老历史教师，给你们上一节新历史课。

(出示课题：第 16 课　三国鼎立)

(二) 教学过程

1. 导入新课

师：我们先听一首歌曲，如果你会唱的话，可以跟着唱。

(播放音乐：《滚滚长江东逝水》)

师：杨洪基的这首歌曲可以说大气磅礴、厚重沉思，把我们带入到那个千百年来一直让人津津乐道的三国时代。三国，既是一个军阀混战的时代，也是一个英雄辈出的时代，更是一个政权分立和民族融合的时代。三国的历史，虽然不足百年，但那段历史中那些充满个性、备受瞩目的历史人物和那些百谈不厌、常谈常新的历史故事，成为经久不衰的话题。

谁来告诉大家，你所知道的三国人物和三国故事？

生 1：刘备、曹操。

生 2：孙权、诸葛亮等。

师：你还知道哪些三国故事？

生 1：过五关斩六将。

生 2：桃园结义、三顾茅庐等。

师：很好，同学们知道的挺多。就是这些人和这些故事，构成了三国的历史。"三国"，学术界有三国和大三国的说法。

(出示课件：大三国和三国的划分)

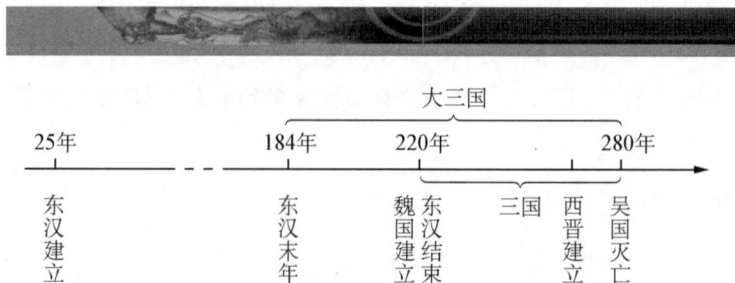

师：所谓三国，指的是从魏国的建立到三国的结束。所谓大三国，指的是从东汉末年到三国结束。今天这节课，正是展现了一段大三国的历史场景。现在，让我们一起走进本节课——《三国鼎立》，请同学们齐读本课标题。

生：(齐读)三国鼎立。

师：为了学好这节课，我把这节课划分为四个板块，请同学们齐读板块的名称。(出示课件。)

生：(齐读)汉室衰微群雄起，官赤逐鹿英雄出，三分天下谋统一，英雄远去尽评说。

2. 课堂教学

师：要想知道三国鼎立，必须先了解东汉末年的状况。

(出示课件板块一：汉室衰微群雄起)

师：东汉末年的社会状况是个什么样子？

(出示材料如下：

材料一：东汉末年，宦官、外戚专权，他们交替着把持朝政，从汉和帝到汉献帝，就达 6 次之多。

材料二：东汉末年，农民起义不断。黄巾起义和在它影响下的人民起义，持续了二十多年。

材料三：东汉军阀割据形势图。)

师：东汉末年，作为最高统治阶层的朝廷，政治腐败，宦官和外戚交替专权，王权逐渐衰微；社会底层，农民起义此起彼伏；处于中间的统治阶层，军阀割据一方。最后，导致东汉政权名存实亡。哪位同学能简明扼要地概括下东汉末年的社会状况？

生：东汉末年朝廷腐败。

师：实际上，东汉末年的社会状况用一个字概括就是"乱"！

(出示课件。)

师：乱，乱世出英雄啊！(出示课

件板块二：官赤逐鹿英雄出）此时，曹操、袁绍、孙权、刘备、诸葛亮等人，登上了东汉的历史舞台。在十多年的兼并战争中，有两次战役非常关键，这两次战役就是官渡之战和赤壁之战。

请同学们想一想，要学习战役需要掌握哪些知识要点？

生：年代、交战双方。

师：还有哪些？

生 1：地点。

生 2：时间。

师：这几个同学说得很全面了，要想学习战役就要从这几个要点来掌握。下面请一位同学来读书，读书的时候，其他同学一边认真听，一边把相关要点在课本上标注出来。我请一位同学起来读一下。

生：东汉末期，占据河南一带的曹操为取得政治上的主动，把汉献帝从都城洛阳接到许，借皇帝的名义号令天下，并招揽各种人才。在经济上，曹操采用屯（学生读 dùn）田的措施，组织军队和流亡的民众从事农业生产，既解决了大批流民的生计，又筹集了军粮。这样，曹操的势力逐渐壮大起来。当时占据黄河以北的袁绍，兵多粮足，实力强大，曹操和袁绍都想吞并对方，称雄北方。200 年……

师：读到这里停一下，他读的这个时间找到没有？

生：找到了。

师：找到后在书上标注出来。请继续读。

生：双方在官渡进行决战。曹操采取声东击西、各个击破的战术，偷袭袁军的屯（学生读 dùn）粮，烧掉全部军粮，迅速歼灭袁军主力，为以后统一北方打下基础。

师：请坐，这位同学读的过程中有一个字读错了两次。是哪个字？

生：屯（tún）。

师：哪位同学能标准地领读一下？

［学生大声领读屯（tún）］

师：作战时间我们已经找到了，作战的双方是谁？

生：是袁绍和曹操。

师：曹操放火烧了袁军的粮草。这一仗谁胜利了？

生：曹军。

师：袁绍呢？

生：失败了。

师：人少的一方胜了，人多的一方反而败了，那么这次战役的特点是什么？

生：以少胜多。

师：这些就是官渡之战的相关要点，请同学们用 30 秒的时间快速记忆。

（学生记忆要点。）

师：接下来，我检查同学们的学习效果，谁能说出官渡之战的时间？

生：200 年。

师：集体告诉我这次战役特点是什么？

生：（齐说）以少胜多。

师：官渡之战是曹操统一北方的最关键一战，这次战役后他又陆续消灭了北方其他的一些军阀，最后统一了北方。所以，官渡之战为曹操统一北方奠定了基础。为了便于记忆和理解，我们把要点以表格的形式呈现出来。

（出示课件。）

官赤逐鹿英雄出

掌握基础　学习一次战役必须了解和掌握哪些要点？

战 役	官渡之战
时 间	公元200年
作战双方	袁军（袁绍） 曹军（曹操）
简单经过	夜烧军粮
结 果	曹军胜利
特 点	以少胜多
影 响	奠定了曹操统一北方的基础

师：官渡之战后，曹操又兼并了其他军阀，逐步统一了黄河流域。所以说，官渡之战是曹操统一北方的关键性战役。曹操为什么能够统一北方？或者说曹操统一北方的主要原因是什么？请认真观看视频，然后比一比谁找出的原因多。

（播放视频材料：曹操官渡之战胜利的原因）

师：通过视频,同学们能找出几点原因来?

生1:是曹操善用贤士。

生2:曹操有远大的主见。

师：正如曹操所说"老骥伏枥,志在千里"。还有需要补充的吗?

生：曹操"挟天子以令诸侯"。

师：刚才同学们说到的基本上很全面了,曹操统一北方的原因主要有这几点:"挟天子以令诸侯",政治上占有优势;招募流亡农民垦荒,组织兵士屯田,实力日益壮大;招贤纳士,善听正确意见;纪律严明等。

师：曹操平定北方,统一了大半个中国,但他志在整个天下啊。因此,他决定兴兵南下,企图一举消灭刘备和孙权两个集团,从而实现统一全国的梦想。于是,东汉末年,又一次更大的战役拉开了帷幕,这次战役就是赤壁之战。请同学们边读书边标注课本,用表格归纳法学习赤壁之战。

(学生一边读书一边标注。)

(出示课件:仿官渡之战,学习赤壁之战)

师：请同学们先根据表格中所列举的要点互问互答。

师：接下来,我来问,找同学来答。赤壁之战的时间是哪一年?

生：(齐说)208年。

师：作战的双方是?

生：曹操和孙刘联军。

师：很好,最后是哪一方取胜了?

生：最后是刘备和孙权的联军打败了曹操。

师：这次战役也和官渡之战一样,兵力强的败了,兵力弱的胜了,也是历史上以少胜多的战役。在曹操大举南下之初,刘备三顾茅庐请出诸葛亮,诸葛亮精心策划、妙计连出。孙刘联合在赤壁火烧曹操的连营,打破了曹操一统天下的美梦。这次战役为后来三个国家的建立奠定了基础。

师：以少胜多是这两次战役的共同特点。这两次战役不仅在中国历史上,甚至在世界战役史上也是非常著名的,它们已经走进了美国西点军校的教科书。

对曹操来说,官渡之战他胜得光彩,赤壁之战他败得悲惨! 我就纳闷了,同一个人,同样是火,为什么会有截然不同的结局? 请同学们小组讨论。

(学生组内合作交流,讨论原因。)

师:哪位同学谈谈你的看法?

生 1:第一次曹操用火攻了袁绍,第二次是孙刘用火烧了曹营。

生 2:第二次因为曹军都是北方人士,水土不服,不习惯水战,曹操轻敌了。

生 3:曹操的士兵得了瘟疫。

师:曹操赤壁之战失败的原因可以归纳为十六个字——军事失误,骄傲轻敌,水土不服,不习水战。易中天分析赤壁之战时说,曹操之败在于骄傲,孙刘之胜在于联盟。而我要加上几句,孙刘之胜,还胜在天时,还胜在地利,还胜在人和,还胜在智谋啊。

(出示课件。)

师:下面我们列一下,看看哪些要点是官渡之战的,哪些要点是赤壁之战的?

(出示课件,学生做练习"要点归队"。)

师：兵败赤壁的曹操，只得退回北方，继续积蓄力量；而刘备的势力日益发展壮大，逐渐成为西南地区的霸主；孙权呢，在江东的统治也进一步得到巩固。所以说，赤壁之战，是三分天下的决定性战役。三国是怎样建立的呢？

（出示课件板块三：三分天下谋统一）

师：要学习一个政权的建立，必须了解和掌握哪些历史要素？

生：政权名称、建立时间、建立者、都城。

师：好，学习政权的建立要掌握这四个要素。（出示课件。）

师：请三位同学带着课本在黑板上分别写出这三个政权的建立时间、建立者、政权名称和都城。其他的同学写在你的课堂笔记本上。

（学生书写： 220年、曹丕、魏国、洛阳

221年、刘备、蜀国、成都

222年、孙权、吴国、建业）

师：大部分同学都写完了。我们来看看这三位同学写的，其他的信息我们不看了，我们就看这三个国家的名称。看看魏国的魏写了没写？

生：写了。

师：把魏、蜀、吴三个字，举起手来比划一下。

（学生比划魏、蜀、吴三字。）

师：然后再写在纸上，快写。

（学生在课堂笔记本上书写魏、蜀、吴三字。）

对照课本找出哪些知识要素错了。

师：同桌互相检查，看写对了吗。

（同桌之间相互检查有没有错别字。）

师：下面请同学们对照课本，看看魏、蜀、吴的哪些知识点是正确的，哪些知识点是错误的。

（出示课件：史料诊所之三国鼎立图）

师：（巡视学生的进度。）有些同学已经标注完了。下面请几位同学起来说一下，注意往前看。这位同学上前指着屏幕来说吧，其他同学看看他找的对不对。

生：魏的都城不在长安，在洛阳。

师：对不对呀？声音洪亮些。

生：（齐声）对！

生：不是曹操称帝，而是曹丕称帝。是公元 220 年，不是公元 221 年。

师：很好，他找对了。

生：这应该是蜀，不是汉。

师：蜀与汉的关系，我马上给你解释。我们前面学习了西汉和东汉，所谓西汉和东汉，其实是同一个汉代，只不过都城的位置移动了。刘备自称是汉室后代，他建立的政权，仍称汉。四川地区简称蜀，所以历史上叫作蜀汉，简称蜀。

生：这个应是刘备称帝，这个应是 221 年，这个不是赤壁，应是建业。

师：赤壁是战役的地点，应该在打叉的地方，这个地方应该是建业。

生：这个应是孙权称王。

师：两个是称帝，一个是称王。王和帝是有区别的。帝是指皇帝，指一个国家的最高统治者，而王是某个地区的最高统治者。如果大家感兴趣可以到网上去查找这方面的信息。这样，我统计一下，全部找对的、能够改正的同学请举手。

（五分之四的学生举手。）

师：找到的同学抓紧时间告诉没找到的同学。

（学生之间互助解决。）

师：还有疑问的同学请举手。

（无人举手。）

师：（展示三个政权的地图。）魏国的建立标志着东汉的结束，三国的开始，这是三国中的第一个国家。三国中的第二个国家是蜀，而第三个国家吴国的建立标志着三国的正式形成。

师：请你把这三个国家用直线连接起来，看看是个什么图形。

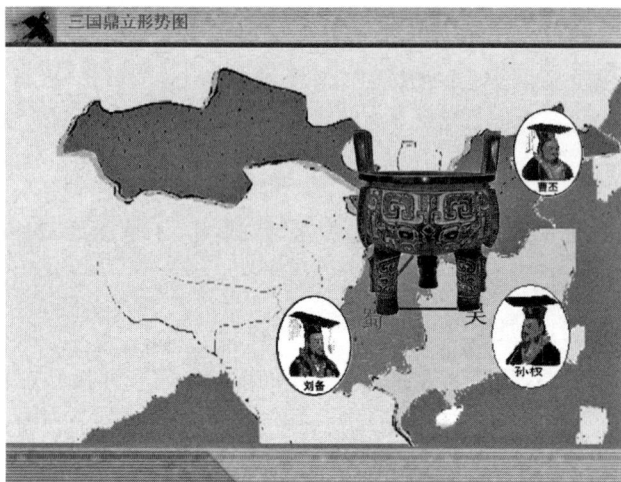

生：是个三角形。

师：这一时期，魏、蜀、吴三国的政治形势和地理位置类似三角形，宛如鼎的三足，相对稳定，因此历史上把这三个国家同时存在的时期称为"三国鼎立"。快写一写"鼎"这个字。这两位同学上来写一下。

（台下学生同时书写鼎字。）

师：两位同学写得都很规范、整洁。（评价黑板上的书写。）

师：三个政权为了在军事上打败对方，实现统一全国的梦想，都争先恐后发展经济，积极挖掘地方优势，经济发展各具特色。

师：魏国地处北方，适合农业发展，他们兴修水利，实行屯田，曹魏成为三国时期的农业大国。（展示三国地图与经济亮点的图片。）

蜀国经济发展中最值得一提的是蜀锦，有"蜀锦行销三国"的说法，蜀国可以被称为这一时期的丝绸大国。

吴国地处江南，东吴充分利用地区优势，发展造船业。吴国是这一时期名副其实的造船王国，更值得一提的是，吴国的船队还曾经到达了夷洲，即今天的台湾，加强了和台湾地区的联系，后来台湾正式成为中国的领土。这足以证明，自古以来台湾就是中国的神圣领土。

师：从东汉末年到整个三国时期，是历史的进步还是历史的倒退呢？谁能告诉我？你说。

生：是历史的进步。

师：从东汉末年到三国时期是历史的进步，有例为证。

（出示课件。）

材料一：

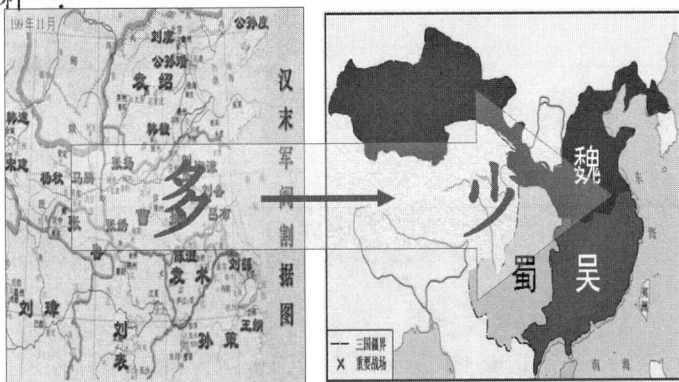

群雄并起、政权林立　　　　　三个局部统一政权

材料二：

东汉末年经济凋敝　　　　　三国经济发展

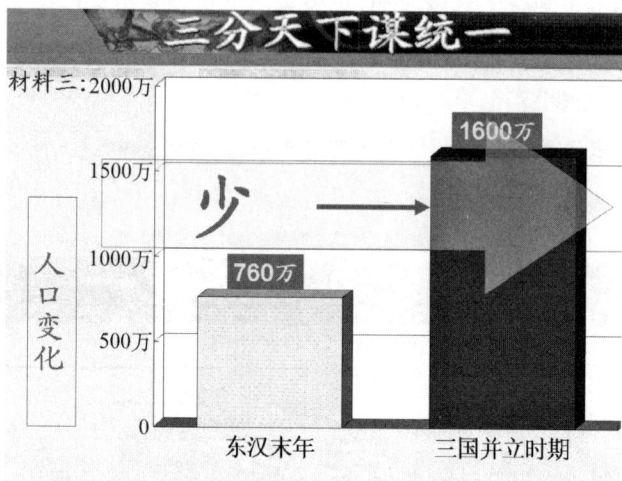

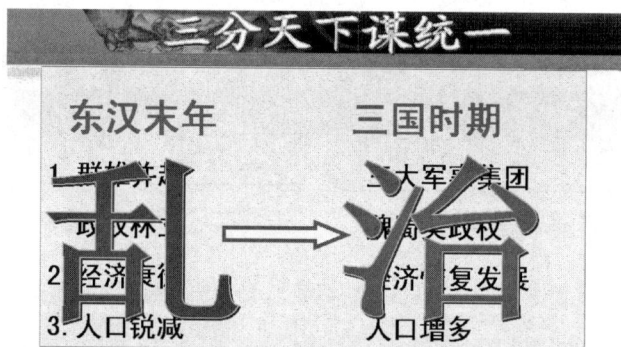

师：东汉末年军阀很多、政权很多，到三国时期，形成了三个大的军阀、三个政权，割据势力由多到少。东汉末年百里无人烟，千里无鸡鸣，而到了三国时期，经济得到发展，经济由衰变兴。从人口上看，东汉末期只有760万，到三国并立的后期有1600万，人口由少到多。总之，由东汉末年的"乱"发展成为三国时期的"治"。这一切事实都证明，从东汉末年到三国时期是历史的进步。

师：是谁推动了历史的进步呢？是当时的劳动人民，是当时的众多英雄。三国已经过去了，三国时期的英雄，可以说是灿若繁星，而最耀眼的应该是曹操和诸葛亮。

（出示课件板块四：英雄远去尽评说）

师：曹操，有文学中的曹操，有历史中的曹操，也有大家心目中的曹操。所谓文学中的曹操，那就是文学作品、艺术作品中对曹操的描述。文学中说曹操是奸诈之人，是上欺天子、下压群僚之人。易中天说曹操是"可爱的奸雄"。而历史中的曹操，同时代的评论家说他是"治世之能臣，乱世之奸雄"，《三国志》的作者陈寿说他是"非常之人"，当代史学家范文澜说他是"拨乱世的英雄"。

（出示课件，展示文学、历史上对曹操的评价。）

师：英雄已经远去，功过是非留由后人评说。你如何看待曹操？告诉你的同桌，然后讲给大家听。

生 1：曹操是个奸诈之人，因为他"挟天子以令诸侯"。

生 2：曹操是个军事家，因为他在官渡之战中运用计谋，最终以少胜多，大败袁绍，统一了北方地区。

……

（出示课件。）

67

师：刚才几位同学说的，各有各的道理。曹操历来备受争议，主要原因有两点，一是传统的正统观念在作祟，二是文艺作品的深远影响。他从未称帝，只是挟天子以令诸侯，却背上了乱臣贼子的恶名；他雄才大略，平定北方，使社会由"乱"到"治"，却背上了乱世奸雄的罪名；他能谋善断，知人善任，却背上了奸诈狡猾的骂名。事实上，曹操是我国历史上杰出的政治家、军事家、文学家。说他是政治家，是因为他把握时机，"挟天子以令诸侯"，统一了大半个中国；说他是军事家，是因为他能征善战，兼并群雄；说他是文学家，是因为他开宗立派，佳作传世。正如《三国志》的作者陈寿所说，曹操是"非常之人，超世之杰"。

师：说三国论英雄，还必须说说诸葛亮。（展示诸葛亮像及对联。）他茅庐畅谈《隆中对》，庙堂呕心《出师表》，"出师未捷身先死，长使英雄泪满襟"；他南征攻心擒孟获，北伐矢志出祁山，"复兴汉室终成梦，将星陨落五丈原"。他"受任于败军之际"，"功盖三分国"；"奉命于危难之间"，"名成八阵图"。最终，他成为中国历史上忠诚、勤奋与智慧的化身。

（出示课件。）

英雄远去尽评说

"受任于败军之际","功盖三分国";"奉命于危难之间","名成八阵图"。

复兴汉室终成梦，将星陨落五丈原；
南征攻心擒孟获，北伐矢志出祁山，

茅庐畅谈《隆中对》，庙堂呕心《出师表》；
出师未捷身先死，长使英雄泪满襟。

诸葛亮（字孔明，181－234年）

英雄远去尽评说

思维拓展

帝王推崇：知恩图报，忠心事主；
文人崇拜：鞠躬尽瘁，死而后已；
百姓膜拜：足智多谋，料事如神。

倾蜀之力出祁山，明知不可而为之；
竭尽愚忠辅君主，明知其过不纠正；
事无巨细必躬亲，明知乏才未绸缪。

诸葛亮（字孔明）
（181－234年）

　　历代帝王推崇他，是因为他知恩图报事先主，忠心耿耿辅幼主；历代统治者和知识分子崇拜他，是因为他"鞠躬尽瘁，死而后已"；老百姓膜拜他，是因为他足智多谋、料事如神。但他也留下了很多遗憾：倾蜀国之力六出祁山，明知不可为而为之；事无巨细，事必躬亲，却忽略了人才培养；对刘备父子尽愚忠，明知其过失而不纠正等。这些都为后世所叹惜!

师:在历史的长河中,终究是历史造就了英雄,还是英雄创造了历史,历来是个有争议的问题。随着你年龄的增长和学识的积淀,你一定会有你自己的想法。

(三) 课堂梳理

(出示课件:东汉末年到西晋的历史线索图)

师:这节课我们学习了从东汉末年到三国建立的历史。其中,重点是两次著名的战役——官渡之战和赤壁之战,以及魏、蜀、吴三国的建立。之后魏国灭亡,西晋建立,西晋灭汉,西晋灭吴。

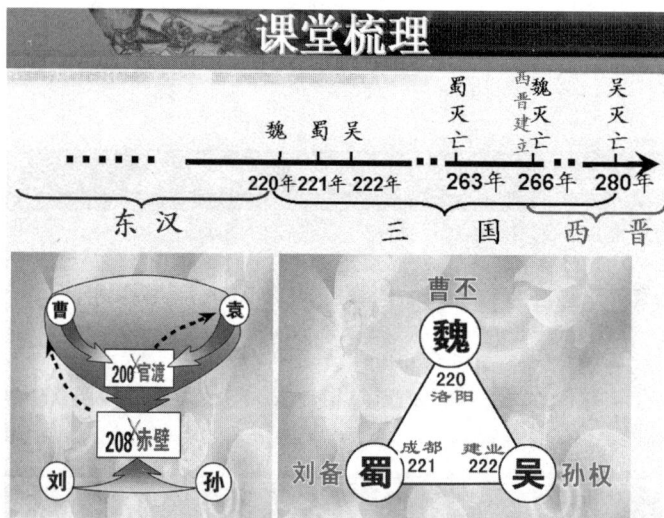

(四) 教师希冀

师:(配乐及图片)同学们,历史的车轮滚滚向前,三国早已成为过去,英雄也早已作古。黯淡的是刀光剑影,远去的是鼓角铮鸣。回望历史,那一段段曾经的辉煌,早已载入史册;那一幕幕起合的精彩,也已演绎成艺术;那一个个鲜活的面容,更凝固成我们心中的明星。说三国,论英雄,成为千百年来永不枯竭的话题。"历史,往往需要经过岁月的风雨才能看得更加清楚",如果你对那时的人和事有特别的兴趣,那你就去挖掘、去研究,也许将来对三国的研究的最新、最佳成果,就出自于你们这些人当中,希望如此。谢谢同学们!

(说明:这是我 2014 年在济宁市第十三中学举行的"济宁市初中历史教学研讨会"上的展示课教学设计及过程。因现在的统编初中历史教材《三国鼎立》与原来人教版《三国鼎立》的内容基本一致,故把当时的这节课拿来与大家分享。济宁市第十三中学是济宁市的一所优质初中,展示课调用的是 2014 级一班的学生。)

三、学生反响

(一) 本节课中你最大的收获是什么?

生 1:了解了一个和电视、电影中不太一样的真实的三国,学到了很多真实的历史故事。

生 2:"魏蜀吴"终于不再仅仅是游戏里的打打杀杀的三个国家了,我掌握了学习政权的要素,记准了这三个政权的相关信息。

生 3:第一次听到"大三国"这个词,结合老师形象的讲解,真切地体会到了历史发展的来龙去脉。

(二) 本节课中你印象最深的是什么?

生 1:老师的语言幽默有趣,而且态度和蔼可亲。

生 2:刷新了我对曹操的认识,原来历史上的曹操是这么杰出的人物!

生 3:通过一步一步、一层一层的史料分析,原来从东汉末年到三国时期是历史的进步,这是我以前没有想到的!

(三) 本节课中你还没有完全把握或还有疑问的是哪一部分?

生 1:我还是不明白,为什么曹操明明是英雄人物,后世仍然创作那么多扭曲历史事实的文学作品呢? 这种类似的情况,在其他历史人物身上发生过吗?

生 2:老师没有提到的那些历史故事是真是假呢? 比如关羽华容道放曹操的故事,我们在课下应该如何求证呢?

（四）学完本课后你还想了解的是什么？

生：想再了解一下官渡之战和赤壁之战的战术设计，不同战略战术的交锋，一定很有趣！

四、同伴声音

韩宗顶（山东省初中历史优质课一等奖获得者，济宁市特级教师）：历史核心素养要求培养学生的"时空观念"，而本课一开始就贯彻了这一点，在导入之后，紧跟着的就是"大三国历史分期"的详细解释以及一条横亘前后关键朝代的时间轴。可以说，学生的思维、学生的视野，从一开始就像长镜头一样，被拉到了历史时空之中，被拓展到了历史长河之中，学生在不知不觉中就形成了时空观念。同时，学生一开始就站在宏观角度上来俯瞰这一段历史，无疑为他们理解三国历史，深入学习本课知识打下了坚实的基础。

黄淑真（山东省初中历史优质课一等奖获得者，高级教师）：本课特别注重学生史料实证素养的培养，史料教学在本课中贯穿始终。我印象最深的，就是分析"从东汉末年到三国时期，是历史的进步还是历史的倒退"这个问题时，邓老师选取了割据政权的数量由多变少、经济发展由衰变兴、人口数量由少变多三则不同角度的史料，同时注重把文字材料与图片相结合，让学生清晰直观地分析出，当时的中国社会正在由"乱"到"治"，毫无疑问，这是历史的进步。这种环环相扣的史料分析，不仅真正做到了论从史出，而且精彩绝伦，令人称赞。

五、教师反思

总体来说，本课达到了课前的既定目标。基本实现了学生核心素养的培养；巧妙顺畅地运用了板块教学模式；教学流程行云流水，水到渠成；教法和学法浑然一体，既有创新点又有基础知识的落实；在教学设计上，对历史人物的评价和对历史事件的分析，基本体现了论从史出的学科教学特点。收获的经验如下：

(一) 教学设计处理"妙"

1. 课前沟通"暖"学生。第一次与新生见面,必须与学生有个简单的沟通交流,以打破彼此的陌生感。又有六百多名教师前来听课,总得有个相互间的"招呼"。于是我幽默地说道:"同学们,从小学一年级到现在,有像我这样老的老师给你们上过课吗?那好,今天,就让我这位老历史教师,给你们上一节新历史课。"随后播放《滚滚长江东逝水》,创设历史情境准备上课。好的开端是成功的一半,历史课的导入尤其重要,一句幽默暖心的话语让学生们课前的紧张消散了许多,师生交流自然亲切,没有任何为导入而导入的感觉,学生在兴奋、亲切和轻松的气氛中开始高效的学习。尤其我的那句"今天,就让我这位老历史教师,给你们上一节新历史课"让学生在期待中开始知识的学习。这种课前沟通不仅"暖"学生,更是用"激趣"的方法吊起学生的胃口,"扣"住学生的心。

2. 板块新颖"引"学生。板块设计不仅对教材进行了再整合,重视基础知识的掌握,重视知识体系的建构,使得学生理解起来更加容易,而且每个板块的名称都是我字斟句酌过的,富有艺术性。学生最期待的,应该是他们熟知的"官赤逐鹿英雄出"和"英雄远去尽评说",因为熟悉所以期待展示,因为有趣所以探究。

(二) 情感教育注重"实"

历史课的一大教学功能就是对学生进行情感态度和价值观的教育,但是我认为这种教育应该把握"水到渠成""步步铺垫"的原则,"过高"是大家的通病,这里的"高"不仅是指教育内容远远高于教学实际,与教学内容不符,生搬硬套,而且还指教学语言过高,不注重铺垫,只看中是否有拔高的环节,看谁联系得多、联系得远,不关注学生是否能听懂,只在乎语言的华丽,这就是"重虚"的教育。我的定位很简单,从学生兴趣盎然的人物入手到作为教师的鼓励希望结束,教育的"实"性可见一斑,我的语言也没有过于华丽的辞藻,只是在殷殷希望中结束全课。

(三) 方法指导要求"细"

"三国鼎立"这节课方法指导细致。从如何读书到如何圈划重点,从书写字词到仿学知识点,从如何学习战争、政权到如何识读图形,学生不仅掌握了知识,更培养了能力,学会了方法,为他们以后的学习打下了坚实的基础。

(四) 学科特点呈现"巧"

在学科特点上,这节课有四处设计呈现得最"巧"。一是东汉末年的政局的呈现方式,二是三国鼎立局面的形成和对三国局面形成的认识,三是用史实证明"三国鼎立局面的形成是历史的进步",四是对历史人物的分析评价的呈现。现以"三国鼎立局面的形成"为例进行说明。我的设计分为四步:第一步,让学生回答,学习一个政权,需要掌握哪些要素,目的是进行学法指导;第二步,让学生在导学提示下,在黑板上分别板书三个政权建立的基本要素,目的是在讲解中突出容易出错的字和讲解三个政权的特殊点(例如:魏国建立者是曹丕而不是曹操,为后来评价曹操做好知识铺垫;蜀国的国号是"汉",史称"蜀";吴国孙权最早称的是"王"而不是"帝");第三步,经过改错练习后,让学生动笔,在课本上连起三个政权的名称,从而使他们清晰理解三个政权的"三角形"并存关系;最后,用"鼎"的移动,让学生理解"鼎立"一词的形象比喻,为后面因三国经济的发展导致的实力均衡做好感性的铺垫。

当然,这节课我也有遗憾。例如,如何更有效地培养学生发展核心素养?如何在学生展示和教师讲解间寻找时间上的平衡点,争取课堂容量再瘦身一些,使课堂时间更为宽裕一些?另外,导语和结语尽管很朴实,有高度,也很凝练,但学生理解有难度,最好把它们在屏幕上展示出来,让学生一边听一边看,这样他们会更容易理解。很多老师听完本课以后,也提出了很多宝贵意见,这都值得我认真反思与详细分析。

总之,教无定法,贵在得法。作为一个好老师,要善于甄选,灵活使用适合自己的教学模式和方法,科学地吸收一些新的理念并加以完善和创新。当然,也没有必要见风跟风,乱了分寸。把自己对教学的理解诠释清楚就是最大的成功。

六、专家点评

点评专家:安波,山东省特级教师

每个人心中都有一个"三国",要想把三国这段历史讲好,直击每个学生的内心,并不是一件容易的事。本课的一大优点,是将学生核心素养的培育潜移默化地蕴含在教学过程之中,使得学生在对三国这段历史的认识不断丰满的过程中,逐渐形成了正确的历史价值观、时空观念、史料实证等核心素养。

本课另一个成功之处,在于有"淡化教材的意识"。统编教材是我们教学的最新、最直接、最可靠的依据,但我们一直都在倡导用教材教,而不仅仅是"教教材"。教师必须结合自身特点和教学实际,一要敢于对教学内容进行重新整合,从新的角度对教学内容进行设计和处理,二要敢于补充教材上没有,但是有助于学生理解教学内容的史实。本课真正做到了既尊重教材,又不拘泥于教材,通过教师自己独立的教学思维,不断激发和塑造学生的历史思维能力。

纵观本课,教学设计异常精妙,这离不开教师教学理念的不断更新。要想教好统编教材,比起具体教学方法,更重要的是更新我们教师的思维和理念,尤其是加深教师对历史学科核心素养的学习。"恒者行远,思者常新",只有保持自身的历史思维能力,才能使我们在教学设计上追求创新巧妙,在教学效果上追求高效魅力。

【教者简介】

邓继民,山东省济宁市教育科学研究院初中历史教研员,高级教师,山东省特级教师(2013 年),教育部统编初中历史教材培训专家。他多年来注重理论学习与教学实践的研究,两次执教省级公开课,2014 年和 2015 年,分别在济宁市初中历史教学年会执教"下水课"——"三国鼎立"和"战略大决战";6 次主持省级课题,有 4 次获得课题科研成果一等奖,现主持的省级"十三五"规划课题正在开展;发表相关论文 19 篇,其中在核心期刊发表 8 篇,有 3 篇论文被中国人民大学书报资料中心的《中学历史、地理教与学》转载;合著地方教材 6 部,出版专著 2 部;培养了 6 名省特级教师、齐鲁名师,以及众多的地市级名师、名校长,带出了众多省市教学能手和全国优质课执教者。

课例3 北魏政治和北方民族大交融

执教：生鹏

一、教学预设

（一）课标要求

通过学习北魏孝文帝改革,初步理解民族交往、交流、交融对中华民族发展的意义。

（二）学情分析

初一的学生,经过一个学期的学习,对历史有了初步的认识,掌握了一些历史学习的方法,也养成了一些历史学习的好习惯。学校外来务工子弟比较多,他们的家庭藏书量比较少,学生获取知识的途径比较单一,因此知识储备不足。针对以上情况,在教学过程中,教师准备了大量的史料展示给学生,以开拓学生的眼界,帮助学生更好地理解文本知识。

（三）教学目标

根据课程标准及学生的实际情况,确定了以下的教学目标：

1. 了解淝水之战的基本情况,全面分析淝水之战的影响,多角度分析造成淝水之战结果的原因。

2. 了解北魏孝文帝改革的背景,了解孝文帝改革的内容。

3. 通过地图等其他史料的展示,使学生掌握"左图右史""论从史出"的历史学习方法。

4. 了解民族交融的主要方式,认识到民族交融是历史发展的趋势,中华民族的文明是各民族共同创造的。

（四）重点难点

本节课的教学重点是北魏孝文帝改革及其历史影响,民族交融对中华民族发展的意义。教学难点是学生对北方民族交融的理解。

(五) 教学方法

本节课主要运用"内外迁移教学法",利用多媒体辅助教学。

二、课堂实录

(时间：2017 年 12 月 22 日　授课地点：山东省青岛第四十四中学　班级：七年级 (7) 班)

(一) 播放音频,导入新课

(播放配乐朗诵北朝民歌《敕勒歌》,学生小声跟读,感受诗歌的意境。)

师：这是大家非常熟悉的一首民歌,大家听过之后有什么感受或想法?

生 1：感受到草原的辽阔。

生 2：北方少数民族以放牧为主。

师：在我国的北方,生活着诸多的少数民族,魏晋时期他们纷纷内迁,与汉族逐渐交融,而交融也是中华民族发展过程中的主流。今天我们就来一起了解一下第 19 课《北魏政治和北方民族大交融》。

(出示并板书课题。)

(二) 合作交流,新课探究

师：民族间的交融是不是都是一片祥和的呢?

生：不是。

师：是的,民族交融的过程也有战争。首先我们进入第一个板块——金戈铁马看交融。

师：我们在这一板块主要学习一场战争。

生：淝水之战。

师：交战双方?

生：前秦和东晋。

师：前秦我们前面曾经讲到过，它是哪个少数民族建立起来的政权？

生：氐族。

师：后来氐族逐渐强大起来，统一了北方。

（出示地图和《资治通鉴》的材料：平燕定蜀，擒代吞凉，跨三分之二，居九州之七。学生了解前秦的地理范围，直观感受前秦和东晋的对峙。）

师：前秦为什么能够统一北方？它强大起来的原因是什么？

（学生找到课本第81页的内容，读课本的内容。）

师：同学们能不能概括一下？

生：受汉族文化影响，任用汉人王猛，进行改革。

师：前秦向汉族学习的过程，也是民族交融的过程。在实力强大起来之后，苻坚的愿望是什么？（生：统一全国。）但是作为他重要谋士的王猛是一种什么态度呢？请同学们阅读材料，并归纳和概括。

（出示材料：

晋虽僻处江南，然正朔相承，上下安和，臣殁之后，愿勿以晋为图。鲜卑、西羌，我之仇敌，终为人患，宜渐除之，以便社稷。——王猛）

生：不主张进攻东晋。

师：在王猛死后，苻坚去吊唁的时候说了这样一句话，"天不欲使吾平壹六合耶！何夺吾景略（王猛的字）之速也！"（出示材料，让学生理解这句话的意思。）虽然苻坚觉得王猛去世对他统一影响很大，但是他并没有听从王猛的意见，决定出兵攻晋，用一个成语来概括他的想法是哪一个？

生：投鞭于江，足断其流。

师：淝水之战发生在哪一年？

生：383年。

师：383年是几世纪多少年代？（生：4世纪80年代。）是前期还是后期？（生：后期。）

（大屏幕出示：383年，4世纪后期。进一步帮助学生理解时间和世纪、年代的换算。）

师：这场战役的特点是什么？

生：以少胜多。

师：这场战役东晋以少胜多打败了前秦,产生了什么影响?

生：前秦土崩瓦解,北方再度陷入分裂和混战的状态。

师：同学们所说的是从北方这个角度来讲,战争的结果对东晋,对南方产生了什么影响?

生：获得了安定的环境。(通过这一过程,使学生认识到要全面、多角度地思考并分析问题。)

师：强大的前秦为什么最终会失败? 原因有哪些? 阅读课本第 86 到 87 页,概括原因并在课本上找到证据来证明。

(学生看书、思考,逐步培养回答问题有理有据,论从史出的习惯。)

生 1：苻坚骄傲,他说"投鞭于江,足断其流"。

生 2：强征,说明了大家不是自愿的。

(教师提示：为什么前秦会阵脚大乱,一溃不可收拾?)

生 3：说明没有斗志。

师：所以在提到淝水之战的时候,日本史学家川本芳昭说过这样一段话。(出示材料：淝水之战后,前秦这个由各民族各个势力组成的马赛克般的政权,瞬间瓦解。)为什么他把前秦称为"马赛克般的政权"? 说明什么?

生 1：说明不是一个整体。

生 2：说明不团结。

师：从根本上说,是民族交融不充分。(大屏幕打出。)正是因为民族交融不充分,前秦最终在这场战争中失败了,北方再次分裂。后来,有一个民族兴起,(生：鲜卑。)他们的兴起与大兴安岭的嘎仙洞有着千丝万缕的联系。(出示图片。)

(出示表格：鲜卑族简介)

姓氏特点	拓跋、独孤氏、尉迟氏等(多为二三字的复姓)
生活习惯	以狩猎、游牧及畜牧为主
政治制度	诸部军事行政联合体
继承制度	父死兄继,兄死弟继
文　化	无文字,以图画记事

师：通过表格，你们觉得鲜卑族是一个什么样的民族？具有什么特点？

生1：文化落后。

生2：游牧民族。

师：这样一个落后的游牧民族，依靠武力统一了北方。（出示北魏的地图，引导学生观察地图。北魏在统一黄河流域的时候，南方已经不再是东晋了，而是南朝的宋。帮助学生养成左图右史的学习习惯。）

师：如何更好地治理这个国家？北魏顺应时代的要求进行了一场著名的改革。我们一起进入第二板块——改革浪潮促交融。（大屏幕展示。）

师：进行改革的北魏皇帝是谁？

生：北魏孝文帝。

（出示孝文帝的图片。）

师：北魏孝文帝改革的措施中首先是迁都洛阳。（出示动态的地图，帮助学生形成直观的认识，明确平城和洛阳的地理位置。）

师：认真观察，孝文帝迁都的时候，南方政权是哪一个？

生：齐。（引导学生认识到这一时期政权更迭、对峙的状况，有利于学生对这一时期的政治状况有更深刻的理解。）

师：孝文帝为什么要把都城迁到洛阳？如果只看地图，从地理上来讲原因是什么？

生：平城比较靠北，洛阳靠南。

师：平城位置偏北会有哪些不利的因素？

生：比较寒冷，物产少，不利于发展。

师：非常好！我们再看一则材料，材料反映了迁都洛阳的原因有哪些？

（出示材料：

魏主曰："国家兴自北土，徙居平城，虽富有四海，文轨未一。此间用武之地，非可文治，移风易俗，信甚为难。崤函帝圣，河洛王里，因兹大举，光宅中原。"——《魏书》）

（引导学生阅读材料，加强学生阅读、理解史料的能力，以及从史料中归纳有效信息的能力。）

生1：不利于文治。

生 2：文轨未一。（教师引导：文轨未一的意思就是民族间存在着隔阂,存在着文化冲突。）

生 3：洛阳曾经是国都。

师：回顾一下,我们讲过历史上哪些朝代曾经定都于洛阳?

（学生讨论,回顾,得出结论——东周、东汉、曹魏、西晋等。因为洛阳曾经有多个政权定都,所以文化比较昌盛,有利于鲜卑族学习汉族文化,也有利于他们对中原地区的统治。）

师：在迁都到洛阳之后,孝文帝采取了一些措施,学习汉族文化。我们一起看几则材料,分析一下这些材料分别反映了孝文帝的哪些措施?

（出示四则材料：

材料一

材料二

鲜卑姓	汉姓
拓跋	元
拔拔	长孙
丘穆陵	穆
步六孤	陆
贺赖	贺
独孤	刘

材料三 孝文帝择中原大姓(汉族贵族)女子作后宫,并分别为五个皇弟娶中原大姓女子为王妃,很多鲜卑公主也嫁给汉族高门。

——摘编自逯耀东《从平城到洛阳》

材料四 孝文帝曰:"今欲断北语,一从正音。其年三十以上,习性已久,容不可卒草,三十以下见在朝廷之人,语言不听仍旧。若有故为,当加降黜,各宜深戒。"

——引自《资治通鉴》

这四则材料包括了文字材料、图片材料、表格材料,有利于帮助学生认识到如何从各种史料中提取出有效的信息来解答问题。)

(学生小组讨论,对照课本内容进行分析,这四则材料分别反映了孝文帝改革的什么内容。在教师的引导下,学生进行归纳概括,帮助自己记忆:穿汉服、改汉姓、通汉婚、说汉语。)

师:再仔细阅读一下材料四,对说汉语还有什么具体的要求?

生:三十岁以下,在朝廷中的人要说汉语。

师:通过以上这些汉化措施,孝文帝改革起到了什么作用?

生:促进了民族交融,增强了北魏的实力。

师:我们通过一段史料来了解一下。[出示材料:(北魏)南迁,革夷从夏。于是中朝江左,南北混淆,华壤边民,虏汉相杂。——唐代史学家刘知几]通过这段材料,刘知几认为孝文帝改革的作用是什么?

生:促进民族交融。

师:我们刚才实际上讲了民族交融的两种方式。有没有同学能够归纳一下是哪两种?

生:战争和改革。

师:或者我们也可以说战争的方式和和平的方式,你觉得哪一种方式更有利于民族交融?为什么?

生:和平的方式。因为战争会带来一些破坏。

师:是的,战争虽然在某种程度上也可以促进民族交融,但是它毕竟会带来经济的损失和人员的伤亡,所以我们更希望用和平的方式进行民族交融。而在中国历史的发展过程中,和平的民族交融也一直是社会发展的主流。我们一起学习第三个板块:

胡风汉韵话交融。(出示标题。)

师:在民族交融的过程中包括哪些方面呢? 首先是制度上的交融。同学们能不能举出几个历史人物,他们曾经采取措施促进了制度上的交融?

生1:北魏孝文帝。

生2:王猛。

生3:冯太后。

(出示王猛和冯太后的画像。)

师:王猛和冯太后为什么都促进了制度上的交融? 他们有什么共同点?

生1:他们都是汉族人。

生2:他们都掌握一定的权力。

师:因为他们都是汉人,所以他们清楚地认识到应该如何向汉族学习;因为他们掌握着权力,所以他们能够把自己的想法推行下去。

师:下面我们一起看两幅图片,思考一下反映了哪一方面的民族交融。

(出示图片。)

汉族妇女蒸馍烙饼图

生:劳动。

师:换一个词呢?

生:生产。

师:我们称为生产方式的交融。

师:我们再看几幅图,思考一下是哪一方面的交融。

(出示图片。)

穿丝绸衣服的少数民族贵族   汉人胡食图（吃羊肉串）

生：生活习俗的交融。

师：下面几幅图片是哪一方面的交融呢？

（出示图片。）

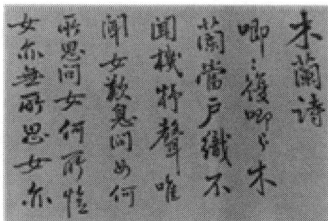

北朝乐府《木兰诗》   抚琴击鼓乐俑

敦煌飞天乐舞壁画

生：文化方面的交融。

（以上图片极大地调动了学生的兴趣，让学生非常积极地参与其中。）

师：大家通过以上这些材料思考一下，这种民族间的交融是单向的还是双向的？

生：双向的。

师：这种双向的交流融合，不仅使少数民族逐步发展，也使中华民族的文化更加丰富多彩。史学大家陈寅恪说过这样一段话。

（出示材料：当时(北魏)所谓胡人汉人,大抵以胡化汉化而不以胡种汉种为分别,即文化之关系较重而种族之关系较轻,所谓有教无类是也。 ——陈寅恪）

师：陈寅恪先生所说的这段话,反映了课本上的哪一句话?

生："胡""汉"观念逐渐淡薄,民族间的隔阂与偏见逐渐减少。

师：这一时期的胡人汉化与汉人胡化的过程,也就是今天我们学习的主题。

生：民族交融。

师：在历史与现实中,你还能找到哪些汉族与少数民族相互影响的实例?

（学生小组讨论,交流。）

生1：历史上赵武灵王穿胡服骑射。

生2：以前汉族人席地而坐,现在坐凳子了。

生3：西汉从西域引入一些农作物。

师：除了刚才同学们所说的,后面我们还会学习到更多民族交融的内容。在民族交融的过程中,中华民族经济更加繁荣,文化更加昌盛,人民生活更加多姿多彩。

（三）知识梳理,课堂小结

师：今天我们主要学习了三个方面的内容。"金戈铁马看交融"主要介绍了一场战役,(生：淝水之战。)时间,(生：383 年。)交战双方是,(生：前秦和东晋。)因为民族交融不充分,最终统一国家的努力失败。

"改革浪潮促交融"中学习了一次改革,(生：北魏孝文帝改革。)这次改革的主要措施有 2 个,(生：迁都洛阳,汉化措施。)改革顺应了历史发展的趋势,促进了民族交融。

"胡风汉韵话交融"中我们从政治制度、生产生活、思想文化几个方面介绍了民族交融,通过交融,改变了社会风貌,推动了历史进程。

（四）课后延伸,拓展探究

师：下面我们一起看一段录像。

（播放动画片《花木兰》的片断,学生认真观看。）

师：这是大家非常熟悉的故事"木兰从军"，《木兰辞》中哪些内容反映了本课中汉化改革、民族交融的主题？这是今天布置的第一个课后探究问题。

（出示图片。

"元"姓来源有三：

一是上古商朝时，有大史叫元铣，他的子孙便以元为姓；

二是改自拓跋姓，十六国时，北魏本姓拓跋，至孝文帝时更为元姓；

三是改自玄姓，北宋时，因为赵匡胤的父亲叫玄朗，就下令天下凡姓玄的都改成元姓，不能与他父亲同姓。）

师：我们每个人都有自己的姓氏，你有没有考虑过你的姓氏是从何而来的呢？同学们也可以选择这一个问题进行探究。

师：最后我们用一段话来结束本节课——铁马冰河，成就一位鲜卑血汉族魂的伟大君王；胡笳汉月，谱写一曲民族交融和谐进步的赞歌。

三、学生反响

本次调查在 2017 年 12 月 22 日进行，针对青岛第 44 中学七年级（7）班的学生，共计 37 人。

（一）本节课中你最大的收获是什么？

生 1：知道了淝水之战。

生 2：了解了民族大交融的历史意义。

生 3：学了淝水之战，我觉得不能骄傲自满，统治者要顺应民心。

生 4：和平的方式才是民族交融最好的方式。

生 5：知道了北魏孝文帝改革。

(二) 本节课中你印象最深的是什么？

生 1：北魏孝文帝促进民族交融的措施。

生 2：老师展示的一些图片让我印象深刻，比如最后少数民族和汉族发展的图片。

生 3：对《花木兰》这部动画片印象深刻。

生 4：对淝水之战的时间印象深刻。

(三) 本节课中你还没有完全把握或还有疑问的是哪一部分？

生 1：这节课中的时间还没有记住。

生 2：淝水之战的过程不太清楚。

生 3：前秦为什么要发动淝水之战？

生 4：孝文帝改革的内容还没有完全掌握。

生 5：洛阳到底有哪些朝代建都？

(四) 学完本课后你还想了解的是什么？

生 1：想要了解自己的姓氏是从哪里来的。

生 2：淝水之战的具体内容。

生 3：我们身边还有哪些民族交融的表现。

生 4：鲜卑族后来的发展情况。

四、同伴声音

于谊(本校老师)：生鹏老师的这节课，给我印象最深的就是大量史料的运用。史料教学的重要性越来越突出，如何用好史料也是我们一直以来研究的重点。以前我们会觉得对初一的学生进行史料教学会存在一定的困难，尤其是中国古代史的文言文对学生来说理解起来有一定的难度。但通过这节课我发现，通过不断地训练，以及教师的有效引导，学生完全可以达到一个较高的能力，这也就为他们以后的学习奠定了良好的基础。如果要提一个建议的话，我觉得生老师可以引导学生思考，历史上有哪些朝代曾经在洛阳定都。这也使我想到了另一个问题,三国两晋南北朝时,有哪些朝代曾经统一过北方？我想这个问题也有利于学生形成知识体系。

孙丽丽(本校老师)：这节课史料教学是一个亮点,我就不重复了。我觉得值得学习的地方,一是地图的运用。在这节课中,出现了三幅地图,分别是前秦和东晋的对峙,北魏统一北方时的地图,魏孝文帝迁都时的地图。生老师不是简单地让学生看地图,还引导学生关注北魏的两幅地图中,南方政权的更迭情况,这有利于学生对这一时期的政权更替状况形成一个时空认识。二是内外迁移的应用。这节课很好地体现了历史教学的内外迁移,尤其是外迁移,从《敕勒歌》到《木兰辞》再到"我从哪里来"这一探究活动的设计,充分调动了可利用的资源,并把学生的历史学习兴趣引到课下,真正做到课堂的结束不是一个句号,而是一个省略号。我提一点可以进行探讨,以前我们上课的时候,经常引导学生在分析魏孝文帝改革的时候,分别站在鲜卑族和中华民族的立场上,不同的立场可得到不同的结论,不知道这一点现在是否适用。

五、教师反思

这一节课,我在最初进行设计的时候,就力求把对学生历史学科素养的培养和青岛市历史学科一直以来倡导的"内外迁移教学法"有机地融合,寻找历史课的新突破点。针对实际授课过程中的感受和评课环节的讨论,从以下方面对这节课进行反思。

1. 设计这节课面临的第一个问题是如何让各环节与课题紧密相连。因为对教材并不熟悉,看教材的第一感觉是淝水之战为什么放在这一课来讲,它与北魏政治和民族交融有什么联系。如果处理不好,这一内容就会和整节课的体系脱节,课堂也就缺乏完整性。在和七年级教师研讨的过程中,我们突然想到了世界史介绍东西方文化的交流的两种方式,即暴力冲突和和平交往,由此我们定下了本节课的主线——民族交融的两种方式。把淝水之战作为民族交融的一种方式来介绍,引导学生全面认识战争。基于此,我把整节课设计为三个板块：金戈铁马看交融,改革浪潮促交融,胡风汉韵话交融。

三个板块紧紧围绕课题,加深学生的认识。通过课后的问卷,我们看到,有学生提到,"和平的方式才是民族交融最好的方式",但是没有学生对于战争有全面认识,这应该是本课的一个缺憾。

2. 在设计淝水之战的时候,考虑到第 17 课涉及到了前秦统一黄河流域,而第 18 课中也提到了淝水之战,我的预设是把重点放在背景和结果的分析上。在讲述背景时,我设计了"前秦为什么能够统一北方? 它强大起来的原因是什么?"这两个问题来引导学生能够把前后知识联系在一起,形成完整的认识。但对这一问题学生显然缺乏准备,没有迅速地找到相应的知识点,这一方面说明学生的能力还需要培养,另一方面也说明在日常教学中我还要有意识地多进行知识的迁移,培养学生的良好习惯。

对于淝水之战的过程,我的设想是不单独进行介绍,而是在分析前秦失败的原因时直接带入。我之所以这样设计,是感觉战争过程和失败原因有一定的重合。但是课堂上我明显感觉到学生们的吃力,他们不能很好地找到相关的史实来进行论证,有部分学生在课后提到对淝水之战的过程还存在着疑问,说明这一环节还需要改进。

3. 这节课运用了二十多处史料,包括文字、图片、地图、表格、多媒体等形式。我的本意是希望通过大量的史料展现,让学生更加全面地了解这一段的历史,并增强他们直观的认识。而在实际上课的过程中,这些史料的效果不尽相同。

几幅地图的使用相对比较成功,达到了预设的目的。图片史料主要集中在最后一个版块中,用来引导学生对课本知识进行梳理和分析。我在授课过程中发现,这一环节虽然引起了学生的兴趣,但是处理稍显简单了一些,学生的认知容易浮于表面,如果能再通过一些材料或者设问,进一步引导学生深入思考,那么对于他们理解这部分知识会有更大的帮助,从而使他们在思想认识上有更好的提高。

为了加强史料教学,本课共给学生提供了九则文字史料。学生对于文字材料的理解稍显困难,尤其是纯粹的文言文,比如,魏主曰:"国家兴自北土,徙居平城,虽富有四海,文轨未一。此间用武之地,非可文治,移风易俗,信甚为难。崤函帝宅,河洛王里,因兹大举,光宅中原。"这段史料是让学生分析魏孝文帝为什么要迁都洛阳,但是材料的关键点学生读不懂,也就无法做出解答。而学生对于现代文史料的理解相对好一些,如引用的日本历史学家川本芳昭的一句话"淝水之战后,前秦这个由各民族各个势力组成的马赛克般的政权,瞬间瓦解"。这也就提醒我,今后在运用史料的时候,要更好地把握学情。可以依据学生的实际情况,设置少量有一定难度的史料,从而引导学生分析理解,但如果这样的材料太多,就会让课堂难度加大,同时也影响课堂的进度。

课堂上总共出现了两段多媒体材料。一段是开头引入部分,播放了《敕勒歌》的音频,应该说效果还是达到了。课堂最后,之所以播放动画片《花木兰》的片段,是考虑到40多分钟的课堂,学生比较疲惫,激发一下学生的感官认知。从课堂反应看,学生看得确实很投入,也有同学对这一段印象深刻,但是我感觉课堂进行中这一片段播放时间有点长,并且影片内容与课本内容联系不紧密,学生的注意力是放在了动画片上,却并没有与后面的问题联系在一起,效果一般,如果要用的话,可以考虑改成图片,或者重新剪辑与本课主题比较贴近的部分。

4. 对于评课中两个问题的思考

评课中,于老师提出可以设计一个问题:三国两晋南北朝时,有哪些朝代曾经统一过北方? 在设计这节课的时候,我确实没有想到这一个问题的设置。回想一下,三国两晋南北朝时期政权分立,其实也蕴含着统一的因素在里面,为后来隋朝的统一奠定了基础。这一问题的提出和引申有利于学生认识到统一是历史发展的趋势,这与本课民族交融的主题也比较契合,同时也是"内外迁移"的一个点,可以让这节课更加完整,有助于学生进一步认识这一时期的历史发展脉络。

对于孙老师提出的"引导学生在分析魏孝文帝改革的时候,分别站在鲜卑族和中华民族的立场上,不同的立场可得到不同的结论"这一点,我在最初备课的时候也设想过,后来之所以去掉了,主要是考虑到学生的实际情况,感觉学生现阶段的能力不够,需要降低课堂教学的难度。我还考虑到一点,本节课的中心是民族的交融促进社会的发展与进步,如果站在这个角度去思考鲜卑族的发展与消亡,会不会与主题不一致。当然,因为这个问题没有在课堂上出现,也就无法了解学生的反应与认知,所以可以进一步探讨。

六、专家点评

点评专家:陆安,青岛市历史教研员,特级教师,正高级教师

生鹏老师执教的这节课,从整体上讲是一节成功的示范课。说它成功,主要从以下几个方面来看。

首先,一节成功的课是有设计的。我们说一节课要让听课的老师有值得回味的地方,让上课的学生有所得,就必须要有灵魂,而一节课的灵魂是要经过精心设计的,它一定不是照本宣科。这节课对课本的内容进行了重新梳理,三个板块的设计让学生能够更好地去理解课文的文本。同时,在一些环节的处理上又不拘泥于课本,比如对战争和和平两种方式的民族交融进行分析,让学生从一个崭新的视角来理解历史,也引发了学生对历史知识的新思考。

其次,一节成功的课要有历史课的特点。历史与其他学科的不同,在于史料实证,大量的史料是我们了解历史的重要途径。我们的历史课堂,不仅要教给学生历史知识,更重要的是教给他们学习历史的能力,使他们在离开历史课堂后依然有能力获得必要的历史知识。我们可以看到,在这节课中,大量史料的呈现,包括文字史料、图片史料、地图和表格等,极大地锻炼了学生理解史料,从史料中获得第一手信息的能力。

同时,历史课还肩负着一个很重要的任务就是德育渗透,对学生进行家国情怀的教育。本节课始终围绕的一个主题就是中华民族的民族交融,让学生认识到民族交融是历史发展的大势所趋,各民族都在交融中对中华民族的发展做出了自己重要的贡献。并且这一德育过程并不牵强,而是通过各种方式渗透在课堂中,达到了润物无声的效果。

这节课还充分体现了"内外迁移教学法"在课堂中的应用。无论是"内迁移——课堂知识与学生已有的历史知识之间的迁移",还是"外迁移——课堂知识与学生的生活实际、其他学科知识之间的迁移",都有助于学生形成历史体系,激发学生兴趣,减轻学生的学习压力。

当然,完美的课是不存在的,有遗憾才促使我们不断地提高,成功的课堂也有值得商榷的地方。比如淝水之战的过程处理过于简略,缺少必要的铺垫,直接引导学生进行分析,让学生在一开始感觉到无从下手。同时这一部分涉及到的成语故事也很多,如果生老师稍作添加,也可以进一步激发学生的学习兴趣,让课堂更加生动与鲜活。

【教者简介】

生鹏,青岛第 44 中学历史教师,青岛市初中历史中心组成员,青岛市基础教育学科教学指导委员会委员,青岛市教学能手,青岛市青年教师优秀专业人才,区学科带头人,市北区名师。他从事历史教学 20 多年,认真研究教材教法,探究教学规律,多次开设市级公开课、名师开放课、城乡交流课,撰写的论文、课例多次被发表或获奖,参与编写地方教材、教辅用书等,组织学生开展历史研究性学习,指导的学生多次获得青岛市研究性小论文一、二等奖。

课例 4 活动课:让我们共同来感受历史

执教:王艳雨

一、教学预设

(一) 课标要求

《义务教育历史课程标准(2011 年版)》要求"培养学生的历史素养和人文素养"。

(二) 学情分析

我校是一所市级优质初中,加之海头镇是赣榆经济强镇,父母在事业单位工作的孩子较多,生源几乎涵盖全区 18 个乡镇。学生知识视野、学习习惯较好,仅次于区实验中学。优质的生源为本课教学奠定了基础。七年级学生经过近一个学期的历史学习,对"史前到南北朝时期"的历史有了初步的认知,为我开展该时段"身边历史"的活动课奠定了基础。但学生对历史学习的基本方法还比较陌生,尤其是解读文言文史料的能力有限。这就需要教师依托史料,结合视频、故事等多种教学媒介,耐心地引导学生进行分析,激起学生愿闻其详的探究欲望,逐步培养学生形成多层次、多角度理解史料的习惯,进而提升发现问题、分析问题和解决问题的历史思维能力。

(三) 教学目标

1. 了解家乡主要史前遗迹、古城遗址、名人足迹、村社地名与姓氏由来等,理解历史就在身边。

2. 通过调查、访问,以及对有关资料的收集、阅读、整理等,理解学习历史的途径与方法。

3. 通过活动,理解家乡历史的演变过程,感受和认识历史在现实社会生活中的意义。

(四) 重点难点

重点是培养学生历史学科素养,难点是感受历史在现实生活中的意义。

(五) 教学准备

课前教师针对不同乡镇的历史,重新划分学习小组,即史前遗迹组(赣马镇、城头镇)、古城遗址组(班庄镇、塔山镇、海头镇)、名人足迹组(夹山乡、金山镇);另外,村社名称和姓氏由来的学习由全班学生一起参与。主要方法是调查、访谈、讲述、讨论、合作学习、体验探究、多媒体辅助教学等。

二、课堂实录

(时间: 2018 年 3 月 30 日　授课地点: 江苏省连云港市海头初级中学　班级: 七年级 (3) 班)

(一) 课堂导入

师:同学们,每当提起历史,我们都会认为历史离我们很遥远,但其实历史就在我们身边。请同学们观看《赣榆印象》(视频时长 2 分 45 秒),体会赣榆古今变化。

(学生注意力集中。)

师(强调):这段视频再现了赣榆的昨天与今天。同学们想要了解这些历史吗? 今天就让我们一起走进那段历史,感受历史的变化。

(二) 教学过程

(出示 PPT,投影课题“第 21 课　让我们共同来感受历史”,同时板书。)

师：我们的家乡——赣榆区,有"黄海明珠"的美称。她位于江苏省东北端、海州湾畔,东临黄海,西临东海县,北与山东省的临沂市、日照市接壤,南以新沭河为界,同海州区毗邻。全区面积1 402.5平方千米,总人口109.9万。我们再来看一下,现在一共有多少个乡镇? 大家来看一下地图。

(出示《赣榆区地图》和《赣榆区行政区划》。)

师：一共有18个镇、2个省级经济开发区、424个村委会。(培养时空观念。)

那么,从远古至南北朝时期,赣榆有哪些史前遗迹、古城遗址、名人足迹? 你的村庄、你的姓氏是怎样来的? 课前老师已经把全班分为三个小组,并且分配好了任务,三个组同学,有的已经把材料给老师了,并且帮助老师一起完成了课件制作。接下来由他们为同学们展示成果。首先请第一组——史前遗迹组,闪亮登场!

第一组：史前遗迹组(板书)

生1：大家好! 我的家乡在赣马镇。我们镇有后大堂文化遗址。

(出示PPT。)后大堂文化遗址位于今赣马高级中学校内,经考证距今约4 000年,属于新石器时代龙山文化遗址。遗址底层有扁鼎足、盆式鼎足、平底杯、黑陶蛋壳片、红陶片等。1987年12月,赣榆县人民政府公布其为县级重点文物保护单位。

师：同学们,老师就是赣马高级中学毕业的,欢迎同学们有时间与老师一起去母校看一看后大堂遗址。好! 下一位同学!

生2：大家好! 我来自城头镇。我们家乡有青墩庙文化遗址。

(出示PPT。)青墩庙遗址位于赣榆区青墩庙村东北,也是新石器时代龙山文化遗址,面积约1 000平方米,发掘出土矮裆鬲足、灰陶片、(师插话：说慢一点呀,我们同学很想了解。)陶鬲足以及铜箭镞、骨铁、骨椎等遗物。2006年被公布为江苏省第六批文物保护单位。

师：好! 我们两位同学调查得非常认真、仔细。我们赣榆远古文化遗迹比较著名的还有海头镇庙台子、大台子文化遗址,(出示PPT。)希望海头镇的同学课后了解一下。但问题来了,如此多的远古文化遗迹在我们赣榆被发掘,能够说明哪些问题呢? 请同学们讨论一下。

(学生讨论约2分30秒,老师巡视,参与交流。)

师：讨论好了？好，我想听一听你们的想法。哪位同学先说一说？

生3：说明赣榆很早就有人居住。

师：对！还说明什么呢？

生4：说明赣榆历史悠久。

师：不错！下面请你再从历史学习的角度说说看！也就是对我们学习历史有什么帮助？

（学生思考，停顿。）

生5：遗迹是我们了解历史的途径。

师：非常好，请坐！（扣住课标要求，培养史料实证素养。）

（过渡）好，下面请古城遗址组介绍你们的调查结果，哪些同学？

第二组：古城遗址组（板书）

生1：大家好！我是班庄镇学生，我介绍的是祝其城遗址。

（出示 PPT。）祝其城在今班庄镇古城村，为汉代古城遗址。据说，周武王封黄帝后裔于"祝"，后始建。在今古城西南、东南仍有大段城墙遗址，城西北的烽火台遗迹，近前观看，似是平台，远处观望，则气势巍然。这个遗址为研究汉代历史提供了宝贵资料。

盐仓城遗址

师：嗯！好，几乎要背出来了！下一位同学！

生2：大家好！我是海头镇学生，我介绍的是盐仓城遗址。

（出示 PPT。）盐仓城在今海头镇盐仓城村，为春秋莒国盐官驻地，汉赣榆县城。盐仓城略作方形，城墙用土筑成，东西、南北各长约1000米。城内曾出土西周、春秋和汉代陶器、铜器及铜币等，现为县级重点文物保护单位。

师：嗯！不错！另外一位同学？

生3：大家好！我是塔山镇学生，我介绍的是计斤城遗址。

（出示 PPT。）计斤城又叫"土城"，在今塔山镇土城村，为汉代古城遗址。据考证已有 2000 年历史。目前,现存的土城古城遗址分为两段,西南角与东北角各有一段,不足 1 000 米。2010 年,区政府重建为青砖古城。

师:好! 很不错,三位同学!

师:我们回顾一下三位同学分别介绍了哪些古城遗址。

生(齐答):祝其城遗址、盐仓城遗址、计斤城遗址。(及时温故。)

师:那么,三位同学介绍的古城遗址是否真实存在呢? 老师课前也找到了相关史书记载。我们来看一下第一组材料(PPT)。

> "公会齐侯于祝其,实夹谷。"
>
> ——[春秋]左丘明《左传·定公十年》
>
> "东海之怀仁,故祝其也,或以地为氏。"
>
> ——[南宋]罗泌《路史》

师:这组材料说明哪个古城遗址存在?

生(齐答):祝其城。

师:我们再来看第二组材料(PPT)。

> "归义有盐仓。"(魏之归义县,就是西汉之赣榆)
>
> ——[南北朝]魏收《魏书·地形志》
>
> "赣榆故城,名盐仓城,在县东北 30 里,汉旧县也,属琅琊郡。"
>
> ——[唐]李吉甫《元和郡县图志》

师:这组材料描述的是盐仓城遗址。我们再看第三组材料(PPT)。

> "莒,嬴姓,少昊之后,周武王封兹舆期于莒,初都计斤,后徙莒,今城阳莒县是也。"
>
> ——孔子《春秋·隐公二年》

(学生齐读。)

师：这说的是计斤城遗址。计斤城是什么？

生：春秋时期莒国都城。

师：这些史书记载，都说明了第二组同学介绍的古城遗址的存在。这种用考古发掘与史书记载相互印证的方法，我们称之为"双重证据法"。（培养学生的史料实证素养。）

当然，赣榆古城遗址众多，还有塔山镇大莒城遗址，也是春秋莒国都城，柘汪镇纪鄣城遗址，为东周至南北朝城池。（出示 PPT。）当我们漫步于这些古城，游览古风遗迹时，便会更加感受到家乡这片古老而神奇的地方散发出的浓厚的历史底蕴。我们有时间可以去看看，了解一下，如果找不到，可以找介绍的同学。（培养家国情怀素养。）

师（过渡）：好，上面第二组的介绍非常精彩，我们再次感谢他们！（学生鼓掌。）下面请第三组同学来介绍一下他们的调查成果，大家欢迎！

第三组：名人足迹组（板书）

生 1：同学们好！我来自班庄镇夹山汪宇村，我展示的是"孔子齐鲁夹谷会盟"。

（出示 PPT。）春秋时期，在今山东境内，当时有两个毗邻的大国——齐国和鲁国。两国经常大动干戈，结果往往是鲁国被打败，齐国得胜，齐夺取了鲁的一些土地，但也损失惨重。公元前 500 年的夏天，齐景公和鲁定公在赣榆县夹谷山会晤，具体商谈议和事宜，历史上称为"夹谷会盟"。

此次会盟过程中，孔子参加了和谈。齐景公手下的人根据孔子懂礼少勇的特点，想用武力劫持鲁侯，以达到不可告人的目的。这一阴谋被孔子及时识破，在孔子的义正严辞面前，齐景公只得放弃这一企图。在

孔子相鲁会齐侯处

将要盟誓的时候，齐国人又玩弄花招，想以献乐助兴为由羞辱鲁定公。孔子依周公礼法进行了合理的反击，并严惩了齐国乐工，迫使齐景公在修好的盟书上签字。后来，齐景公打算招待鲁定公，孔子言辞巧妙地予以拒绝。

师：嗯！我觉得她讲的很有趣味，但在听故事过程中，需要我们思考。思考什么呢？她讲的故事包括哪几个历史人物？……体现了孔子的智慧，值得我们学习。那么，这段历史史书有记载吗？老师也找到了相关记载（PPT）。

"夏,公会齐侯于夹谷。"

——孔子《春秋·定公十年》

"夏,公会齐侯于祝其,实夹谷。"

——[春秋]左丘明《左传·定公十年》

"定公十年春,乃齐平。夏,齐大夫黎弥言于景公曰:'鲁用孔丘,其势危齐。'乃使使告鲁为好会,会于夹谷。"

——[西汉]司马迁《史记·孔子世家》

（师生互动,解读材料,培养学生史料解读能力。）

师:夹谷会盟后,鲁国收回了被齐国占领的土地。现在,夹谷山有明代碑刻一块。碑高2米多,宽约1米,碑文"孔子相鲁会齐侯处"八个楷书大字挥洒飘逸,古朴苍劲。从此,"夹谷圣踪"成为赣榆县风景名胜之一。"孔子相鲁会齐侯处"遗址,现已被赣榆县列为重点文物保护单位。

好,下面哪位同学来介绍?

生2:同学们好! 我来自金山镇徐福村,我展示的是"东渡第一使——徐福"。

（出示徐福雕塑与徐福故里。）

徐福,又称徐市(fú),秦代著名方士。他博学多才,通晓医学、天文、航海等方面的知识,是我国最早东渡日本的使者。

传说,东海原有蓬莱、方丈、瀛洲"三神山"。山上琼楼玉宇,有长生不老之药,是世人向往而又难以到达的仙境。

公元前210年,徐福遵从秦始皇的命令,携带童男、童女、技师、百工及武士几千人,装载五谷和淡水,向东入海,寻找蓬莱仙山,为秦始皇求长生不老之药。徐福这支阵容庞大的东渡大军,从我们村东面的港头村(当时是出海港口)出发,到达"平原广泽"后,再也没有回来。

师:很好!刚才同学提到一个地方——"平原广泽",它在哪里?中日两国都认为在日本九州。现在,中日一些学者研究证实,徐福是赣榆县金山镇人。

(出示PPT。)

1990年12月5日,赣榆县人民政府举办了第一届"中国徐福节",以纪念徐福东渡2200周年,并在金山镇徐福村修建了"徐福祠"。许多学者常常到此考察和研究徐福的历史。

我们作为赣榆人,更应该关心家乡的历史,等到暑假,希望同学们能实际考察徐福的足迹,好不好?

生:好!

生3:同学们好!我来自海头镇小口村,我展示的是"秦始皇与秦山神路"。

(出示秦山与秦山神路。)

秦山,俗名奶奶山,又名神山,位于我们小口村东面海上。秦山东大西小,宛若一

张横卧海天之间的瑶琴,所以又称其为琴山。

秦山离岸有 40 里,传说秦始皇为了到达秦山,曾鞭石成路。今天,每当大潮退后,仍能看到一条鹅卵石堆成的道路一直伸上大陆,长约 10 千米。此路任凭风吹浪打,千余年来不曾消失,当地人称之为"秦桥"或"秦山神路"。

师:她所介绍的秦始皇足迹非常有趣,我感觉图片上的秦山神路非常美。秦始皇足迹介绍完了,同学们对秦始皇足迹有没有什么怀疑的地方?请同学们发挥才智,讨论一下吧!(2 分钟)

师:请大家说一说。

生 1:秦山离岸有 20 千米,秦山神路 10 千米,差 10 千米。

师:距离不对。

生 2:材料中说秦始皇鞭石成路,请问他是怎么鞭打的?再说秦始皇力量没有那么大。

师:她是对秦始皇鞭石成路有所怀疑。我们假设秦始皇真的到了秦山,对鞭石成路应该怎样看?

生(齐答):传说。

师:什么是传说?传说与史实是什么关系?我们联系一下黄帝的传说(启发引导,搭建思维梯子),需要讨论吗?

生:讨论。(1 分钟)

生:传说中包含历史信息,为史实提供了材料。(落实课标,培养唯物史观。)

师:传说是不是一定是真的?

生:不是。

师:那我们要考查它是不是真的,应该用什么方法?

生:双重证据法。

师:这里请同学们注意,秦始皇是否到过秦山,需要考证。但秦山神路一定是传说中的故事。(进一步提升历史解释、史料实证素养。)

(过渡)上面三组同学都很优秀,我们再次把掌声送给他们!(鼓掌)希望同学们以后继续发扬这种敢说、能说的精神,这也是我们赣榆"敢写第一"的精神。下面请全班同学自由交流,说说你的村社或姓氏由来。

（学生涌动，讨论约 3 分钟。）

师：先说村庄由来。谁先说？

生 1：我们村村名是接庄（村），我爷爷说，原名叫接驾庄，是秦始皇到这里后，老百姓接驾的地方，故叫接庄。

生 2（接话）：是的，我们村叫夏庄，原名是下驾庄，据说就是秦始皇下驾的地方。

师：好，请坐！

生 3：我是住在赣榆区政府所在地——青口。我爸爸说，青口是东晋以后，山东青州人迁徙到此处后，发现这里有出海口，为了纪念青州祖籍，取名青口。

师：不错，她所介绍的青口，史书上有这样的记载。我相信同学们都知道自己村庄的由来。时间关系，我们谈谈姓氏由来吧！

生 1：我姓张。据说是黄帝后裔辉的姓。辉会做弓箭，射箭需要拉长弓弦，故取姓张。

生 2：我姓刘，我爷爷说，家谱上说与孝文帝鲜卑族改姓有关……

师：北魏，孝文帝，我们想到什么？孝文帝改革，改汉姓。

生 3：我姓徐，传说就是徐福的后代……

生 4：大家知道我姓姜。据说，西周后期，炎帝的一支"姜"姓后裔曾在今天的莒南建立向国，紧靠当时的纪鄣城（位于今天赣榆县的东北部），那里便成为"姜"姓的聚居地。纪鄣城后来被海水淹没（在今柘汪镇东林子村东的海域）。因此，今天赣榆县东北部沿海地区的柘汪、马站、石桥等地，仍多"姜"姓。

生 5：我们宋姓，据说就是来源于西周分封制下商朝后裔的封地"宋"……

师：好的，通过同学们的介绍，我们知道姓氏都有来源。有些村庄的命名与姓氏关系密切。例如：塔山镇、青口镇的王庄，居民大多姓王；赣马镇的董官河、石桥镇的董温庄，居民大多姓董；海头镇的胡村、莫村，黑林镇的李良庄、朱良庄的命名都与姓氏有关系。

姓氏与地名哪个在前？一般来说，地名与姓氏的重合不是姓氏来自地名，而是地名来自居住在这个地区的人的姓氏，但有时是相互交织的。例如炎帝姜氏，史书上说来源于炎帝的居住地——姜水，因地而得姓"姜"。不过，"姜"姓又源于氏族崇拜"羊"，它从一开始就是氏族的姓，而非地名。因此，"姜水"之得名，正是由于"姜"姓居住在这个地方,并非炎帝之"姜"姓源于姜水。

"地原无名,因人而得名。"地名原为一种人类文化现象,只有人才会为自然命名,如果是没有人居住或活动的地方,便不会有地名。足以可见,地名与姓氏之间的关系密不可分。

(三) 课堂小结

师:这节课我们通过对史前遗迹、古城遗址、名人足迹、村社名称和姓氏由来的介绍,知道了学习历史的一种方法——双重证据法,了解了我们身边的历史,知道了家乡的一些历史渊源和变化。今天赣榆的发展我们有目共睹。请同学们观看赣榆区委宣传部制作的宣传片《赣榆》,感受我们家乡赣榆的巨大发展。(播放宣传片《赣榆》。)

看完宣传片,身为赣榆人的同学们有何感想?

生(略作思考):自豪、骄傲!

师:希望同学们以后可以带着这份自豪和骄傲继续勇往直前,为我们赣榆的发展增光添彩!同学们,加油!(感受变化,提升家国情怀。)

这节课就上到这里,下课!

三、学生反响

授课结束后,教师对全班 54 位学生进行了问卷调查,结果如下。

(一) 本节课中你最大的收获是什么?

认为历史就在身边,了解了赣榆丰富的历史文化,感受到赣榆的古今变化(27人);身为赣榆人感到骄傲和自豪(18 人);学会双重证据法(9 人)。

(二) 本节课中你印象最深的是什么?

古城遗址的学习(18 人);徐福东渡的介绍(5 人);村庄和姓氏的由来(4 人);双重证据法的重要性(5 人);双重证据法,史实与传说的区别(1 人)。

(三) 本节课中你还没有完全把握或还有疑问的是哪一部分?

对秦始皇是否到过秦山,以及秦始皇鞭石成路存在疑问(33 人);没有完全把握传说与史实的关系(7 人);对徐福为什么没有回来有疑问(5 人);对赣榆文化名城的取名含义存有疑问(1 人)。

(四) 学完本课后你还想了解的是什么?

更多赣榆其他方面的历史(20 人);"赣榆"名称的由来(11 人);更多关于赣榆的神话传说(4 人);赣榆未来的发展和规划(3 人)。

四、同伴声音

陈会阁(连云港市柘汪中学老师):王老师这节课准备充分,内容详实,教态自然,环节流畅。既教给了学生家乡的历史,又教给了学生学习的方法。本节课给我最大的感受是,课堂教学充分体现了教师为主导、学生为主线的双向互动。从学生课堂表现来看,作为七年级学生能够自主展示、大胆交流,实在是难能可贵的,也说明王老师平时注重对学生进行学法指导。但我也在想,假如不做充分准备,这样的课能否上好?

李祥龙(连云港市罗阳中学老师):按照张老师的布置,这节展示课的主题是"培养学生的学科核心素养"。我想从这个方面谈点看法。按照历史课程标准,历史学科核心素养包括唯物史观、时空观念、史料史证、历史解释、家国情怀等。王老师这节课落实得比较到位。如出示赣榆地图、政区图,就是落实时空观念;出示材料对古城遗址进行解读、论证,就是培养史料史证和历史解释素养;学生为身为赣榆人感到骄傲和自豪,应该是家国情怀的提升。但是如果没有地图或者没有依托的史实,我们怎样提升素养呢?

张敬美(连云港市赣马初级中学老师):王老师这节课是活动课。说实话,活动课我们一般不上。我听了王老师这节课后,最大的收获是知道了怎样上活动课。王老师分五组学习内容,突出三个组展示交流,其中两组内容由全班参与,体现了面向全体学生;把学习内容定位于自身成长的家乡,拉近了历史与现实的距离,真正让学生感受到身边的历史,值得我们借鉴。不过,我对三个组的交流有点怀疑,是不是老师提前导演的?

五、教师反思

本节课是"江苏省乡村骨干教师培育站(初中历史)"导师张永谦老师让我执教的一节公开课。2017 年 11 月,张老师要求我按照江苏师范大学薛教授的要求,执教部编教材《中国历史》七年级上册第 21 课。他说:"这节课可以算作对培育站学员的一次检阅。"我接受教学任务后,深感欣慰,也倍感压力。

12 月,我按照《教师教学用书》的建议,把本课教学内容定位于"感受春联的变化",然后认认真真写好教案,通过邮箱发送给了张老师。张老师的回复很简单:

《教师教学用书》只是参考,不能作为标准,如果全国都上成"春联"课,"教材编写"这节活动课,估计就失去了意义;再则,七年级学生学习历史不足一个学期,让他们贯通"春联"的历史,有"拔高""超纲"之嫌。如对于清朝那段历史,学生不了解。所以,我的意思是定位于七年级上册,时限于"远古时代到南北朝时期"。

看到回复,我有点为难,又觉得张老师说的有道理,于是上百度搜索,最后找到一个比较心仪的设计,时限于"远古时代到南北朝时期",主要是回顾七年级上册历史内容,正好便于学生期末考试复习,岂不是一举两得? 于是,我兢兢业业地写好了教案,重新发送给了张老师。没想到张老师这样回复:

教师的成长:一是经验;二是创新。这次教学设计网上已经有了。要知道本课是活动课,是感受历史的课。一是历史;二是感受;三是共同。你的设计完全是历史复习课,与本课要求不符,与薛教授的要求不符。请你相信自己! 做最好的自己! 做超越自我的自己!

看到张老师的回复,我很难过,尽管他没有直接批评我,而是鼓励我。一天后,我问张老师,到底怎样上好呢? 他说:"鉴于七年级学生的学情、课标的要求和薛教授的意见,我建议你就将活动主题定位于远古时代到南北朝时期的赣榆(身边)历史吧!"随后,张老师发给我赣榆历史的许多材料、图片、视频等。

找到切入口和丰富的材料后,我三易其稿,选定了本课的设计思路。2018 年 1

月,利用元旦放假,我布置学生按居住地收集相关资料,可以是文字的,也可以是长辈口述的。然后让学生讲述,并请各小组学生利用社团活动时间提前协助老师做好课件。

本课教学后,我感觉到张老师的定位符合学情,符合学习目标。因为"远古时代到南北朝时期"的历史学生刚刚学过,有基础;赣榆历史就是身边的历史,其变化是可以感受的。这样的定位让不同乡镇的学生有不同的历史话语权,使他们可以在全班交流、分享。这就是课堂讨论能够激烈、生机勃勃的原因。

从教学过程来看,课堂气氛活跃,学生参与积极。他们合作学习,共同探究,敢于表达史事,体现了过程与方法的目标达成。通过本课学习,学生不仅了解了家乡的历史知识,还认识到"遗址、遗迹是了解历史的重要途径",知道了传说与史实的区别和联系,懂得了历史研究需要"双重证据法",激发了热爱家乡的情感。这些表明了课标要求的达成与学科核心素养目标的提升。

本课教学能够达成预设的效果,一是得益于张老师的精心指导,在此我衷心感谢(鞠躬)!二是得益于优质的学生资源,他们为本课教学创造了条件。三是得益于自身的教学素养,几年来,我通过"一站一室"(省乡村骨干教师培育站,市刘俊利名师工作室)的培训,逐渐提升了主干性知识和程序性知识等。

当然,根据三位老师的反馈和我教学过程中的感觉,我认为本课教学值得进一步反思。在此,我先就三位老师提出的问题谈谈个人看法。

一是,不做充分准备能否上好活动课?不可否认,本节课有我的精心导演和研磨,有学生的充分准备。我想对七年级学生来说也未必是坏事,因为他们是第一次接触活动课,对于活动目的、程序、要求等,应该是"空白"。精心指导和准备是目的,也是手段和方法。我想,学生通过对"第一次吃螃蟹"的尝试,将来对活动课可能会胸有成竹。换句话说,至少有印象!有信心!有兴趣!同时,我认为既然是活动课,就一定要充分准备,否则,这样的课上好的概率不大。

如何指导学生准备,需要根据学情、教学内容和具体乡情而定,需要找准三者之间的支撑点、契合点和生长点。如本课内容的主题是"感受身边历史",因家乡历史悠久,就在身边,而学生来自全区 18 个乡镇,所以资源会比较丰富。这就为我选择内容和划分小组提供了便利。因为学生要在课堂上展示交流,所以需要教师指导学生收集和整理教学资源，并请他们与教师一起完成课件制作。我想这样的教学方式可以借鉴，可以推广，但是需要因地制宜，需要因学情的变化而有所改变。

至于是否要提前导演，这取决于学段和教师平时对待活动课的态度。本节课是七年级第一节活动课，提前导演是必须的。如果是八、九年级，学生已经熟悉这种课型，就不需要提前导演；如果教师平时不重视活动课，学生不熟悉流程，那么提前导演则是必要的。

二是，没有地图或史实依托，怎样提升学科素养呢？对于这个问题，我想用我们"一站一室"培训过的内容回答，即史实来源于史料，是历史教学的基础，任何史实都具有时空特性，决定着史料的选取和史感（情感态度价值观）的体悟。史料是史之细胞，离开史料历史教学就会成为史实的堆砌，就会缺失"移情体验"和证据意识，历史解释和情绪渲染也就无从谈起。一句话，如果没有地图（史料）或者史实依托，所谓的提升史学素养也只能是死记硬背或空洞说教。

倾听有利于思维碰撞，感谢三位老师的"美声"！我相信思想的交锋一定会在"教学田野"中绽放出思维火花。下面我谈几点我的教学困惑：

1. 七年级历史课到底应该达成什么样的目标？有人说义务教育阶段的课标要求是底线，也有人说是封顶，是保底不封顶。我疑惑过，但我认为本节课我达成了教学目标，但局限于赣榆县的历史是否有些"狭窄"？

2. 什么样的课才是历史"好课"？这个问题历久弥新。各个学校都开展过有关历史教学的讨论，但公婆争论不息，见仁见智。是"花"还是"俏"，是"实"还是"虚"？我个人认为"花""俏"都可以，但底线是达成课标内容要求。我认为本节课我做到了这个目标要求。但是，我是利用假期让学生提前准备的，须知平时学生没有这个时间。

3. 怎样提升学科核心素养？当下课堂、文章，每每出口，均为学科素养。于是，课堂上老师总是一味强调五大核心素养。其实，五大核心素养是基础教育阶段课程的总体目标，需要从微观目标到中观目标，再到宏观目标的逐步达成，不能一蹴而就、刻意追求，需要循序渐进、日积月累。本课教学中的时空观念、史料实证、历史解释、家国情怀的培养，就比较顺其自然。但这样的教学是不是符合课标要求？

4. 教学资源开发与利用一定多多益善吗？开发和利用教学资源是课程标准提出的实施建议。有鉴于此，现在课堂教学似有无史料即不成历史课堂的说法，于是有的老师动辄就是七八则史料,更有甚者十则史料,这样,学生是跟不上课堂脚步的。我认为选用材料能说明问题即可,不在于多,不在于面面俱到。况且老师也不可能掌握面面俱到的材料,课堂时间有限,也不允许老师这样做。本课使用了几则古文材料,意在说明历史的客观性。因为是七年级学生,故我都与学生通读共品,目的是减少他们的文字障碍,便于理解历史。我这样选用材料是否合理?

六、专家点评

点评专家:张永谦,江苏省江阴高级中学历史教师,特级教师,正高级教师

刚才王老师给我们展示了一节精彩的示范课。对于这节课,我认为同伴的声音是中肯的,王老师的反思是实在的。在这里,我简单谈几点看法:

1. 从教学内容定位来看,王老师定位于这一时段的赣榆历史,符合课程标准要求,符合活动课要求,符合课程资源开发要求,体现了新课程理念下历史教学的开放性、乡土性和校本性。

2. 从培养学生学科核心素养来看,可以发现:王老师对地图四以及古城遗址的介绍,体现了时空观念;对古城遗址、文字史料的解读,对传说与史实的讨论,体现了史料实证和历史解释;播放视频,依据史实弘扬家乡"敢写第一"的精神,就是落实家国情怀;在这些教学过程中,"双重证据法"的一再使用,就暗含了唯物史观。可以说,王老师的学科素养教学,有明有暗、有始有终,真正做到了"润物细无声"。这也告诉我们:培养学生的学科核心素养不要刻意,不要生拉硬扯,只有顺其自然,才能水到渠成。

3. 从教学效果来看,由问卷可知:学生的知识、能力和学科素养都得到了发展,特别是许多学生懂得了"双重证据法"。"17 位学生为家乡感到自豪",就是本课目标达成的最好诠释。

至于王老师的四个问题,我认为:所有年级的课堂教学都要坚持课程标准,达成学习目标,不存在所谓的底线或封顶;都要坚持"内容决定形式",精心选择与内容、学情相融合的经典材料,不存在所谓的狭窄或宽泛;都要坚持"教学有法,但无定法",做到内容与方法的统一,不存在所谓的"花""俏"或"虚""实"。但所有的教学都要遵循启发性、渐进性和量力性等教学原则。

当然,本课也有需要改进的地方,那就是三组同学因为准备太充分,所以给人感觉不是在讲解,而是在背诵。今后,教师要注意培养学生史事表达能力,因为历史叙事也是素养。此外,教师指导学生进行课前准备,特别是校外采风,要坚持安全第一,强调让家长陪同学生活动,这也是活动课的原则。最后,我还是用杜甫的一句诗与各位共勉,那就是"吾道亦如此,行之贵日新"!

【教者简介】

王艳雨,江苏省连云港市海头初级中学教师,中学一级教师,主要从事初中历史教学研究。她是连云港市"中学历史名师工作室"成员,先后获得连云港市青年教师基本功大赛、教研能力大赛一等奖,获得江苏省"五四杯""师陶杯"以及"教海探航"等论文竞赛一等奖,有多项省市规划课题立项并结题"江苏省乡村骨干教师培育站"(初中历史)优秀学员,多次荣获"411骨干教师""教学先进工作者""教科研先进个人"等荣誉称号。

课例 5　隋朝的统一和灭亡

执教:李捷

一、教学预设

(一)课程标准

知道隋朝的统一,了解科举取士制度的创建和大运河的开通,知道隋朝灭亡的原因。

(二)学情分析

1. 南京市浦口区大桥中学地处浦口区最北端,接壤安徽,是南京市正在创建的 46所"新优质初中"之一。一直以来,学校教育教学质量不高,处于全区中下游。近几年,学校在市区教育主管部门的关心和指导下,借助南京市"新优质初中"发展的平台,教育教学质量明显提升,已进入南京市"新优质初中"前列,并且连续两年获得南京市"新优质初中"综合评估一等奖。

2. 学校学生的构成比较复杂,外来务工子弟约占学生总数的 1/4,本地留守学生约占学生总数的 1/5,加之离异家庭、单亲家庭、贫困家庭等,学校特殊学生约占学生总数的 1/2。学生学习动力不足,知识面较窄,自主学习能力相对较弱。

3. 初一学生经过半学期的历史学习,对历史学科教学有一定程度的了解。虽然学生对历史学科学习的基本方法有一定的接触,但是并未熟练掌握。学生历史学习具备一定的基础素养,历史学科核心素养正处在养成阶段。

4. 本次教学活动开展的所在班级是初一(2)班,这个班级共 42 名学生,其中女生 19 名,男生 23 名。班级学生学习水平处在同年级前列,且相当活泼,课堂纪律一般。学生对历史学科有一定兴趣,但是由于平时阅读面窄,所以历史知识的基本储备仍显不足。

(三) 教学目标

1. 能说出隋朝建立的时间、建立者以及都城;知道隋灭陈,进而完成国家统一的过程;理解国家统一是中国古代历史发展的主流和总体趋势,初步形成唯物史观。

2. 通过观察《含嘉仓示意图》了解相关史事,结合《贞观政要》中"计天下储积,得供五六十年"的描述,得出隋文帝时期社会经济繁荣的结论,提升史料实证的意识。

3. 通过观察《隋朝大运河示意图》,能够指出隋朝大运河相关的"三点"(北、南和中)"四段"(永济渠、通济渠、邗沟和江南河)"五河"(海河、黄河、淮河、长江、钱塘江),知道历史地图中古今地名的差异,建立时空观念。

4. 通过阅读与大运河相关的两首诗——《汴水》(胡曾)和《汴河怀古》(皮日休),能够体会诗人对大运河的看法与态度,并能够客观地分析大运河的作用,初步提升历史解释能力。

5. 列举隋朝统一的主要措施,并从国家管理、经济文化交流与发展、历史传承等角度分析其历史意义;知道隋朝留下的"大运河""赵州桥"等都是重要的历史文化遗产,产生民族自豪感和认同感,具有家国情怀。

(四) 重难点

1. 重点:隋朝的统一与灭亡,大运河的开通和科举取士制度的创建。

2. 难点：大运河开通的作用和科举取士制度创建的影响。

（五）教学准备

多媒体。

（六）教学方法

讲述法、探究法、情感生成。

二、课堂实录

（时间： 2018 年 3 月 1 日　授课地点： 南京市浦口区大桥中学录播室　班级：初一（2）班）

（一）课堂导入

师：同学们，一个寒假不见，大家好！

生：老师好！

师：一个寒假、一个春节，大家在休息之余，有没有看看历史书呀？

生：老师，我们看的。

师：好，那么，我们现在就回顾一下七年级上册的部分内容，请大家完成表格。（PPT 展示魏晋南北朝时期中国历史朝代更替表，在部分朝代处留空。）

三国两晋南北朝时期朝代更替简表

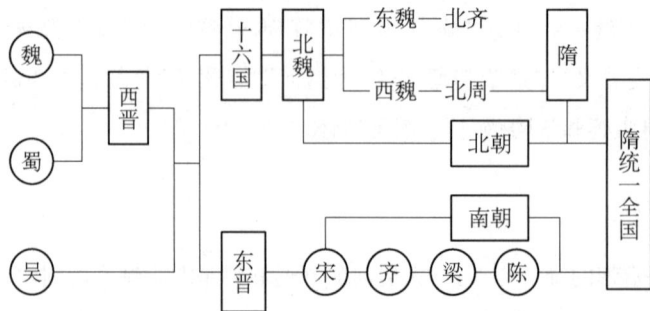

生：前几个空分别填写蜀、西晋、东晋、北魏、北周、宋和陈，最后一个空应该是本课要学的隋朝。

师：大家填写得很好。根据这个示意图，回顾之前学习过的秦朝，大家能归纳秦朝和隋朝的共同点吗？

生：都完成了国家的统一，但是存在时间都很短暂。

师：看来大家能够基本理解示意图所展示的内容。隋朝和秦朝一样都完成了国家的统一，为我国的统一多民族的国家发展做出了巨大的贡献。本节课我们就来共同了解一下隋朝。现在我们进入下一个环节——隋朝的兴亡。

（二）隋朝的兴亡

师：（展示时间轴。）请同学们用 2 分钟的时间浏览全文，找到本课最主要的时间和事件，完成时间轴上的内容，并找到隋朝的开国之君和亡国之君。

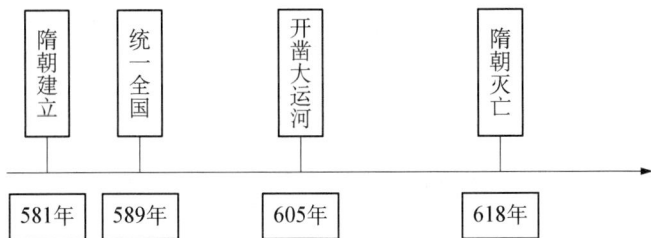

隋朝建立	统一全国	开凿大运河	隋朝灭亡
581年	589年	605年	618年

生：隋朝的建立、统一时间分别是 581 年、589 年。605 年隋炀帝开凿大运河。隋朝灭亡的时间是 618 年。隋朝的开国之君和亡国之君分别是隋文帝和隋炀帝。

师：同学们很准确地找到了相关知识点，请大家准确地进行勾画。刚刚我们提到了隋朝的开国之君隋文帝和亡国之君隋炀帝（简单介绍皇帝的称号，尤其是谥号，文、炀之间的比较），现在我们就来进一步地了解他们。首先，请同学们结合书本第 2 到第 3 页内容，列举隋文帝的相关功绩。

生：隋文帝建立了隋朝。

师：很好，有没有补充？

生：隋文帝完成了统一。

师：还有呢？

生：隋文帝灭掉了陈朝。

生：隋文帝灭陈也是完成统一的一部分。

师：大家答得都很好，那么隋文帝统一以后有没有什么贡献呢？

生：隋文帝发展经济、编辑户籍……

师：这位同学列举了很多隋文帝建国后的发展措施，我在这里给大家做个补充。隋文帝统治时期国家状况比较好，我们称之为"开皇之治"。我们现在看一张表格。（展示表格。）

合作探究：对比隋初和隋盛时，你得出何结论？

	隋初	隋盛时	结论
人口	3 000 万人	4 600 万人	人口激增
垦田	1 900 多万顷	5 500 多万顷	垦田扩大
粮仓	长安太仓	洛阳含嘉仓、洛口仓	粮仓丰实

生：隋朝人口、耕田数量激增，粮食也很充实。

师：我们再一起观察书本中的《含嘉仓示意图》，了解相关史事，并结合之前的表格，能够得出怎样的结论？

生：隋朝社会经济非常繁荣。

师：隋文帝时期为天下积累了多少财富呢？《贞观政要》中说，"计天下储积，得供五六十年"。

生：啊，国家储备的物资和粮食可以供应五六十年呀！

师：那他的继承者能不能用好他的积累，创造一个太平天下呢？我们进入下一个环节——隋朝的灭亡。

师：同学们，隋文帝的继承者是谁？他是怎么样的一位皇帝呢？

生：是隋炀帝，他是一个败家子，好大喜功，不恤民力，又纵情享乐，奢侈无度。最终致使隋朝灭亡。

师：同学们回答得很好，按现在的流行词，隋炀帝是典型的"富二代"，他挥霍着隋文帝留下的大笔遗产,并未开创大兴的隋朝,反而二世而亡。他到底做了些什么事情导致隋朝灭亡的呢?

生:隋炀帝营建东都,开凿运河,修筑长城和驰道,还三次远征辽东。

师:同学们回答得很全面。现在大家阅读课本第 4 页"相关史事"的内容,找到两处有双引号的内容,并分析隋炀帝的行为带来了怎样的后果。

生:"福手福足""罄南山之竹书罪无穷,决东海之波流恶难尽"。隋炀帝罪恶深重,使得百姓民不聊生。

师:隋炀帝的暴政最终引发了什么结果?

生:全国各地爆发了农民起义,隋朝面临瓦解。618 年,隋炀帝在江都被部下杀死,隋朝随之灭亡。

师:很遗憾,强大的隋朝仅仅存在 37 年就灭亡了,隋炀帝本人也命丧江都。同学们知道江都是现在的哪里吗?大家知道隋炀帝和江都之间的故事吗?

生:江都就是现在的江苏省扬州市,距离我们不远。听说隋炀帝很迷恋扬州的风光,尤其喜欢扬州的琼花,据说他就是为了看琼花才开凿的大运河。

师:这位同学见闻很广博,知道隋炀帝下扬州的事情,可以和大家说说细节吗?关于"龙舟"的故事你了解吗?

生:我听说隋炀帝喜欢下江南。隋炀帝每次都是乘坐巨大的龙舟,龙舟有几层楼高,装饰精美。隋炀帝每次出行都会有大量的护卫和美女同行,极其奢侈。

师:还有同学知道相关的内容吗?

生:听说隋炀帝的龙舟都是人拉的,纤绳都是用丝绸编织的。大运河两岸的地方官员为了讨好隋炀帝,还会在岸边树木上挂上美丽的装饰。真是奢侈无度呀!

师:同学们的故事都说得很精彩,隋炀帝下江南一直为后人所诟病,据说他的龙舟是需要人拉的,还要美女拉,船走不动了,就铺上大豆,浇上豆油拉。所以有很多人把罪责归结了大运河上,认为大运河的开凿促使了隋朝的灭亡,这样的观点对吗?现在我们进行下一环节——大运河的开通。

(三)大运河的开通

师:请同学们阅读课本第 3 页,找到大运河的开凿者、开凿时间和开凿目的。

生：开凿者是隋炀帝，开凿时间是605年，开通的目的是为了加强南北交通，巩固隋王朝对全国的统治。

师：同学们回答得很准确，隋炀帝开通大运河的目的有两个，一是加强南北交通，二是巩固统治。请问他的目的达到了吗？

生：巩固统治的目的肯定没有达成，618年隋朝就灭亡了。加强南北交通的目的是否达到还不能确定。

师：很好，我们现在就来了解大运河的基本信息，并思考隋炀帝的目的是否达到了。今天我们用数字记忆法，来记忆大运河。请大家集体回答我，首先是"一条大运河"，什么河？（展示《隋朝大运河示意图》。）

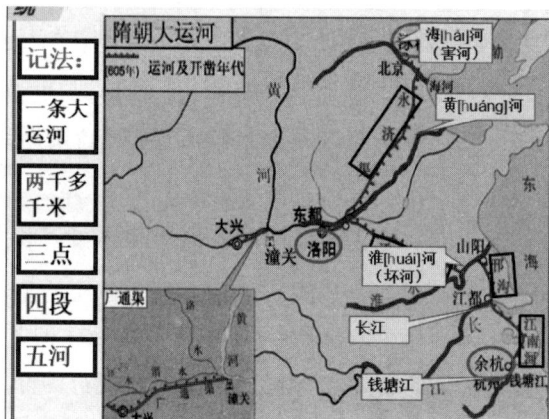

生：隋朝大运河。

师："两千多千米"，具体是多少千米？

生：2 700多千米。

师："三点"，是哪三点？

生：中心是洛阳，北抵涿郡，南至余杭。

师：涿郡和余杭分别是现在的哪里？

生：北京和杭州。

师："四段"，是哪四段运河？

生：永济渠、通济渠、邗沟和江南河。

师："五河"呢？

生：连接了海河、黄河、淮河、长江、钱塘江五大水系。

师：同学们回答得很好，我们现在看一组图片（展示运河风光），大家感觉现在的运河如何？

生：很漂亮，微波荡漾，风光秀丽……

师：大运河是隋朝留给我们的财富，是我国重要的历史文化遗产，现在请看视频，并且总结视频中提及的大运河的特点。（播放"中国大运河成功列入世界文化遗产名录"的视频。）视频已经结束，请同学们总结大运河的特点。

生：它是世界上开凿最早、使用最久、空间跨度最大的运河。千百年来一直起到交通、运输、灌溉的作用，是我国重要的南北交通通道，对周边百姓的生活影响很大。

师：大家观察得很仔细，回答得很好。那么，大运河开凿的目的达到了吗？

生：大运河的开通未能巩固隋王朝的统治，但是却大大地加强了南北交通。

师：那么我们可以总结，大运河开通的作用如何？

生：加强了南北地区政治、经济、文化交流。

师：历来文人对大运河评价不一，我们也根据两首诗歌来完成一次探究活动。

（阅读下列材料，回答问题。

材料一：

汴　水

胡　曾

千里长河一旦开，亡隋波浪九天来。

锦帆未落干戈起，惆怅龙舟更不回。

材料二：

汴河怀古

皮日休

尽道隋亡为此河，至今千里赖通波。

若无水殿龙舟事，共禹论功不较多。

1. 材料一中"千里长河"指的是哪一条河？"锦帆""龙舟"指的是什么事件？

2. 根据材料二指出"汴河"的开通有什么作用。

3. 简要说明两位诗人对开通这条河的看法有何不同。你比较赞同哪位诗人的观点？为什么？)

生：(答题)

1. "千里长河"是大运河，"锦帆""龙舟"指的是隋炀帝下江南。

2. "汴河"开通的作用是加强了南北地区政治、经济、文化交流。

3. 两位诗人分别肯定和否定了隋炀帝开凿大运河，我比较赞同……(各有其理)

师：大运河是短暂的隋朝留给我们的宝贵遗产，除此以外隋朝还有什么历史贡献呢？

生：开创了科举制。

(四) 科举制的创建

师：同学们回答得很好，科举制的开创是隋朝的一项重要贡献。大家知道科举制是一项什么制度吗？

生：是一项选官制度。

师：不错，科举制是一项很好的选官制度。大家知道科举制出现之前中国的选官制度吗？这里我们介绍一下魏晋时期的选官制度——"九品中正制"。大家结合 PPT 和课本内容，请指出这一时期选官制度存在的问题。

生：由上层贵族垄断，选官看中门第，不太注重才华。

师：谁首先打破这种局面？他的具体做法是什么？

生：隋文帝，初步建立起通过考试选拔人才的制度。

师：这个时候科举制度有没有确立？

生：并没有，是隋炀帝时期才确立的。

师：那么科举制度确立的标志是什么？

生：隋炀帝时，进士科的创立，标志着科举制的正式确立。

师：科举制度的创立改变了中国的选官制度，在中国影响深远，请大家结合老师给的材料，分析科举制度的作用。

> 唐玄宗开元年间,科举出身的宰相,占到三分之二。
>
> ——人教版原教材
>
> 十年寒窗无人问,一举成名天下知。
>
> ——(元)高明《琵琶记》
>
> 缙绅虽位极人臣,不由进士者,终不为美。
>
> ——《唐摭言》

生:变革了中国古代选官制度;加强了皇帝在选官和用人上的权力;扩大了官吏选拔的范围,使有才学的人由此参政;推动了教育的发展;成为了历朝选拔官吏的主要制度,一直维持了 1 300 多年。

师:科举制度在中国影响深远,大家可以举例说明吗?

生:我知道一些与科举制度相关的成语,"金榜题名""寒窗苦读""状元及第""衣锦还乡""屡试不爽""独占鳌头""连中三元"以及"名落孙山"等。

师:这位同学回答得很好。我这里也给大家补充一个。大家知道中国人的"四大喜事"吗?

生:好像听说过,但不是很清楚。

师:人生四大喜事是古人最为看重的,四件大喜事分别指"久旱逢甘露,他乡遇故知。洞房花烛夜,金榜题名时"。

生:啊,"金榜题名"是比"洞房花烛"更大的喜事呀! 看来,科举制度真的是影响深远呀!

师:有人说,"隋朝,犹如一颗流星划过历史的夜空,时间虽然短暂却光芒四射"。它的短暂和光芒分别指什么?

生:隋朝短暂,二世而亡,只存在了 37 年。隋朝繁荣,有"开皇之治",有"大运河",还有"科举制度"。这是一个短暂而繁荣的朝代,是中国历史的一个重要阶段。

师:这位同学总结得很好,最后我们一起来完成当堂练习。

1. 581 年,夺取北周政权,建立隋朝的是(　　　)

　　A. 王莽　　　　B. 杨坚　　　　C. 杨广　　　　D. 李渊

2. 已有 1 400 多年历史的中国大运河,2014 年成功入选世界文化遗产名录。该运河开凿于(　　)

A. 秦始皇统治时期　　　　　　　B. 汉武帝统治时期

C. 隋炀帝统治时期　　　　　　　D. 康熙帝统治时期

3. 古人评论说:"隋炀帝此举,为其国促数年之祚(国运),而为后世开万世之利,可谓不仁而有功。"隋炀帝开凿大运河的"功"是(　　)

A. 加强了南北经济、政治和文化的交流

B. 解决了北方缺水问题

C. 巩固了隋朝的统一

D. 方便了帝王的游玩

4.《全球通史》中写道:"这一制度,中国推行了近两千年之久;他们通过考试,品评人才的优劣,为政府机构配备文官。""这一制度"是指(　　)

A. 分封制　　　　B. 郡县制　　　　C. 行省制　　　　D. 科举制

5. "罄南山之竹书罪无穷,决东海之波流恶难尽。"该檄文痛斥的是(　　)

A. 隋文帝　　　　B. 隋炀帝　　　　C. 唐高祖　　　　D. 唐太宗

6. (2016·河南名校期中)有人说:"隋朝,犹如一颗流星划过历史的夜空,时间虽然短暂却光芒四射。"下面对隋朝特点的简短总结中,哪个最为全面且符合实际(　　)

A. 经济繁荣　　　B. 短暂而繁荣　　　C. 二世而亡　　　D. 节俭盛行

师:大家很好地完成了练习,我们今天的课程也结束了。感谢大家的合作,下课。

生:老师再见。

三、学生反响

授课结束后,教师对所教初一(2)班 42 名学生进行了教学情况现场调查反馈。共设置了 6 个问题。调查具体情况如下:

（一）本节课中你最大的收获是什么？

了解了隋朝兴亡的基本情况（18 人）；

学习了很多历史知识（5 人）；

了解了隋朝的两位皇帝，尤其是隋炀帝（6 人）；

了解了隋朝的短暂与辉煌（5 人）；

了解了大运河（5 人）；

了解了科举制（3 人）。

（二）本节课中你印象最深的是什么？

隋炀帝的奢侈浪费和暴政（10 人）；

隋炀帝开凿的大运河（10 人）；

隋炀帝（6 人）；

隋文帝勤俭治国留下了太多的财富（4 人）；

隋炀帝开设科举制（4 人）；

老师上课很精彩，很生动幽默（3 人）；

中国古代四大喜事（3 人）；

没有（2 人）。

（三）本节课中你还没有完全把握或还有疑问的是哪一部分？

没有什么问题了（17 人）；

开凿大运河（9 人）；

科举制（7 人）；

隋炀帝到底是好还是坏（6 人）；

杀死隋炀帝的部下到底是谁（3 人）。

（四）学完本课后你还想了解的是什么？

更多关于隋炀帝的内容，他到底是昏君还是明主（13 人）；

隋朝更多的历史(7 人);

更加具体地了解大运河(6 人);

了解隋朝科举制的影响(4 人);

隋文帝还有什么成就(4 人);

隋炀帝的结局到底如何(3 人);

隋朝灭亡以后发生了什么,希望尽快地进入唐朝知识的学习(3 人);

没有(2 人)。

(五) 学完本课后,你是否明确知道隋朝建立和灭亡的基本史实?

知道了,比较了解了,十分清楚(34 人);

隋文帝建国,隋炀帝亡国(6 人);

空白(1 人);

有点迷糊(1 人)。

(六) 学完本课后,你是否了解大运河开通的作用和科举制创立的影响?

了解(34 人);

大运河有利于南北交通(4 人);

科举制和大运河都有利于国家强盛(4 人)。

四、同伴声音

祝英华(教师,南京市浦口区教研员):本节课内容比较清晰,结构布局存在变化。李老师把隋朝的统一和灭亡放在第一部分讲解,用时间轴架构内容线索,完整勾勒隋朝发展的基本情况。之后又重点讲述了大运河和科举制,条理性强。这种操作对学习上相对优秀的学生帮助很大,但是对后进学生来说,理解上有一定的难度,同时本课的板书太随便,很没有设计感。简单的"一、隋朝的兴亡""二、大运河的开通""三、科举制的创立"不能让学生受到感染。

徐园园(南京市浦口区永宁中学教师):李老师很会讲故事,这一课穿插的故事很有趣也很有历史味道。他讲述隋炀帝下江南形象生动,"龙舟是需要人拉的,还要美女拉……""龙舟走不动了,就铺上大豆,浇上豆油拉……",很吸引人。本课的导入部分,李老师讲述了皇帝名称的组成,很有特点,我也是第一次感受到皇帝的姓名有这么多的讲究,但是这部分内容耗时过长,有 5 分多钟。我感觉有些浪费时间,且效果好像也不是十分理想,学生对这样学术型的知识补充不是很感兴趣。

秦松(南京市浦口区大桥中学老师):李老师上课语言平和、娓娓道来,很有亲和力。他在注解科举制的时候提及中国古代人生"四大喜事"的概念——"久旱逢甘露,他乡遇故知,洞房花烛夜,金榜题名时",凸显科举制的影响,效果很好。李老师在课本内容的把控上也有一套,本课由隋朝的统一、开通大运河、开创科举取士制度、隋朝的灭亡四个部分组成,符合课题"隋朝的统一和灭亡"。李老师在改变教学结构上有一定的尝试,从条理上看是清晰的,但是从效果上看,由于出现教学内容的跳跃,导致学生对于内容理解不足,使他们很容易对隋炀帝产生同情。

五、教师反思

2017 年 9 月,我参加南京市初中历史青年教师基本功比赛,第四轮进行的是模拟课堂的角逐。当时抽到的课题就是部编教材七年级下册第一单元《隋唐时期:繁荣与开放的时代》的第 1 课《隋朝的统一和灭亡》。

本课内容包括"隋的统一""开通大运河""开创科举取士制度"和"隋朝的灭亡",涉及内容较多。在我看来,本课主要内容是隋朝的兴亡始末和隋朝的创举——大运河和科举制。于是我对课程内容进行了重新编排与整合,先以时间为线索讲述"隋朝的兴亡",再分别叙述"大运河的开通"和"科举制的创立"。

本人最近两年正在进行"传记体"教学形式的尝试和研究,在历史教学过程中改变以往教材中一般性的叙事结构,以历史人物为主要线索进行教学。讲述人物生平事迹,解读人物相关文献史料,用人物串联历史基本史实,并贯穿教学内容。为此,我在本课中以隋文帝和隋炀帝两位皇帝来进行内容的贯穿。

基于以上思考和准备,我在当时的模拟课堂赛课中,产生了"自我感觉良好"的表现。注重时序性的教学内容精准到位,故事化、情景化的授课过程引人入胜,史料教学的内容准备也很充分。为此,我也积极地把这节课当时的设计搬入现实的课堂中,想要检验我这"自我感觉良好"的表现在实际教学中的效果。

今年二月,我进行了本课的实际授课,准备上演一场注重"时空观念""历史解释""史料实证"等核心素养提升的"大戏"。但初上的效果并不十分理想,主要是因为当时的教学设计是基于我对教学内容的认知和对教学效果的预判,对学生学情的判断并不清晰。根据学生反馈和同伴研讨,我做了一定改进,获得了不少的"精彩",也出现了一点"意外",由此引发了不少的思考。

1. 知识拓展的"教学导入",学生并不领情。教学设计之初,考虑到中华传统文化的渗透,加之个人对历史人文相关知识的兴趣,决定以"隋文帝""隋炀帝"的名称来导入教学。特意设置了"知识拓展"环节,向学生介绍中国古代帝王名称的几种主要形式,包括"谥号""庙号""年号"等,并相对仔细地介绍了"谥号"的特征,引出隋文帝的"文"和隋炀帝的"炀",以此引入"隋朝的兴亡"。

这种引入方式,使个别对历史人文很感兴趣的同学表现出相对的好奇,但是班级中大多数的学生并没有表现出对这方面知识的渴求,这说明我在教学设计之初还是没有精准地把握学情。而在这一阶段,教学过程的耗时也比较多,有些得不偿失。现在想来,教学导入环节还是应该简练有实效,不宜拉扯得太远。

2. 精心设计的"课程结构",使学生思维产生跳跃。为了让学生对"隋朝的兴亡"有一个整体的认识和具体的感悟,我将隋朝的建立、统一以及灭亡放在教学的第一环节,并且用时间轴填充的方式,给学生带来"时空感"。在学生对隋朝兴亡的过程进行学习后,再回头对大运河与科举制进行学习。

这种教学结构形式,符合教学流程和历史发展的时序,显得有一定的条理。很多学生在学习中表现出能够接受,从反馈来看也都能够很清晰地了解隋朝兴亡的历程。但是对于部分基础相对薄弱的学生来说,这种打破书本结构的教学方式,引发了思维的跳跃,使他们有些慌乱。所以,教师在教学中打破书本结构时,一定要关注学生对书本的依赖程度。

3. 先抑后扬的"人物评判",使学生情感天平偏转。我的教学比较重视人物,因为人物有血有肉能够更加直接地感染学生,引发学生对历史的兴趣,也能加深其对历史的理解。所以本课重点介绍了隋朝两位皇帝,尤其是对隋炀帝的介绍和评断,引起了学生的兴趣和思考。

但是由于我的教学结构的变化,对隋炀帝的介绍流程变成了"暴政——亡国——修运河——创科举",评价上有点先抑后扬,致使部分同学产生了对隋炀帝的"同情"和"钦佩",但也使有的同学产生了对隋炀帝进行公平评价的思考。所以,我以后在对学生"情感"教学的引导上要注意流程。

4. 教学过程的"难点突破",使教学重点失衡。本课的课标要求是"知道隋朝的统一,了解科举取士制度的创建和大运河的开通,知道隋朝灭亡的原因"。我因为受到之前人教版教材的影响,把教学的难点设在了"大运河的开通"上。我在这一环节使用了很多的教学手段,包括采用数字记忆法,让学生识记大运河的"一条大河""两千多千米""三点""四段""五河"等,播放视频,让学生感受大运河的作用和影响,对两首诗歌进行对比与解析,引导学生对大运河进行评价,难点突破效果很好。

但是我对教学的另一重点"科举制的创建"兼顾得不够。从学生的反馈来看,他们对大运河的了解程度和感兴趣程度都要高于科举制。所以,我以后在教学中对知识点的兼顾还是要有所思考。

5. 注重评价的"传记教学",使学生理性思维提升。本人尝试的"传记体"教学形式,在这一课产生了比较好的效果。从总体效果上来看,这种教学形式还是很大程度地引发了学生学习的兴趣的,也较大程度地促进了学生人物评价的理性化思维,起到了比较好的效果。

当然,由于比较重视"人物",所以在"事件"上下的功夫显得有点不足。比如,在教学大运河的开通时,更加注重隋炀帝的功过,对大运河本身的探讨略有不足。所以,在以后的教学中,我一定要做到"人""物""事"的有机统一。

六、专家点评

点评专家：王兵,南京市历史教研员

本节课围绕唯物史观、时空观念、史料实证、历史解释、家国情怀这五大历史学科的核心素养进行设计,是一节基于 2011 版课程标准理念,贯穿 2017 版部编人教版新教材设计思路的历史课堂教学课例。

教学结构上,本节课改变教材的知识点布局,将隋朝的兴亡作为一个统一的整体放在教学的第一环节,加之使用"时间轴"填空,使学生能了解隋朝从建立到统一再到灭亡的过程,《隋朝大运河示意图》的数字化解读,有明显的空间感,有助于学生时空观念的形成。

教学过程中大量使用教学资料,且形式多样,地图、图片、视频以及文字史料的使用都很精准;教学过程中注重史论结合、论从史出,有利于学生史料实证意识的培养。以《汴水》《汴河怀古》两首诗歌作为基础材料的探究活动,有助于提升学生的历史解释能力,也有助于学生历史事物评价能力的提升。

科举制环节提及人生"四大喜事",将中国传统文化渗透进历史课堂教学,效果很好,学生反应也很强烈。课堂中多次提起统一的概念,不仅有助于学生认知"统一是国家发展的主流",也有助于学生唯物史观的培养,能大大提升他们的家国情怀。

教学过程也有一定的不足。教学结构调整后,先谈隋炀帝暴政亡国,再谈开运河、创科举,学生对隋炀帝的理解和评价开始有些混乱,更多的是同情隋炀帝,但这并不客观;大运河评价环节,对于《汴水》《汴河怀古》两首诗歌,最好让学生诵读,而不是教师代劳。

【教者简介】

李捷,江苏省优秀教育工作者,南京市优秀青年教师,浦口区历史学科带头人,浦口区德育学科带头人,现任浦口区大桥中学副校长,南京市历史学科中心组成员,浦口区教育科研骨干。他教学能力突出,经历初一到高三全年段教学,常年把关初三、高三教学;多次参加市区基本功大赛、优质课评比活动,并取得优良的成绩;教育科研能力突出,主持多项省市级规划课题,其中两项获得南京市个人课题一等奖,三项获得浦口区个人课题一等奖;多篇论文在《上海教育科研》《班主任之友》等杂志上发表,论文《教育智慧的发掘、碰撞与分享》获第十届黄浦杯长三角城市群(29个城市地区)征文第一名。

课例 6　宋代经济的发展

执教：方元

一、教学预设

（一）课标要求

1. 内容要点：了解宋代南方经济的发展；理解中国古代经济重心的南移。

2. 认知提示：了解经济重心南移的过程，理解经济重心南移对古代社会发展的影响。

（二）学情分析

本校七年级（4）班的学生，以外来务工人员子女居多，素质整体上呈现多层次的特点。班级学生在历史知识储备方面比较薄弱，有时显得创新力不够，但在心理方面比较天真，好奇好问。他们喜欢直观有趣的历史故事，并且乐于参与教学，善于想象，有一定自主学习的能力和合作探究的精神，因此上课时思维比较活跃，课堂上敢于发言。

（三）教学目标

1. 知识与能力

了解宋代农业、手工业发展和商业繁荣的表现，分析宋代南方经济发展。

掌握自唐朝中晚期至五代、宋朝南方经济发展和中国古代经济重心南移的情况。

掌握我国古代经济重心的南移最终完成于南宋。

2. 过程与方法

通过思考和概括唐朝中晚期至宋朝南方经济发展的主要成就，培养学生综合归纳的能力。

通过思考和总结这一时期南方经济发展的原因，提高学生理解分析问题的能力。

3. 情感态度与价值观

通过本课的学习，使学生认识到我国的农业、手工业生产取得较大的发展，商业和对外贸易达到空前的水平,居当时世界的领先地位。

通过本课的学习,认识到对外贸易的发展为传播中国古代文明、促进世界文明的发展作出了贡献,增强学生的民族自豪感。

(四) 重点难点

1. 教学重点:两宋商业繁荣的表现。
2. 教学难点:南方经济发展的原因与经济重心的南移。

(五) 教学方法

本节课以史实为基础,问题为载体,多媒体为辅助手段,通过课前导学法、情境教学法、问题探究法、小组合作法等教学方法,调动学生的学习兴趣,增强学生的参与协作意识,培养学生分析、概括问题的能力。

二、课堂实录

(时间: 2018 年 4 月 3 日   授课地点: 山东省青岛第五十中学   班级: 七年级 (4) 班)

课前播放音乐和江南好风光的系列图片,在课堂上创设历史情境和学习氛围,同时起到集中学生的注意力和安抚学生情绪的目的。

(一) 现场小调查,导入新课

师:同学们,我们结合前几节课大家学习的唐朝和宋朝,现场做一个小调查。如果让你在宋朝和唐朝之间做选择,你愿意生活在哪个朝代? 愿意生活在唐朝的同学,请举手;愿意生活在宋朝的同学,请举手。从临时的课堂调查来看,很多同学愿意选择生活在唐朝,但是也有一些历史学家和文学家的想法与大部分同学不一样,而与少部分同学的选择相同。下面我们一起来了解一下。

(幻灯片展示英国史学家汤因比和中国文学家余秋雨先生的名言:1. 如果让我选择,我愿意活在中国的宋朝——汤因比;2. 我最向往的朝代就是宋朝——余秋雨。)

这个曾经被人戏称为"史上最不争气"的朝代究竟有什么样的吸引力呢？今天就让我们走进第九课《宋代经济的发展》（出示课题），跟随一个小人物王员外和他的小日子，梦回大宋，揭秘宋朝为什么让很多人流连忘返。今天我们将从三个方面进行揭秘——农业、手工业、商业。

（二）讲述小故事，开始新课

1. 揭秘农业——何以数郡忘饥（板书）

（幻灯片展示王员外的小日子第一部分。）

师：你觉得王员外应该选择去南方还是北方生活？为什么？

（幻灯片展示中国南北方分界线。）

生：我建议王员外去南方，因为南方战乱较少，大批北方人前往南方会带去先进技术，使南方农业发展速度加快，逐渐超过北方。

师：好，请坐，这是他的观点，还有哪些方面？下面我们展示几段历史资料，看看对大家认识会有哪些帮助？

（幻灯片展示四段历史资料，学生阅读历史资料，思考并回答问题。）

生 1：北人南迁带来大量劳动力。

生 2：南方自然环境条件优越。

生 3：南宋政府注重农业生产。

师：大家总结得非常好。从以上四位同学的回答中，我们了解了南方农业发展迅速的原因。王员外听了大家的建议，做出定居南方苏州小镇的决定，我们继续了解王员外的小日子之二。

（幻灯片展示王员外的小日子第二部分。）

师：从未务农的他不知道田地里应该种植哪种农作物，大家给他点建议吧。

生 1：水稻。

生 2：茶树。

生 3：棉花。

师：大家熟悉这三样东西吗？

生：熟悉！

师：检测一下大家熟悉的程度，我们猜几则谜语。

（幻灯片展示：谜语一，水里生来水里长，小时绿来老时黄，去掉外面黄金甲，里面煮熟喷喷香香。谜语二，不是桃树却结桃，桃子里面长白毛，到了秋天桃熟了，只见白毛不见桃。谜语三，生在青山叶儿莲，泡在壶中水染红，人爱请客先请我，我又不在酒席中。）

生：（七嘴八舌猜谜语）水稻、棉花、茶。

师：水稻属于粮食作物，棉花和茶树属于经济作物。请同学们边观察地图，边阅读课本内容，然后用简练的三句话向王员外分别介绍这三种农作物的整体发展情况，帮助他作选择。

（学生阅读课本有关农业发展的片段，老师指导课本阅读的正确方法。）

生：水稻产量在宋朝跃居粮食产量首位。

师：书中有什么历史知识可以支持这一结论？

生1：南方农民培育出大量优良品种，大大提高水稻产量，还利用秧马。

师：除了优良品种，还有先进工具的使用，都增加了水稻的种植和产量。还有谁要补充？

生2：还有一句谚语——"苏湖熟，天下足"。

师：大家理解这句话的含义吗？苏、湖分别指什么？

生3：苏州和太湖流域。

生4：苏州与湖州。

师：看来大家关于湖字的解释有不同意见。我们来观察地图，能看出其实粮仓主要位于两个地方——苏州和湖州，其中，湖州位于浙江。这两个城市都位于太湖流域和长江中下游地区。那么足和熟表述的是什么意思呢？

生：足是指富足，熟是指丰收。

师：解释得很好。这句谚语的意思应该是只要苏州和湖州的水稻丰收了，天下就富足了，人们就不会饥饿。其实书上还介绍了一个地方，这里是……（学生回答常州。）常州与苏州同属于江苏省，同属于长江中下游流域。为什么这一地区在宋朝时水稻产量会增长，产量会特别高？

生5：两宋时期，人口增加，垦田面积扩大，耕作技术提高，农业获得前所未有的发展。

师：回答得不错。除了水稻种植面积增多，耕作技术提高以外，还有没有其他因素？

生 6：从越南引入的占城稻，成熟早，抗旱能力强。

师：据说占城稻还有另外一个名字叫百日黄，不择地而生。后来在南宋时，不仅南方种植，甚至都推广到北方种植。那么我们继续向王员外介绍另外两种经济作物的发展情况，请刚才那位同学（生 1）继续回答。

生 1：南方各地普遍种植茶树，产茶的自治州和县比以往有所增加；棉花的种植已经向北推进到江淮和川蜀一带。

（老师展示幻灯片，学生观看，并了解茶树与棉花的发展概况。）

师：从刚才对于这三种农作物的介绍，你能发现它们的发展有什么共同点？

生：都集中在南方。

师：对，农业中心主要集中在南方。王员外听了大家的介绍，将自己的十亩地分别种上了三种农作物。

（幻灯片展示王员外的小日子第三部分——《耕获图》。）

师：请大家仔细观察并思考，图中的人物在进行哪些生产劳动？

生 1：我看到了牛耕。

生 2：还有插秧的。

生 3：还有收获农作物的，在右下角。

师：大家观察得非常仔细，找的也很准确。大家知道左上角这个区域展示的是什么劳作方式吗？

生：可能是加工。

师：我们把这张图片每一部分放大，可能大家会看得更清楚。

牛 1：有耕种、播种、插秧、扬场、入仓。

师：通过刚才的五幅图片，大家发现了一个奇怪的现象吗？（老师指向插秧和入仓。）

生：收获和插秧在同时进行。

师：对，这种现象的出现说明什么？

生：宋代出现了复种技术。

师：复种技术的出现是农业史上的重大变革。土地利用率提高，大大增加了粮食产量，甚至在南方出现了水稻一年两熟和三熟。

生1：三季稻！

师：对，是三季稻！因此粮食产量怎能不获得极大的提高。所以，在宋代，农业可以使数郡忘饥。

（幻灯片展示王员外的小日子第四部分——手工业何以独步天下。）

2. 揭秘手工业——何以独步天下（板书）

师：王员外想利用赚得的第一桶金来经营一项手工业，但他不知道该选择哪一个行业。

生：有纺织业、制瓷业、造船业。

师：我们一起从中挑选一些精品向王员外介绍，供他选择。

（幻灯片展示：纺织业——"号为冠天下"的蜀地丝织品，南宋棉毯的先进棉纺织技术源自海南岛。）

师：棉纺织业是用棉花做原料，丝织业是通过养蚕缫丝获得原料，这是丝织业和棉纺织业的区别。当南宋有了棉纺织技术之后，普通劳动人民都有了棉布衣服可穿，丝织品成为一种身份和奢侈品的象征。下面给大家隆重地介绍制瓷业，因为瓷器一直是中华的国宝。大家知道中国的英文名字吧？

生：China。

师：知道China的本意是什么吗？

生：瓷器。

师：下面，我们通过一段视频来详细了解宋代瓷器的辉煌。请同学们在观看完之后，分享一下你所了解的宋代瓷器中有哪些杰出的代表。

（视频展示宋代瓷器，学生认真观看视频，提取有效信息。）

生1：有著名的官窑。

生2：我知道宋代瓷器又分为白瓷、青瓷和彩瓷。

师：同学们听得很认真！

生3：白瓷的艺术价值很高，并且以我们现在所知道的景德镇为中心。

师：大家同意这位同学刚才所讲到的信息吗？

生：不同意。景德镇的代表作品是影青瓷。

师：对的。影青瓷后来演变成青白瓷，就是再后来大家所熟知的青花瓷。白瓷主要产地在视频中提到的是哪里？

生：河北定窑。

师：宋朝当时有五大名窑，除了刚才大家提到了官窑、定窑，还有哪些著名的瓷窑？

（幻灯片展示宋朝制瓷业和纺织业的发展图。）

生：浙江哥窑。

师：冰裂纹瓷器是它的代表。还有什么？

生：河南汝窑青瓷。

师：定窑和汝窑是北宋时期著名的瓷窑，景德镇是瓷都。到了南宋时，景德镇变为全国闻名的制瓷中心。其代表作品影青瓷被人们评价为白如玉，薄如纸，明如镜，声如磬，是中国高超的制瓷技术代表。

（幻灯片展示王员外的小日子第五部分——造船业的发达。）

师：王员外为出海经商要准备一些行头。想出海经商，他首先要准备什么？

生：船。

师：他可以去哪些地方置办这些行头呢？

生：可以去广州、泉州、明州。

（幻灯片展示宋代造船业发展图，老师标出这三个地点。）

师：王员外准备去这三大造船业中心逛一逛，但是没想到，走到泉州，他当即就决定买下一艘商船。为什么在泉州，他就做了这样的决定呢？这要感谢考古工作者，为我们揭开了谜底。

（幻灯片展示泉州湾发现的木造古船。）

师：在泉州，1975 年发现了一艘木造古沉船，是由特别结实的经水泡的松木制成。复原后船身长 34 米，宽 11 米。大约有现在的三到四个教室长，有一个半教室宽。这样的船在当时的宋代还属于中小型商船。（学生表示很惊讶。）宋代的大型船叫神舟，多大呢？请看资料。

（幻灯片展示《宣和奉使高丽图经》的相关材料。）

师：材料中的大樯是指最高的桅杆，高十丈，一丈大约 3 米，我们现在的建筑一层楼大约 2.7 米到 3 米高。

生：10 层楼高啊！

师：可载二千斛粟，它的最低载重量大约在 360 吨，吃水量最高可达 1 000 吨。

生：哇！

师：所以材料中描述它如巍峨的山岳，屈服蛟螭（蛟龙）。这样的船航行初到高丽时，高丽人民，也就是现在朝鲜半岛的老百姓看到觉得非常震撼。所以我们当时的造船业在当时的世界真的算是 No.1 吧。

（学生频频点头表示赞同。）

师：而且让王员外更加心安地买下这艘船的原因是当时船的安全性非常好。在泉州湾出土的古船里发现了 13 个密封舱，另外还有一样东西的出现，也让王员外感到心安，大家知道是什么吗？

生：指南针。

师：是的，宋朝出现了指南针。另外，汽车维修还得有个 4S 店，宋代的船也有保修的地方——船坞，早在北宋东京就有了世界上最早的船坞。

（幻灯片展示船坞示意图，学生惊讶地观看。）

师小结：因此，宋代手工业成就可谓是独步天下。

（幻灯片展示王员外的小日子第六部分——商业发展，何以冠名中外。）

3. 揭秘商业——何以冠名中外（板书）

师：王员外带着积蓄准备去最大的商业城市逛逛，他应该去哪些地方？

生：开封和杭州。

（幻灯片展示两宋都城人口百万。）

师：在一天中，王员外什么时候考察市场比较合适？

生：早上和晚上。

师：为什么？

生：因为宋朝已经出现了早市和夜市。

师：哦，原来时间不受限制，任何时候都可以。那当时的商贸活动范围都是在城市里吗？有没有什么变化？

生：都市的商贸活动也辐射到乡镇,形成了新的商业区叫草市。

师：除了草市之外,还有其他的区域吗?

生：市镇。

师：城市和乡镇之间的地方叫市镇。从城市到市镇,再到草市,宋代的商业贸易怎样?

生：处处都是商业区。

师：宋代商业真是很繁华。从唐朝长安城"日中击鼓而开市,日入击钲而休市",到北宋开封年间"店铺林立,每一交易动辄千万",再到南宋临安城"自大街及诸坊巷,大小店铺,连门俱是,即无虚空屋"。(边讲边展示图片。)宋代人们的生活环境几乎怎么样?

生：跟我们现在差不多。

师：是的,宋代人们的生活环境与此前的中国划出分界线,而近于我们现在。此前的中国特别是唐朝时,都城内有坊和市的区别,到宋朝时都城内的商业区和住宅区已经没有太大的区别了。商业城市如此繁荣坚定了王员外投资海外贸易的决心。下面请大家为他出谋划策,这次要解决的四个问题,需要大家的智慧,请前后四位同学合作探究,给出你们的方案。

(幻灯片展示王员外的小日子第七部分,展示四个问题：①什么样的商品会比较热销? ②这些商品可能销售到哪些地方? ③他的商船需要到哪些商港运送货物? ④商船进出港口会接受哪个机构的检查? 学生小组合作,讨论完成,老师参与各组的讨论,给予指导。)

师：我们一起来分享一下。读史离不开地图,我们结合《宋代海外贸易路线图》,来解决问题。

生 1：我觉得可能热销的商品有瓷器、丝织品。

师：不错,请坐。还有补充吗?

生 2：茶叶。

生 3：陶瓷。

生 4：指南针。

生 5：棉织品。

生6：船。

师：好想法,怎么卖呢?

生：直接拖着带出去卖。(大家笑。)

师：大家的想象力真是丰富。老师都想不到这么多,那么这些商品会销售到哪些地方呢?

生：东到朝鲜日本,西到阿拉伯和非洲。

师：(边展示幻灯片边强调。)请坐,很好,识图很熟练。非洲主要是到达东海岸。商船需要到哪些港口运送货物呢?

生：广州、泉州。

师：商船进出港口会有哪个机构进行检查?

生：市舶司。

师：知道市舶司相当于我们现在的什么机构吗?

生：海关。

师：(边展示宋泉州市舶司遗址图片边介绍。)至今泉州仍然还有宋代留下的市舶司机构遗址。当时宋代约有90％的市舶司设置在南方,北方只有一处,大家猜会在哪里?

生：东京,也就是开封。

师：NO。就在我们的家乡——现在青岛市的胶州板桥镇。(学生听后惊讶。)宋代北方唯一的市舶司设置于此,这说明青岛很早就站在世界潮流的前端。那么宋代设置市舶司到底有什么作用呢? 我们通过两段文字来了解一下。

(幻灯片展示市舶司的两段历史资料。)

师：你能从这两段材料中读出市舶司的设置对宋朝政府有什么作用?

生：增加国家经济税收。

师：对的,材料中提到"市舶之利数以百万计"。这些税收都去了哪里?

生：去了国库。

师：入国库,就意味着增加了政府的财力,即财政收入。所以,我们可以说,宋代海外贸易收入是国家财政收入的重要来源。

(幻灯片展示王员外的小日子第八部分——货币的变化。)

师：图片中，王员外的烦心事实际上是什么？

生：铜钱太沉了，太多了，不方便携带。

师：这种情况会给商业贸易带来什么影响？

生：阻碍交易和商业的发展。

师：那怎么解决？

生：北宋前期在四川地区出现了交子，这是世界上最早的纸币。南宋时，纸币发展成为与铜钱并行的货币。

师：南宋时推行更为广泛应用的纸币——会子，促进了当时商业的发展。

（幻灯片展示现代支付方式的变化。）

生：哇，毛爷爷！

师：交子可以说是现在纸币的祖师爷，但是我们现在有更为方便的支付方式。（边讲边展示图片。）

生：银行卡！

生：支付宝！

生：微信支付！

师：所以大家听听我这个小结论有没有同感？我认为，其实支付方式的便利，也很能代表一个国家经济实力的增强。大家说呢？

（学生点头表示非常同意。）

师：综上所述，分析一下，你认为宋代海外贸易如此发达的原因有哪些？

生 1：造船业比较发达。

生 2：通行便利。

生 3：商业的繁荣。

生 4：产品过剩。

师：这个词用得有点不太恰当，能不能换一个更准确一点的？

生 4：不是过剩，应该是商品丰富。

师：改得好！

生 5：朝廷应该是鼓励海外贸易的。

师：太棒了！大家回答得非常全面，非常准确到位。

（幻灯片展示答案。）

师：所以说商业之所以冠名中外，离不开宋代各行各业集体的努力、发展。

师小结：我们今天从这三个方面揭秘了宋代经济的发展，也了解到这就是那么多现代人，在中国古代那么多的王朝当中，愿意选择定居宋朝的原因。

（展示宋代经济发展图。老师带领学生简单回顾本节课重点内容，在学生头脑中构建知识体系。）

4. 富庶天下，话南移（板书）

师：综合而论，整个宋代经济的发展，主要围绕着哪个地区？

生：南方。

师：（边展示汉唐宋经济中心南移图，边提问。）于是，我们可以得出这样的结论：宋代的经济中心基本在南方。对比汉唐，你能说出它们的主要经济区在地理位置上发生了什么变化吗？

生：经济重心逐渐南移！

师：很好。所以《宋史》中有这样的记录：（到南宋时）国家根本，仰给东南。"根本"指什么？

生：粮食。

生：经济。

生：钱财。

师：准确说是"财政收入"。"仰给东南"指什么？

生：主要靠东南方。

师：国家财政收入主要来自于南方，尤其是东南地区。我国经济重心南移从唐朝中期开始，到南宋最终完成。而这种历史的发展趋势，对我们现在都有影响。

（幻灯片展示 2017 年中国 GDP 前十位的城市。）

师：从这张经济大数据上，我们可以看出，2017 年中国 GDP 前十位的城市中，南方城市就占了八席。说明什么？

生：我国现在的经济重心仍然在南方。

师：所以历史永远会给我们一种警示，一种启示。（幻灯片展示知古鉴今板块。）

5. 知古鉴今,梳理知识

师:那么宋代经济的发展给我们带来一些什么样的启示,什么样的经验,可以帮助我们国家更好地发展。

生 1:产品多元化,多发展国际贸易,创造更多新科技。

师:说得很好,请坐。

生 2:需要国家各方面的努力。

师:嗯,国家社会各行各业的集体努力。

生 3:增强农业的进步与发展。

师:因为我们是个农业大国,你考虑的很好,请坐。

生 4:发展新型高科技,并且发展交通工具,维护社会稳定。鼓励民营企业发展。

师:思考得比较全面,不错。还有补充的吗?

生 5:增加劳动力。

师:鼓励大家学习技术,增加一些有技术的劳动力。

(幻灯片展示答案,梳理知古鉴今的知识树。老师引导学生总结出关键性的两个方面:一是国泰民安,二是经济繁荣。)

(三) 渗透情感,升华主题

师小结:(边展示幻灯片边配乐总结。)如果说国泰民安是我国经济发展和中华民族伟大复兴的目标,那么经济的繁荣将是民族复兴的基础。从古代的四大发明,到今天"新四大发明"的出现,中华民族正在向着新的时代前进,迈向更大的进步,我们现在需要做的是为国家经济的繁荣而自豪。希望大家今天能够通过"一带一路"计划、G20杭州峰会和即将要在青岛举行的上合峰会,看到我们中华民族正走在伟大复兴之路上,更能体会到中华民族伟大复兴的重任在大家身上,希望今天的大家能够为中华的崛起而努力学习,因为你们赶上了一个好时代! 今天这节课上到这里,谢谢大家!

后附:

1. 练习题见第九课"同步新课堂"。

2. 赏析《清明上河图》的动画视频,写一篇简短的小论文,内容为在你眼中,宋代南方人的日常生活。结合所学知识,大胆发挥想象,约 200 字左右。(也可以续写王员外的小日子之后的故事。)

三、学生反响

(一) 本节课中你最大的收获是什么?

生 1：了解了宋代经济是如何发展的。

生 2：了解了宋朝各方面取得的成就。

生 3：知道了宋代是如何发展商业，让宋朝处于世界领先地位的。

生 4：了解到古代就有各种各样的高超技术。

生 5：感受到中国宋代经济的繁荣和我国科技的发达，文明的博大精深。

生 6：知道了如今我们该怎样将祖国建设发展得更加辉煌和向上。

生 7：认为我国现在如果效仿宋朝的经济措施，可以加速完成中华民族的伟大复兴。

生 8：知道了古代宋朝经济发展飞快，国家富裕。如今我们国家要富强需要做到鼓励对外交流，鼓励通商，努力创造让社会安定的有利条件。

生 9：明白了要为中国的发展努力，要为中华民族的富强而努力。

生 10：我们生在一个好时代，更要好好学习。

(其余学生答案类似以上内容。)

(二) 本节课中你印象最深的是什么?

生 1：宋代发达的造船业，世界领先。

生 2：高超的造船技术。

生 3：先进的指南针。

生 4：精美的丝织品。

生 5：五大名窑的瓷器种类丰富。

生 6：瓷器精美，尤其是景德镇的影青瓷美轮美奂。

生 7：宋代海外贸易的路线范围广。

生 8：航海会经过那么多国家。

生 9：如何使货币方便使用。

生 10：水稻的种植技术。

生 11：通过《耕获图》，感到宋朝人真聪明。

生 12："最不争气的朝代"——宋，经济居然会如此繁荣！

（其余学生答案类似以上内容。）

（三）本节课中你还没有完全把握或还有疑问的是哪一部分？

生 1：宋代商人如何与他国人交流？

生 2：谚语"苏湖熟，天下足"中有没有蕴含深奥的故事？

生 3：当时南方社会真的无战吗？

（其余学生答案为无。）

（四）学完本课后你还想了解的是什么？

生 1：南方的民族交融。

生 2：《清明上河图》动画版想再看看。

生 3：宋代最大的船造了多久？

生 4：宋代人的主食、小吃有哪些？

生 5：宋代还有哪些东西领先世界？

生 6：交子、会子后来也分 1、5、10、50、100 元吗？

生 7：还想了解中国其他朝代经济的发展。

生 8：还想详细了解关于宋朝南方人的生活方式。

（其余学生答案类似以上内容。）

四、同伴声音

朱丽莎(本校教师)：这节课能够注重学生主体性的发挥，从提问到练习，都能把"以学生为本"的教学理念贯穿课堂始终。采用小组合作学习，重视引导、启发学生，充分调动学生自主、合作、探究地学习，实现了学生学习方式的转变。提两点个人的建议：一是课件可以再进一步精简，教材中有的图片和材料可以不用幻灯片展示；二是小组讨论过程中，有小部分同学参与度不够，应考虑到个体差异，能够让更多的学生投入到小组学习中。

陈晓宁（本校教师）：课堂教学设计新颖，以一个小人物的小日子为切入点展开，结合"内外迁移教学法"，既实现了教材中基础知识之间横向的"内迁移"，又能够做到与青岛地方历史遗迹以及当下的时政要闻之间的"外迁移"。特别是最后的情感升华环节，能感受到学生内心的触动和共鸣。总而言之，我觉得这些是这节课的几个亮点。另外谈几个值得商榷的问题：一是"授之以鱼，不如授之以渔"，是否可以利用导学案，多锻炼学生课前自学能力；二是练习题的处理再完善一些，能够提升课堂效果；三是部分内容可以放手给学生，结合《清明上河图》，指导学生演绎一段小买卖的场景或课本剧，可以使课堂呈现更多样化。

五、教师反思

本课内容多，知识点繁杂，面对七年级的零零后学生，我遇到的第一个难题是，日常生活中他们很少有意识地去学习积累关于宋代社会经济发展和社会生活方面的知识。虽然他们偶尔有可能借助于文艺作品、影视作品、纪录片等接触和了解部分的内容，但那也是零散的、即时的，是不系统和随意获得的，仅仅一鳞片爪，对于本课的学习无济于事。备课期间，我感觉以此为基础的学习过程使学生缺乏鲜活的情感体验，如水过沙，难以让他们留下深刻的记忆。怎样解决这一难题呢？如何让学生能够整体感知那个时代经济的繁荣？如何让学生能够感受到历史其实也可如此贴近生活？如何让学生能认识到读史可以明志，知古方能鉴今呢？

我经过不断地集备、反思和调整，最终找到一个切入点：一个时代的经济和个人的生活休戚相关。我决定在课堂创设一个历史情境，以穿越者的角度回到两宋时期，以一个小人物的日常生活为背景，再设计几个结构合理、具体的生活场景，激发学生的兴趣，让他们去体验宋代经济的繁荣，去考证南宋完成经济重心南移的正确性，去反思给予我们现代人的启示，去全身心地感悟历史，从而达到知古鉴今的学习目的。

确定了切入点，课堂导入自然也要一脉相承。设计"如果让你在宋朝和唐朝之间做选择,你愿意生活在哪个朝代?"这一问题,进行现场小调查。统计之后,学生会产生"为什么一些同学,甚至是一些历史学家和文学家与我的选择不一样?"这样的疑问,于是他们带着生成的问题期待进入到课堂学习中,主动去探究这个"史上最不争气"的朝代究竟有什么样的吸引力。学生的学习热情一旦被点燃,就为营造良好的课堂教学氛围奠定了基础。

在课堂教学过程中,只有历史情境和教学氛围是不够的。如何保持学生主观学习的热情,是实现课堂教学有效性的关键,也是我备课中遇到的又一个难题。这时课堂中学生的正确定位显得格外重要,经过与集备组老师的反复讨论与思考,我们确定赋予学生一个答疑解惑、出谋划策的角色是最合适的,这使他们既可以作为参与者融入其中,感悟历史,又能够作为观察者理性分析、探究历史。从教学效果来看,教学内容学生容易被吸引,教学方式学生容易接受,同时我认为学生能够感觉到"历史即在眼前,我即在历史之中",深入"历史情境",锻炼了他们的学习思维和分析能力,教学效果还是比较明显的。

秉持历史课堂以学生为本,教师作为指导者、合作者和助手的角色,与学生共同经历知识探究的过程的教学理念,在这节课中,我所做的主要是两点:一是呈现不同时期、不同行业的经济发展地图和相关视频资料,以及利用《清明上河图》的动画资料展示、复原宋代经济的繁荣,最大化满足本课让学生全面认识宋代经济发展的需要;二是对部分知识点,如造船业和市舶司等内容,进行了相关历史知识的拓展与迁移。如为突出造船业技术的高超,补充讲解材料《宣和奉使高丽图经》中有关"宋代神舟"的知识,并用楼房教室做比例尺,使学生深受震撼;讲市舶司时,将知识进行迁移,补充介绍我们青岛作为宋代北方唯一的市舶司所在地的乡土史资料,学生颇为自豪。

比较遗憾的是我的时间掌控不是太好,在学生发言和补充一些学生感兴趣的资料时,要把握好时间。《清明上河图》动画版未能播放完整,略显不足。

六、专家点评

点评专家:陆安,特级、正高级教师,青岛市教育科学研究员

部编本新教材的使用对历史课堂教学提出了新的挑战。能否与时俱进,接受并运用新课程改革的理念,是衡量一堂课高质量与否的重要标准。如果仍一味沿用传统的教学模式、教学理念,必然会被淘汰。方元老师的这节课,教学过程中体现出很强的新课改理念:目中有人(学生),手中有法,树立学生的主体地位,让每一个学生都参与到课堂教学中来,引导学生积极主动地提高自身的人文素养。突出的亮点有:

1. 提升教学立意,培养学生的史学素养,实现学科育人价值

本节课教师在实现原有课标要求的基础上,将教学立意进一步提升。围绕"国泰民安是民族复兴的目标,经济繁荣是民族复兴的基础"这一核心立意,重新组织、整合教学资源。通过设计"揭秘农业——何以数郡忘饥""揭秘手工业——何以独步天下""揭秘商业——何以冠名中外"三个教学环节,能够引领学生客观论述宋朝南方经济发展和经济重心南移过程中出现的各种历史现象,有理有据地表达自己的看法,学会从历史表象中发现问题,对历史史实之间的因果关系做出解释,也能够逐步培养学生的史学素养,进而实现学习历史,以古鉴今的学科育人价值,从而提升历史教学的有效性。

2. 创设教学情境,营造充满人文气息的课堂教学氛围

在本节课教学过程中,教师有目的地"创设一个情境,搭建一个舞台",以"一个小人物的小日子"为主线,将教材内容设计为几个生活场景,并设计了符合学生年龄认知特征的角色,创造性地搭建开展师生之间交流的舞台,将历史课本中蕴含的育人素材"无痕"地通过课堂教学活动进行渗透,为学生提供良好的暗示和启迪,引发学生一定的态度体验和深入的思考,从而帮助学生理解教材,锻炼学生创造性思维,培养学生的适应能力。这种设计也是本课的亮点所在。

【教者简介】

方元,青岛第五十中学历史教师,青岛市北区首批初中历史名师工作室主持人。他参加了国家级教育课题"青岛乡土史的研究",参与编写了德育教材《穿越时空的对话》,崇尚极富广度、深度的"内外迁移"动态历史课堂,参与了市级课题"青岛历史文化名人研究""青岛历史文化名人访谈汇编",多次承担市区两级公开课和开放课,撰写论文十几篇,其中《对情感教育在协调学生个性发展与共性教育中的认识与举措》一文获得国家级论文评选一等奖。

课例 7　明朝的对外关系

执教：罗红伟

一、教学预设

(一)课标要求：了解郑和下西洋的航海壮举；知道戚继光的抗倭斗争。

(二)学情分析

无锡市天一实验学校是无锡市排名前列的公办学校，生源较好，学生有较好的基础和一定的思维能力。本次执教的初一(9)班学生活泼好动、思维发散，但刚学习历史不久，虽有一定兴趣但学习不够持久，基本的历史学习方法和历史技能还没有学会。他们对一些专有概念理解不清，对史料解读缺少方法和深度，对历史人物和历史事件缺少情感上的体验和共鸣。所以，教师在进行本课教学设计时，一方面从学生的作品导入，激发学生兴趣，另一方面通过设计学生分组体验活动，让学生在活动中感悟、理解历史事件的伟大和历史人物的品质。

(三)教学目标

1. 知识与能力

(1)了解并掌握郑和下西洋的条件、目的、时间和盛况，分析理解郑和下西洋的历史意义。培养学生的识图能力，观察、分析图片及史料的能力。

(2)了解戚继光抗倭的事迹，正确认识戚继光抗倭在中华民族反侵略斗争中的重要地位。引导学生综合评价戚继光为民族英雄，以提高学生评价历史人物的能力。

2. 过程与方法

(1)通过在地图上指、描或演示郑和下西洋的路线，使学生形成历史的时空概念，培养他们的观察能力、识图能力和历史想象能力。

(2)指导学生收集郑和、戚继光的相关资料，使学生学会从教科书或教科书以外的地方获取信息，学会搜集和运用有效信息进行思考和自主探究学习，学会正确分析和评价历史人物。

3. 情感态度和价值观

（1）郑和是我国乃至世界历史上的伟大航海家，郑和下西洋也是世界航海史上的壮举，他的远航增进了我国同亚非各国的交流，这些史实增加了学生的民族自信心和自豪感。

（2）通过学习戚继光抗倭的事迹，学生初步树立对国家、民族的历史责任感和历史使命感，培养了爱国主义情感，感受到中国人民反抗侵略的英勇斗争精神。

（四）教学重点

郑和下西洋的史实和戚继光抗倭的事迹。

（五）教学难点

郑和能成功实现远航西洋的条件、意义。

（六）教学方法

本课使用的教学方法有讲述法、讨论法、阅读指导法、图示分析法等。

（七）课前准备

学生搜集明朝对外关系的资料并加以整理，教师制作多媒体课件。

（八）课时安排

1课时。

二、课堂实录

（时间：2017年5月31日　授课地点：无锡市天一实验学校　班级：初一（9）班）

（一）展示学生作品，导入新课

师：同学们，在刚刚结束的校园科技节活动中，我们初一年级各班积极参加了手绘历史地图的比赛，其中出现了一批优秀的作品，充分体现了同学们的聪明才智和创造能力。

（PPT 呈现学生优秀作品。学生注意力集中到课堂学习中。）

师：今天，老师还特意带了其中一份作品，大家看看，它描绘的是哪一历史事件？

（出示学生手绘历史地图《郑和下西洋》。）

生：郑和下西洋。

师：对，郑和下西洋是我国明朝时期对外交往的盛举，也在世界航海史上留下了重要的贡献。今天，我们一起来学习第 15 课《明朝的对外关系》，进一步认识"郑和下西洋"这一重大事件。

（PPT 呈现海洋航行图片，同时出示课题"明朝的对外关系"。学生打开书本。）

（二）合作探究，学习新知

师：首先，我们来理解对外关系。对外关系是主权国家之间的关系，是国与国之间的往来，是国家对外政策的表现和明显结果。因此，明朝的对外关系是和明朝的对外政策相关的。我们来看《元朝疆域图》和《明朝疆域图》，大家会发现，明太祖时期，蒙古北元政权仍对明朝构成威胁，所以二者互不交往。明朝对外交往的方向不是北方，而是南方和海外。所以明朝初期，明太祖制定了基本的对外政策，主要是对海外国家推行睦邻友好、积极开放的政策，来彰显明朝的威望。

（PPT 呈现《元朝疆域图》《明朝疆域图》。）

师：明成祖时期，对外政策更加开放，派遣郑和出使西洋，开创了明朝对外交往的盛世局面，而且开通了西太平洋和印度洋之间的亚非海上交通线，为人类的航海事业作出了伟大贡献，正所谓"友好交往显国威"。

（播放纪录片《郑和下西洋》的片段，进入第一篇章"友好交往显国威"的学习。）

（通过纪录片，让学生对郑和下西洋有初步印象，得出最初的感悟。）

师：看完之后，你会用怎样的词语来形容呢？

生1：郑和下西洋这一壮举气势磅礴,显示出国家的强大。

生2：规模空前,在世界航海史上是超前的、先进的。

师：很好,伟大、先进等词语形容这一壮举都毫不为过。接下来,我们就一起具体了解这一远洋航行。

(PPT呈现《郑和下西洋航行图》。)

师：我们结合航行图,从地理位置上来认识西洋以及郑和航行的路线,途径的地区。

(利用动画直观地演示郑和下西洋的航行图,学生获得初步的地理认知。)

师：好的,请一位同学来整理一下郑和下西洋的时间、次数、支持皇帝、出发地点、到达地区、最远到达地方,然后填写表格。

(完成表格,帮助学生系统梳理郑和下西洋的基本知识点。)

生：1405—1433年、七次、明成祖、刘家港、亚非30多个国家和地区、非洲东海岸和红海沿岸。

师：很好,那么郑和下西洋在世界航海史上处于什么地位呢?

(PPT呈现三大航海家航海活动比较表,学生观看并思考。)

师：先来看表格中的数据,从数据的比较中可以得出什么?

生1：郑和下西洋规模更大,时间更长。

生2：郑和下西洋时间更早,人数更多,造船技术更先进。

师：是的,这些同时体现了当时国力的强盛。如果说哥伦布发现了美洲大陆、达伽马找到了通往东方的新航线是世界航海史上的重大突破,那么郑和的远航活动在人类航海史上有何重大意义呢?

(学生思考,老师引导学生思考角度。)

生1：开创了西太平洋与印度洋之间的亚非海上交通线。

师：郑和下西洋为人类航海事业作出了伟大贡献,要完成如此伟大的壮举,需要哪些条件呢? 当时具备这样的条件吗? 请同学们阅读材料并思考。

(PPT呈现材料:

材料一：史书记载明太祖时"仓廪充积,天下太平"。当时明朝经济世界第一,白银占有量世界第一。

材料二：明初造船技术和船只生产量,都居于当时世界各国的前列。

材料三：明人《顺风相送》中已有"定三针方法""定四针方法"。几个指南针一起运用来确定航向。

材料四：郑和懂兵法,有谋略,英勇善战,具有军事指挥才能;具有一定航海、造船知识;熟悉伊斯兰教地区习俗。)

生 1：材料一反映了明朝国力的强盛。

生 2：材料二说明明朝造船技术高超。

生 3：材料三说明当时科技发达。

(教师补充：航海技术先进,指南针的使用。)

生 4：材料四反映了郑和的英勇善战。

(教师补充：郑和个人杰出的才能和知识的渊博。)

师：如果说仅仅具备条件,是不是一定能完成如此伟大的航行呢?

(学生摇头,低头私语。)

师：不确定,面对茫茫大海,进行史无前例的航行,必然会遇到很多困难。会遇到哪些问题? 如何才能远航成功? 下面,请同学们分组进行模拟远航。

(PPT 呈现分组要求：

第 1 组,远航前需要做好哪些准备? 有何用途?

第 2 组,远航中会遇到哪些困难? 如何应对?

第 3 组,远航到达目的地后有哪些活动? 是何用意?

第 4 组,进行补充和纠正。

各组充分讨论,选出发言人、记录人等。讨论 2 分钟。)

(学生分组讨论热烈,教师行走其间,不断指点。)

生 1：远航前需要准备好充足的粮食、专业人才(翻译、医生、厨师等)、礼品、特产等。

师：远航前的准备充分了吗? 我们来看看第 2 组同学,在远航中还会遇到哪些困难?

生 1：迷失方向(需要指南针),船队需要整体合作、统一指挥(需要旗、灯等统一信号)。

生 2：（补充）遇到海盗（需要士兵、阵型排列等）。

生 3：（补充）海啸等自然灾害，水土不服。

师：远航中会遇到很多困难，有些可以预判，提前准备，而有一些需要郑和团队的临时应变，请举例说明。历尽千辛万苦，终于到达了目的地，来看看第 3 小组的一系列活动和他们的意图。

生 1：交换礼品，传播文化和思想，互通有无，建立友好关系，展现大国风度。

生 2：（补充）换取一些有用物品。

生 3：（补充）提供友好帮助，展现大国风采。

师：通过模拟航行，我们真实感受到了远洋航行的艰辛和危险。7 次航行，前后 28 年，作为远洋航行总指挥官的郑和具备哪些优秀的品质？特别请亲历过困难的第 2 小组同学回答。

生 1：坚强、不畏困难。

生 2：坚持不懈。

生 3：灵活应对、开拓创新。

师：百折不挠、吃苦耐劳、勇于开拓、自强不息、不畏艰辛的探索精神，团结合作、开放交流、和平宽容、睦邻友好、敢于牺牲……

师：从到达目的地的活动，可以看出郑和下西洋的目的是什么？请组织活动的第 3 小组同学结合所给材料回答。

（PPT 呈现材料：

材料一：成祖疑惠帝（建文帝）亡海外，欲踪迹之。成祖欲耀兵异域，示中国富强。

——《明史·郑和传》

材料二："皇上……，命和等统率官校旗军数万人，乘巨舶百余艘，赍币往赍之，所以宣德化而柔远人也。"（译文）皇帝派遣郑和率领庞大舟师运载大量礼物回赠他们，是为了宣扬我们中国的道德文化，与他们建立和平友好关系。

——福建长乐《天妃灵应之记》碑）

生 1：建立友好关系，宣扬国威。

生 2：寻找建文帝的下落。

师：郑和下西洋的壮举给世界其他地区带来了怎样的影响呢？根据邮票、图片内容说出郑和下西洋的历史意义。

（PPT 呈现三张郑和下西洋纪念邮票、三宝庙、古渤泥国、苏禄国国王墓。）

师：增进了中国与亚非国家和地区的相互了解和友好往来。

师：但是郑和下西洋以政治目的为主，厚往薄来，经济效益低下，国库开销过大，难以持久。明朝中后期，由于国力衰退，无力进行大规模远航，对外以私人贸易为主，也使中国错过了世界近代化的进程。

（PPT 呈现材料：

材料一：郑和船队载着优质丝绸、精美瓷器、上等茶叶，以及大量金银货币，很多时候是用于慷慨送礼。

——人教版《中国历史》（七年级下）

材料二：郑和下西洋，费钱银十数万，军民死者万计，纵得奇宝而归，与国家何益。郑和之后，再无下西洋了。

——《明史·郑和传》

师：明朝中后期，地理大发现之后的世界发生了巨大的变化。一方面，以葡萄牙为代表的西欧国家出于追求财富和传播宗教的目的，在地理大发现的推动下来到了东亚，寻找殖民点；另一方面，亚洲的日本国内动荡，很多失去军职的武士成为海盗，不断到中国沿海地区进行走私贸易和武装抢夺，因此倭寇成患。此时的中国，明朝中期"土木堡之变"后，国势便开始由盛转衰，明后期由于政治腐败和天灾人祸致使国力衰退。自明武宗以来，明朝皇帝多昏聩，不理朝政。在长期的和平环境下，中国的水师及沿海卫所官兵士气涣散，各级官吏贪污腐败，明军保卫海防的战斗力逐渐弱化。在这种时代背景下，明朝对外关系呈现出什么新的特点？

（PPT 呈现《坤舆万国全图》，明朝中后期的时代背景。）

师：这一时期，明朝的对外关系发生了转变——在努力发展对外友好关系，促进经济文化交流的同时，积极组织反抗外来侵略的斗争。"戚继光抗倭"就是其中的典型。现在我们进入第二篇章"保家卫国海波平"的学习。

师：中国古代称日本为倭国。元末明初，日本的一些武士和奸商，组成海盗武装集团，到中国东南沿海地区进行走私贸易和抢劫，被时人称为"倭寇"。明朝中期，随着日本国内社会动荡加剧，特别是由于明朝国力减弱，海防松弛（倭患形成原因），导致倭寇与中国海盗、奸商等相互勾结,对中国沿海进行的武装抢劫日益猖獗。他们杀居民,劫财货,无恶不作,沿海各地遭到重大破坏,时称"倭患"。

(PPT 呈现《倭寇图》《倭寇图卷》《倭寇入侵示意图》等。)

师:在东南倭寇最猖獗的时候,戚继光临危受命。为了击退倭寇,戚继光做了哪些准备?

(PPT 呈现材料:继光至浙时,见卫所军不习战,而金华、义乌俗称剽悍,请召募三千人,教以击刺法,长短兵迭用,由是继光一军特精。又以南方多薮泽,不利驰逐,乃因地形制阵法,审步伐便利,一切战舰、火器、兵械,精求而更置之。"戚家军"名闻天下。——《明史·戚继光传》)

生:准备兵力和武器。

师:这支军队就是日后令倭寇闻风丧胆的"戚家军"。这支军队是如何打造的呢?

(PPT 呈现《戚继光军事著作图》《鸳鸯阵图》。)

师:戚继光严格训练,针对倭寇的作战特点和江南的地理情况,创造了"鸳鸯阵",战斗力大为增强。戚继光为了鼓舞士气,还写了军歌《凯歌》,让我们一起朗读。

(PPT 呈现:万人一心兮泰山可撼,惟忠与义兮气冲斗牛。主将亲我兮胜如父母,干犯军法兮身不自由。号令明兮赏罚信,赴水火兮敢迟留?上报天子兮下救黔首,杀尽倭奴兮觅个封侯。——《戚少保年谱耆(qí)编》。)教师带头朗读。

师:这首军歌彰显了万众一心,忠肝义胆的精神,宣示戚继光的治军原则——主将爱兵,军法森严,号令分明,赏罚必信等,表达了他保国救民,建功立业,杀尽倭寇的坚定决心。

师:戚继光带领戚家军迅速投入抗倭战场,取得台州九战九捷,肃清了浙江、福建、广东地区的倭寇,使东南沿海的倭患基本解除,抗倭取得胜利。

(PPT 呈现《戚家军抗倭形势动态图》。)

师:回顾整个过程,请试着从"人心向背""军队""策略""戚继光的个人指挥"等方面分析抗倭成功的原因。

师生一起总结:是反侵略正义战争,得到人民的支持;纪律严明,战斗英勇,同时军民配合,同仇敌忾;运用正确的战略战术;有高超的军事指挥才能。

师:戚继光为民族、国家立下汗马功劳,也受到了朝廷的嘉奖。此时他却说了"封侯非我意,但愿海波平"这句话,体现了他怎样的品质?

生(合):一心为国、淡泊名利等。

师:戚继光领导的抗倭战争是一场反侵略的战争。戚继光是我国历史上一位伟大的民族英雄和爱国主义者。这场战争反映出我国人民在面对外来侵略时,捍卫国家主权完整的决心。

(三) 课堂小结

师:下面我们一起回顾一下我们今天的内容。

(PPT 呈现本课小结示意图,师生一起回顾知识点,理清线索。)

(四) 古今联系,思考探究

师:在郑和下西洋 600 多年后,2013 年的印尼国会上,习近平主席提出了建设"21 世纪海上丝绸之路"的伟大战略,在这片海洋上谱写出了新的篇章。结合材料,说说郑和下西洋和当今中国提出的"21 世纪海上丝绸之路"的相似之处。

(PPT 呈现材料:

材料一:《郑和下西洋图》《21 世纪海上丝绸之路图》。

材料二:2015 年 7 月,在由中国郑和研究会主办的"和平、交流、发展——郑和与 21 世纪海上丝绸之路"论坛上,与会专家指出:郑和下西洋展示了明朝前期中国国力的强盛,中国的海军纵横大洋,实现了万国朝贡,盛世追迹汉唐;加强了中国明朝政府与海外各国的联系,向海外诸国传播了先进的中华文明,加强了东西方文明间的交流;这是中国古代史上最后一件世界性的盛举。

材料三:郑和下西洋"和平友好、彼此尊重"的和谐理念、"互联互通、互利互惠"的合作理念、"重视海洋、经略海洋"的海洋理念,为"21 世纪海上丝绸之路"战略构想提供了重要基础。打造 21 世纪海上丝绸之路,是把沿线国家和地区串联起来,搭建战略平台,携手重现海上丝绸之路的繁荣,促进沿线国家的经济发展与共同富强。打造 21 世纪海上丝绸之路,不仅保证了中国的国际战略安全,也能让沿线国家和中国互惠互利共赢。)

(学生阅读材料,思考问题。)

师：从航线、到达的范围、主要活动、意义等方面思考。

生：线路大致相同，展示中华文明、加强经济文化交流。

师："21 世纪海上丝绸之路"战略较郑和下西洋有哪些重大发展？

生：提倡"互联互通，互利互惠"的合作理念，让更多国家共赢。

师：构建一个全面合作的战略平台，促进沿线国家经济发展，维护国家安全，实现互惠互利、合作共赢等。更开放、更广泛、更持续，更能促进各国的和平友好交流与共同发展。

师：同学们，今天中国将继续高举和平、发展、合作、共赢的旗帜，坚定不移地致力于维护世界和平、促进共同发展。在国际关系中弘扬平等互信、包容互鉴、合作共赢的精神，共同维护国际公平正义。这就是我们今天的对外政策以及它所体现的对外关系。

（紧密联系现实问题，进行知识的深化，情感的升华，主题的回应。）

三、学生反响

学生问卷调查（51 人）

（一）本节课中你最大的收获是什么？

知道了郑和下西洋和戚继光抗倭（23 人）；

了解了明朝的强盛和郑和下西洋的伟大（22 人）；

明朝的对外关系、戚继光抗倭、对外关系等其他答案（6 人）。

（二）本节课中你印象最深的是什么？

郑和下西洋（38 人）；

戚继光抗倭（10 人）；

戚继光、郑和的品质高尚，明朝的国力强盛，郑和下西洋和戚继光抗倭（3 人）。

（三）本节课中你还没有完全把握或还有疑问的是哪一部分？

无（34 人）；

戚继光抗倭过程（8 人）；

郑和下西洋过程（6 人）；

葡萄牙对中国的侵略（3 人）。

（四）学完本课后你还想了解的是什么？

郑和下西洋遇到的具体的困难，郑和的个人资料（12 人）；

戚继光抗倭的具体战术、战役（16 人）；

无（12 人）；

葡萄牙对中国的侵略（3 人）；

明朝的经济实力、军事实力，建文帝下落（8 人）。

（五）对本课的教学过程，你还有什么好的建议？

无（44 人）；

多看点纪录片、视频，多讲点史料、人物故事（7 人）。

四、同伴声音

沈云鹰（本校教师）：罗老师在课堂教学中以学生为主，注重学生学习能力的培养和情境的体验，像"分组模拟远航"这一教学设计为学生创设情境，有利于学生获得真实的体验。他在教学中注重史论结合，论从史出。本节课中，给学生提供了大量的史料，引导学生在阅读史料的基础上，进行归纳总结，解决提出的问题，提高了学生解决问题的能力。在思考探究的第三篇章"大国外交展新篇"中，能联系习近平"一带一路"发展战略中的"21 世纪海上丝绸之路"战略构想，将历史史实和当代时事热点结合起来，开阔了学生眼界，拓展了学生视野，符合新课程的理念。略有不足的是，教学内容安排和时间分布需要更合理。本节课前半部分"郑和下西洋"环节，内容可适当精简，因为用时比较多;后半部分"戚继光抗倭"和"大国外交展新篇"的拓展探究,由于时间不足,学生的思考和讨论不够充分。

王凤平(本校教师):本节课最大的特点是能做到论从史出,提高学生分析问题、解决问题的能力。老师展示学生手绘地图作品的导入方式,也是比较独特和新颖的。在本课的教学设计上,既然是围绕"对外关系",设计"友好交往显国威""保家卫国海波平""大国外交展新篇"三篇章教学,建议把第三篇章提前,课堂小结放在最后环节,这样更符合教学设计和流程。

五、教师反思

本节课是校内一节公开课,在准备这节课的时候,我一直在思考这节课除了要让学生知道教材中明朝外交的两个重要事件,还能够、还必须给学生什么? 我依据班级学生的基础和能力,抓住"对外关系"的变化,给他们讲从明朝初期对外友好交往、积极开放的政策到面对外敌入侵,收缩防御的政策,实质就是明朝国力的变化。再从郑和下西洋的路线延伸至"21世纪海上丝绸之路",体现现代中国的外交政策和和平、发展、合作、共赢的外交理念。这样的设计,体现了历史的深度和广度,有很强的历史比较、迁移和拓展要求,对学生历史思维能力的要求比较高,可能在一般的学校很难有效实施。

本课在教学设计上着力于对教材进行重整梳理,在教学过程中,提供大量丰富史料,帮助学生解读史料,培养"时空观念""史料实证""历史解释"和"家国情怀"的核心素养。在活动过程中,通过作品展示、模拟远航,激发学生兴趣,使他们在情境体验中获取知识并得到体悟。

从学生反响来看,"郑和下西洋"这一历史事件给学生留下的印象最深,这应该与教师的多种教学手段和重点突破相关,特别是让学生模拟航海的自主探究活动,让学生获得了更多的体验和感悟。而在"葡萄牙对中国澳门的入侵""戚继光抗倭过程"部分,由于教学时间较短,教学手段单一(以教师讲解为主),导致学生存在疑问较多且印象不深。因此,建议教师在课堂教学时,必须真正调动和发挥学生的主动性,让学生成为课堂的主人,这样的历史课才是有趣和有效的。调查还发现,学生希望教师在教学过程中补充更多教材中没有的历史细节、史料知识。对于初中阶段的学生,学习历史的兴趣很重要,他们兴趣的来源更多是历史人物趣事、历史故事等,为此建议教师在课堂上要利用丰富的历史资源来充分调动、满足学生的历史学习兴趣。

从课堂实际教学效果来看,重点知识"郑和下西洋的史实和戚继光抗倭的事迹"基本掌握,难点知识"郑和能成功实现远航西洋的条件、意义"基本突破,对于拓展延伸的"国家对外关系"有了一定的认识,所以本节课教学目标基本实现。但也存在不少遗憾。

1. 抓住重难点,不求面面俱到

在本课的教学活动中,抓住了"郑和下西洋"和"戚继光抗倭"这两个重难点,并进行了重点讲解和突破。但是在突破重难点的时候,太过追求面面俱到,甚至出现了知识点讲解的重复。如在讲解"郑和下西洋"目的的时候,其实在"模拟远航"环节第三组问题"远航的活动是何用意?"中就已经触及,学生也能基本掌握主要目的。但此后还是另设了"提问郑和下西洋目的"的环节,只是为了补充"寻找建文帝"这一次要目的,这其实是一种重复和无效的提问。其实,在进行教学设计时,问题的设置需要合理分配,对于历史知识点教师应该依据课标和学情做出必要的删选,有效的扬弃。

2. 设计要新颖,但更要科学合理

本课的整体设计,以"对外关系"为核心,设计三个篇章去学习,有重点、有层次、有拓展。但总体的教学活动,表现出头重脚轻,时间分布不合理的缺点。本节课前半部分"郑和下西洋"环节,用时比较多,内容可适当精简;后半部分"戚继光抗倭"和"大国外交展新篇"的拓展探究,由于时间的不足,学生的思考和讨论不够充分。而且,三个篇章并不是紧密联系的,课堂小结环节把第三篇章割裂开来了。这样的话,其实第三篇章就不能和前面形成整体,而只是一个拓展探究内容。所以,为了体现设计的整体性、逻辑性,应将课堂小结放在最后,这样才更符合教学设计和流程。

3. 史料要丰实,但更要依据学生特点

本课提供了大量的史料,有视频、地图、人像、文字等,设计意图有三点：一是调动学生的学习兴趣;二是培养学生的"史料实证"意识和"论从史出"的历史思维;三是培养学生的"历史解释"的学科素养。从教学效果看,其中视频、地图、人像和部分文字(军歌)等确实能够调动学生的兴趣,效果比较好。但学生"史料实证"和"历史解释"的学科素养,并不是这一节课通过大量史料就能提高的,这是一个逐步提升的过程。特别是初中阶段的学生,还不具备大量、深入解读史料的能力,而更多需要教师的讲解和引导。所以,本节课大量的史料设置,反而会让学生失去解读的兴趣,也会增加大量的讲解时间,导致各个环节时间的分配不均。建议本课以及初中阶段的授课,在史料的选择上,一定要根据学生的理解能力以及教学的整体来设计,注重史料的科学性和史料解读的可行性。教师可以在不同的年级,设置不同史料解读的要求,以此逐步提升学生"历史解释"的能力。

六、专家点评

点评专家：许伟,无锡市历史教研员,特级教师

(一) 符合学生认知、心理特点

初中阶段学生最大的特点是好奇、求知欲望浓厚,喜欢生动鲜活的历史。教师通过同伴作品展示、郑和远航视频、分组模拟远航以及郑和、戚继光的人物故事讲述等,很快调动学生兴趣,学生在课堂上也表现出了浓厚的兴趣和热情,参与性高,思维拓展强。

(二) 教学设计巧妙,思路清晰

本课设计从"对外关系"的阐释,到明朝对外关系的具体表现,再拓展延伸到当今中国的对外关系。教学设计由浅入深,重点突出,层层推进,水到渠成。

(三) 历史学科素养培育凸显

1. 时空观念素养

历史学科知识是建构在历史时空的基础上的,历史学习要将各要素放在由时间、空间组成的坐标轴中,寻找历史发展的线索与规律,由于学生的认知水平有限、历史知识结构尚未建立,在学习过程中常会出现对史实张冠李戴、混淆不清的现象。在本课的学习中,教师通过呈现元朝及明朝的疆域图、《郑和下西洋航行图》《坤舆万国全图》《倭寇入侵示意图》等帮助学生确定具体空间位置,寻找空间上的关联性,并在此基础上将复杂的空间变化予以简化,以此加深学生对历史时空的认知,也有助于调动学生积极性,突破本课重难点知识。

2. 史料实证素养

史料实证意识是获取史学知识、提高历史思维能力和形成价值观不可或缺的要素,也是历史学科的基本素养。学生史料实证素养的培养主要依靠课堂教学,教师在本课的教学设计中,一方面充分利用教材中呈现的史料、地图,像《郑和下西洋航行图》《倭寇入侵示意图》,来对历史人物进行叙述,用好教材这一最重要的史料,另一方面,对教材中呈现的结论,进行史料补充、分析,做到史论结合,以培养学生论从史出的证据意识。

3. 家国情怀素养

家国情怀素养是学习探究历史应具有的社会责任与人文追求。对历史的事实判断与价值判断的辩证统一,是从人文研究的真、善、美追求中凝练出来的价值取向。初一年级的学生从心理发展特点来看,更需要加强情感教育和价值观培养。本课在教学设计中通过视频欣赏、模拟远航、表格比较、人物叙述、军歌朗诵等,培养学生正确的历史观,增强学生的民族自信心和自豪感,初步树立他们对国家、民族的历史责任感和历史使命感。

【教者简介】

罗红伟,毕业于南京师范大学历史教育系,中学一级教师,现任无锡市天一实验学校校办副主任,锡山区历史教学能手。她先后荣获"2014 年无锡市初中历史基本功比赛"一等奖,"2013 年无锡市初中历史信息化教学能手比赛"二等奖,"2009 年无锡市初中历史说课比赛"二等奖;参编《初中历史学习内容疑难分析与解决》《学生发展核心素养视域下的课堂教学指南——初中历史》等书籍,发表论文十余篇,参与研究无锡市"十一五"课题并顺利结题;2015 年,在《江苏省教学新时空·名师课堂(中学历史)》中,主讲《三国鼎立》一课。

第4章　中国近代史教学名师课例

课例8　中国工农红军长征

执教：胡秀丰

一、教学预设

（一）课标要求

讲述中国工农红军长征的故事，体会红军的革命英雄主义精神。知道遵义会议，认识其在中国革命史上的地位。利用红军长征的资料，在地图上标出红军长征的路线。

（二）学情分析

本校是一所按学区划分招生的公办学校，这个班级是一个普通班，学生知识水平、认知水平参差不一，大多数学生很少有时间读课外书，所以对长征这一段历史知之甚少，基本上来源于语文课学的几篇与长征有关的故事和诗歌。因此布置了课前预习，希望能够帮助他们快速进入课堂，走进那段历史。

（三）教学目标

让学生了解长征的原因、经过和结果,体会长征的辛苦和不易,学习红军战士英勇顽强的革命乐观主义精神。

（四）重点难点

遵义会议和长征精神。

（五）教学方法

讲述法。

二、课堂实录

（时间： 2017 年 12 月 4 日　授课地点： 江苏省淮阴中学开明分校　班级： 初二（3）班）

（一）联系生活,导入新课

师：今天早上升旗的时候,有同学和我说,真不想起床,外面太冷了,升旗的时候还要在国旗下站很长时间,特别苦、特别累。大家觉得苦吗?

生：（纷纷发声）苦/不苦。

师：当生活中有一些苦的时候,我们应该想想这句话——苦不苦,想想红军长征两万五;累不累,想想革命老前辈。大家对长征这段历史熟不熟悉?

牛：（纷纷发声）熟悉/不熟悉。

师：为了更好地了解这段历史,我们今天一起来学习第 17 课《中国工农红军长征》。

（课件呈现红色背景页和"长征"二字。）

(二) 图文结合,重走长征路

师:我们首先来看一段视频。

(播放党史大事记视频《第五次"反围剿"失败,中央红军被迫长征》。)

(视频时长近2分钟,学生认真观看。)

师:请同学总结一下这段视频主要讲了一件什么事情。

生:红军战略转移的原因。

师:那能不能请你用一句话归纳一下红军战略转移的原因是什么呢?

(右黑板板书:一、原因)

生1:由于中共临时中央负责人博古和军事顾问李德等人在军事指挥上"左"的错误。

师:好,请坐。(请另一位学生。)你能不能用一句话归纳一下红军被迫进行战略转移的原因是什么?

生2:第五次反围剿失败。

师:很好,请坐。

(右黑板板书:第五次反围剿失败)

师:把刚刚两个同学的答案合起来就更加完整了,当时党中央犯了"左"的错误,导致第五次反围剿失败,我们损失惨重,面对这一危急情况不得不进行战略转移,也就是长征。

师:说到长征,我们在语文课上刚刚学过一首和它有关的《七律·长征》还记得吗?(生:记得。)我们一起来背诵一遍。

(学生齐背。)

(课件呈现:《七律·长征》毛泽东 红军不怕远征难,万水千山只等闲。五岭逶迤腾细浪,乌蒙磅礴走泥丸。金沙水拍云崖暖,大渡桥横铁索寒。更喜岷山千里雪,三军过后尽开颜。)

师:很好。我们再把这首诗的第一句重复一遍。

生:(齐答)红军不怕远征难。

(左黑板板书:红军不怕远征难)

师：根据这句话，我们能归纳出红军长征有什么特点？

生："远征"说明路途很长，"难"说明过程充满困难。

（左黑板板书：在"远"和"难"两个字后面画五角星）

师：很好，请坐！

（课件呈现长征地图。）

师：那么长征到底有多远，又有多难呢？这是长征的路线图，我们来看一看长征到底经过了哪些地方。大家在预习的过程中有没有注意到这个问题？请大家迅速标出这些重要地点，过一会儿我们要请同学来指一指这些地方，大家可以拿出笔和纸画一个简单的示意图。

（学生认真看书，拿笔圈画，约 30 秒。）

（教师点名提问。）

生：（根据课件地图回答。）首先从瑞金出发——冲破四道封锁线——渡过湘江——来到遵义——前往贵阳——北上渡过金沙江——强渡大渡河——飞夺泸定桥——过草地——突破天险腊子口——吴起镇会师——1936 年 10 月会宁会师。

师：很好，说了很多而且没有看书。有没有漏掉的？

生 1：大雪山。

生 2：四渡赤水。

……

师：差不多了。（结合课件地图。）也就是说红军长征从江西瑞金出发一直到陕北的吴起镇，转战了大半个中国，途径十一个省份，远不远？

生：远。

师：全长有多长？

生：两万五千里。

师：其实两万五千里在今天看来也不远，坐飞机很快就到了，但是当时的红军战士有没有飞机坐？（生：没有。）他们靠什么？

生：步行。

师：而且在前进的过程中是不是很轻松、安全、舒适？

生：不是，充满艰难。

师：究竟有多难，大家跟着老师一起重走一遍长征路。

（教师结合红军长征动态路线图进行讲解。）

师：1934 年 10 月，红军从江西瑞金出发，（动态路线图在瑞金位置出现"1934 年 10 月中央红军开始长征"。）向西通过敌人设置的四道封锁线，尤其是最后一道封锁线，它是什么江？

生：（结合路线图。）湘江。

师：通过湘江之后，中央红军由原来的八万多人锐减到三万多人，人员损失惨重。在这样的情况下，博古等人依然执意要求红军到湘西，与红二、红六军团汇合。但敌人已经知道了中共的意图，在前去湘西的路上布下了"口袋阵"，就等着中共去钻，如果我们真去的话很可能就会全军覆没了。在这一危急关头，毛泽东提出不能去湘西，应该去敌人力量比较薄弱的什么地方？

生：贵州。

师：他的提议得到中央多数同志的支持，所以接下来红军强渡什么江？

生：乌江。

师：进而到达贵州北部的重镇叫做？

生：遵义。

师：在遵义召开了著名的遵义会议。（动态路线图在遵义位置出现"遵义会议"四个字。）遵义会议是长征途中一个重要的转折点，也是整个中国革命的重要转折点。为什么这么说呢？我们一起来学习一下遵义会议。请大家在书本上找一找遵义会议召开的时间、地点。

生：（看书回答。）1935 年 1 月，遵义。

（课件呈现遵义会议召开的时间和地点，遵义会议会址图片。）

师：这是遵义会议的会址，如果我们去红色旅游区就可以去这里。那么遵义会议上到底做出了什么重大的决定，为什么它能够成为长征的转折点呢？请大家来填空。

（课件呈现遵义会议的部分内容，学生看书约 30 秒。）

生：集中全力纠正博古等人在军事上和组织上"左"的错误，肯定了毛泽东的正确军事主张。选举毛泽东为中央政治局常委，取消了博古、李德的军事最高指挥权。

师：请坐。这里有很多的人物，但是毛主席出现了几次？（生：两次。）"肯定了毛泽东的正确军事主张",说明我们在军事上做出了重大的改变。"选举毛泽东为中央政治局常委",说明我们在组织上也做出了重大的转变。既肯定了毛泽东的军事指挥,又肯定了他在组织上的领导地位。也就是说,这次会议其实是纠正了前面什么错误?

生:"左"的错误。

师:博古、李德等人在军事指挥上犯了"左"的错误,而当时党中央在组织上、领导上也犯了"左"的错误。所以说遵义会议实际上是一个纠正了错误的会议。经过这次纠正,遵义会议就起到了什么样的作用呢?

生:它成为中共历史上一个生死攸关的转折点。

师:这句话非常难理解。这个"转折"到底是什么到什么的转折? 请大家看意义部分,遵义会议有三个方面的转折,这三个方面的转折有哪些意义?

(学生看书,约 30 秒。)

生:首先,集中全力纠正博古等人在军事上和组织上"左"的错误,开始确立以毛泽东为代表的马克思主义的正确路线在中共中央的领导地位。

师:是不是仅仅纠正了军事上的错误呢?

生:还有领导和组织上的错误。

师:很好,这是一个转折,第二个转折是什么呢?

生:原来我们面临着国民党围剿,存在生死存亡的危险,在极其危急的时刻,遵义会议挽救了党,挽救了红军,挽救了革命。

师:(概述学生答案。)很好,第三点呢?

生:中共从幼年走向成熟。

师:能不能请你给老师解释一下以前的"幼年"表现在什么地方,现在的"成熟"又表现在什么地方呢?

生:"幼年"是我们在军事、组织上犯了"左"的错误。

师:"左"的错误是从哪里来的?

生:博古、李德等人的错误领导。

师:那为什么说现在"成熟"了呢?

生:肯定了毛泽东的领导地位。

师:毛泽东就是成熟吗?

生：以前我们依赖苏联、共产国际的帮助，现在有了自己的思想主张，取消了李德、博古等人的最高指挥权。

师：很好，中共建党以来总是依靠共产国际的帮助，而现在开始可以独立自主地解决自身问题，从幼年走向成熟。

师：遵义会议有三个重要的转折点，所以说它是中共历史上一个生死攸关的转折点。这之后我们逐步由失败走向胜利。我们继续看课件，遵义会议之后的第一个军事行动是什么？

生：四渡赤水。（动态路线图在赤水位置出现四道往返箭头。）

师：（结合地图分析为什么要四渡赤水。）在我们进驻遵义之后，蒋介石调集大部队四面八方包围遵义，想消灭这里的红军。毛泽东当机立断此地不宜久留，那去哪里呢？我们看这里有一个箭头（指地图），四川这里有张国焘率领的红四方面军，毛泽东决定渡过长江与红四方面军汇合。而此时国民党在长江沿岸布下重兵，所以当我们渡江的时候就遇到强大的川军，不得不一渡赤水。当我们到达川南之后，国民党军队也迅速集结川南，我们处境非常危险，而贵州国民党兵力相对空虚，所以毛泽东决定杀个回马枪开始二渡赤水。这给贵州的国民党军队以沉重的打击，蒋介石恼羞成怒，调集军队进攻遵义，于是毛泽东决定三渡赤水。这次渡过赤水河之后，毛泽东决定隐藏起来。当国民党军队围追到川南的时候，毛泽东就率领红军在敌人重兵围剿的缝隙，神不知鬼不觉地四渡赤水河，这次不去遵义，去了哪里？

生：贵阳。

师：因为贵阳兵力非常空虚，而且蒋介石就在贵阳作战。蒋介石见状一面准备逃跑，另一面要求云南军阀前来支援。就在云南军阀向贵州夜以继日地调兵的时候，毛泽东以迅雷不及掩耳之势率领红军直插云南。而此时云南的军队大部分已被调离，国民党无计可施，只有把金沙江的军队调来保护昆明。毛泽东抓住这一时机率领红军以日行百里的速度很快来到金沙江沿岸。金沙江附近虽然兵力空虚但是也没有船，那怎么渡河呢，有没有同学知道？

（学生小声议论。）

师：船被国民党军队调走了，只有北岸有几艘小船。当时国民党的探子将小船划过来打探中共情报，结果并没有看到中共军队，于是把船搁在岸边离开，这艘小船被红军发现缴获。很快,在当地百姓帮助下红军又发现一艘小船,于是红军摇着两艘小船来到对岸。对岸国民党军队因为没有收到情报,准备不力,很快被红军打败,于是红军又缴获五艘小船。这样我们总共得到七艘小船,而且敌人追兵还没有来,红军靠着七艘小船经过九天九夜渡过金沙江。所以是"巧"渡金沙江。

师:我们来总结一下这两个军事行动,它们分别是?

生:四渡赤水和巧渡金沙江。

师:四渡赤水打乱了敌人的追剿计划,巧渡金沙江跳出了敌人的重重包围。此后,中共军队将前往哪里(指地图)?

生:大渡河。

师:大渡河地形也很险峻,在太平天国运动时期有一位将领就是在这里去世的,他是谁?

生:石达开。

师:石达开就是在大渡河这里全军覆没,所以当时蒋介石就叫嚣要让毛泽东成为第二个石达开,要让太平天国的失败再次上演。但是毛泽东早就研究过历史,对于石达开为什么会失败,就是一个词——延误。因为当时他得了一个小王爷非常高兴,命全军修整三天,延误了作战时机。因此,毛泽东决定强渡大渡河,飞夺泸定桥,一定要非常快。那么他是怎么做的呢?结合书上相关史事的内容和预习情况,有没有同学来讲一讲飞夺泸定桥的故事?

生:《七律·长征》中有这样一句诗,"金沙水拍云崖暖,大渡桥横铁索寒",这里的"铁索"指的就是大渡河上的一座铁索桥——泸定桥。泸定桥长 103 多米,铁索上铺着木板。当红军到达泸定桥时,敌人已把桥上的木板全部拆除了,只剩下 13 条光溜溜的铁索。从桥上往下看真叫人心惊胆战,河水从上游峡谷直泻下来,撞击在岩石上,溅起 3 米多高的浪花,发出震耳欲聋的声响。为了尽快顺利地夺下泸定桥,红军挑选了 22 名突击队员,冒着敌人的枪林弹雨抓住铁索匍匐前进,向敌人发起猛烈进攻,后面的战士边爬边铺桥板。对岸守桥的敌军被红军的猛烈攻击吓呆了,他们燃起熊熊烈火,企图阻止红军突击队员的前进。但是红军突击队员不顾个人安危,冲过火焰,很快击溃敌人,占领对岸桥头。这就是历史上有名的飞夺泸定桥。(声音洪亮,感情充沛。)

师:非常好,他不仅结合书本内容还结合自己预习情况,非常有感情地讲述了飞夺泸定桥的历史故事。那么这一故事可以体现出红军战士怎样的精神?

生:英勇无畏。

师:很好,过了泸定桥,红军向北又要经历什么?

生:(结合地图)过雪山、草地。

师:(展示红军过雪山的油画)过雪山最大的困难是什么?

生:冷。

师:雪山非常寒冷。尤其是第一座雪山——夹金山,当地百姓形容这座雪山连一只鸟也飞不过去,但是红军战士靠着坚定的意志翻越了一座又一座雪山。

师:如果说过雪山最大的困难是冷的话,那么过草地最大的困难在哪里?(展示红军过草地油画。)

生:(纷纷议论)沼泽、食物短缺……

师:草地里有很多的沼泽地,一旦陷入沼泽就将丧命,非常危险。而且在这个过程中,出发的时候带的干粮很快就吃完了,没有吃的怎么办?

生:吃野菜、野草。

(一位学生讲述彭德怀和大黑骡子的故事。)

师:将领将自己的坐骑杀掉给战士吃,体现出什么精神?

生:上下团结、体恤士兵。

师:树皮、草根吃完了就吃皮带,都吃完了就饿着。在饥寒交迫的环境下,一个红军战士发现了一个动物大骨架,上面还有一些肉,就将其抬了回来。上面的肉给妇女儿童吃,大骨架给兄弟部队吃,小骨架留着自己吃。他们就是这样靠着相互帮助、相互扶持、相互团结,才能最终走出了茫茫草地。当然,由于自然环境特别恶劣,加上伤病员众多,很多战士牺牲在草地中。据统计红一方面军出发的时候大概有两万人,到过了草地大概还有一万三千多人。

师:过了雪山草地,突破天险腊子口,很快他们到了吴起镇(动态路线图在吴起镇位置出现"1935 年 10 月,吴起镇会师")。1935 年 10 月,中共中央带领中央红军历经艰难险阻,终于到达陕甘革命根据地吴起镇,与陕北红军胜利会师,标志着红一方面军胜利结束长征。(动态路线图在会宁位置出现"1936 年 10 月,会宁会师"。)1936 年三大主力会师会宁,标志着整个长征胜利结束。这三大主力是哪三个呢?

生：红一、二、四方面军。

师：好，我们来归纳一下红军长征的经过。(点名提问)开始的标志是？

生：1934 年 10 月，从瑞金出发。

师：长征过程中的转折是什么？

生：1935 年 1 月，遵义会议的召开。

师：长征胜利的标志是什么？

生：1936 年 10 月，三大主力在会宁会师。

(右黑板板书：二、经过 { 开始：1934.10 瑞金

转折：1935.1 遵义会议

胜利：1936.10 会宁会师)

师：红军长征结束了，我们再来看这句"红军不怕远征难"，大家现在看看难不难？
(生：难。)都有什么样的困难呢？

生 1：通过四道封锁线。

师：这为什么难？

生 1：敌人的围追堵截。

(左黑板板书：在"红军不怕远征难"的"难"字后标大括号，写上"敌人围追堵截")

师：还有没有其他的困难？

生 2：衣食住行上的困难。

师：也就是说物资非常缺乏。(同步板书：物资缺乏)

生 3：恶劣的自然环境。(同步板书：环境恶劣)

师：除了这些困难之外，还有其他的困难。比如：在遵义会议之前由于党中央的
错误指挥，导致损失惨重；遵义会议之后，有一些分裂分子，比如刚刚提到的张国焘搞
分裂主义……这些也是长征过程中的困难。但是面对这么多困难，我们的红军战士有
没有怕？

生：没有。

师：他们为什么不怕？这体现了红军战士怎样的精神？

(左黑板板书：在"红军不怕远征难"的"不怕"后标箭头)

生 1：英勇无畏的大无畏精神。

师：好，我们把它叫做革命英雄主义。就是面对苦难，能英勇无畏，一不怕苦、二不怕死。还有没有？（在箭头后板书：革命英雄主义）

生2：舍己为人。

师：不顾个人利益，先想着同伴，这是一种团结互助的集体主义精神。（继续板书：集体主义）

师：还体现了什么样的精神？面对这么多的困难，他们有没有退缩？

生：没有。

师：绝大多数红军战士对革命充满信心，他们有崇高的理想和坚定的信念，这是一种什么样的精神？

生3：革命乐观主义精神。（板书：革命乐观主义）

师：正是由于红军有这种革命乐观主义精神，所以长征途中虽然充满艰险，但他们依然朝气蓬勃。在休息的时候，他们还经常演出，（概述喜剧《烂草鞋》。）这就是一种乐观的精神。除了这些还有没有呢？

生4：在遵义会议以后，中共摆脱了共产国际的帮助，开始独立实践，这是一种独立自主的创新精神。（板书：独立自主的创新精神）

师：在长征途中我们遇到了很多的问题，如果我们没有创新精神，我们就不能顺利结束长征。所以长征不仅靠体力，更靠智慧——独立自主的创新精神。

师：我们把这些精神就叫做长征精神。正是由于有了这些精神，我们的红军战士最后才能够取得长征的胜利，这也是我们今天需要传承的。接下来我们来看长征胜利的意义。

（右黑板板书：三、胜利意义）

（课件呈现长征胜利的意义：①使中国革命转危为安；②打开了中国革命的新局面。）

师：第一点，长征胜利使中国革命转危为安。为什么这么说？

生：逃过了国民党的围追堵截。

师：长征开始的时候我们党的处境很危险，现在暂时安全了。不仅是党和红军安全了，而且转移到西北有什么好处？

生：粉碎了国民党反动派消灭红军的企图，保存了党和红军的基干力量。

师：正是这一支队伍成为了中国革命的中流砥柱。

师："打开了中国革命的新局面"，又指的是什么？长征结束的时候什么战争已经打响了？这支军队到西北之后又做了什么？

生：为抗日战争准备了力量。

师：他们保存了革命力量也就可以为下一步的抗日战争做准备。事实证明，正是由于中国共产党和国民党进行第二次合作才取得了抗日战争的胜利，所以说为中国革命打开了新局面。

师：在长征过程中，红军宣传了自己的思想主张，让更多的人知道了中国共产党能够支持他们的革命。所以有这样一段话，大家一起看课本 84 页，把"材料研读"中的这段话读一遍。

生：长征是历史记录上的第一次，长征是宣言书，长征是宣传队，长征是播种机。……它向全世界宣告，红军是英雄好汉……它向十一个省内大概两万万人民宣布，只有红军的道路才是解放他们的道路。……它散布了许多种子在十一个省内，发芽、长叶、开花、结果，将来是会有收获的。　　（毛泽东《论反对日本帝国主义的策略》）

（三）以史为鉴，振兴中华

师：今年是长征胜利多少周年？

生：81 周年。

师：长征虽然距离我们已经有 81 年了，但是这种长征精神在今天依然有用。我们的人生又何尝不是一次长征呢？在我们人生的路上也会遇到各种各样的困难。如果我们能够坚持传承长征精神，那我们一定能创造属于自己的美好人生；如果我们每个人都有伟大的理想，都能够不屈不挠、坚持不懈地去实现自己的理想，那我们的国家也会变得更加富强。

师：习近平总书记提出中国有一个伟大的中国梦，中国梦的实现需不需要长征精神？

生：需要。

师：让我们再次重温毛泽东主席的《七律·长征》。

（学生齐背。）

三、学生反响

课后,我设计了几个问题对学生进行调查,学生的反馈如下。

(一) 这节课你最大的收获是什么?

生1:我对红军长征有了一个全面、细致的了解。

生2:长征的经过、意义以及红军那种大无畏的革命英雄主义长征精神,并且我深受这种精神的感染,这种坚强、勇敢的毅力和精神值得我去学习。

生3:我了解了长征时的苦,明白了长征之路的险与难,知道我们现今美好生活的来之不易。

生4:深深地陷入红军精神中,不能自已!

生5:我把从前在语文课上学的课文和历史相结合,感觉更真实,体会更深刻。

生6:这节课让我懂得,怕苦的时候,想想红军走过的路,在遇到困难坚持不下去的时候,想想红军精神。长征会给予我们力量。

生7:老师用地图贯穿一堂课的始终,中间穿插一些故事,生动有趣又可以帮助我理解和记忆。

(二) 学完之后,你对本课内容还有哪些疑问? 你课后还有哪些知识想了解?

生1:关于毛泽东和长征的故事。

生2:过天险腊子口时,发生了什么?

生3:红军如何躲过敌人,忍饥挨饿还能坚持战斗?

生4:长征中的分裂是什么情况? 后来是怎么解决的?

生5:为什么毛泽东能料事如神,别人就不能?

生6:"左"的错误到底是什么? 博古、李德后来怎么样了?

（三）对于你的疑问你会如何解决？

生：查书、上网百度、问老师、问同学，有的因为时间紧张，其他学科学习任务重就放弃了。

四、同伴声音

胡心怡（淮安市开明中学教师）：青春期的学生需要展示自我的机会，更需要得到老师和同学的肯定。因此，教师在课堂教学中应如何对学生的回答进行反馈，就成为一个值得思考的问题。胡老师在《中国工农红军长征》一课中，对这一问题做了很好的示范。下面简要分析两例。

1. 在"重走长征路"这一教学环节中，胡老师设置了一个学生活动，请学生结合地图，找一找长征经过哪些地方，有多远多难，并尝试画长征路线图。学生回答时陈述如下："首先从瑞金出发——冲破四道封锁线——渡过湘江——来到遵义——前往贵阳——北上渡过金沙江——强渡大渡河——飞夺泸定桥——过草地——突破天险腊子口——吴起镇会师——1936 年 10 月会宁会师。"这一答案并不完整。但是胡老师并未直接指出，而是对该生的回答先进行表扬："很好，说了很多而且没有看书。"这给予了学生充分的鼓励。接下来他也没有继续对该生展开追问，而是带领全体学生一起对该生的答案进行查漏补缺。这样不仅给第一个回答的学生以肯定，也有效调动其他学生思考的积极性，给更多学生创造主动参与课堂和回答问题的机会。

2. 在学习遵义会议的意义时，胡老师不是通过给出材料让学生分析的方法来展开教学，而是先请学生找出书上的意义，再对其中难理解的词进行提问分析。如：

师：遵义会议是中国共产党从幼年走向成熟的标志。如何理解"幼年"和"成熟"？

生："幼年"是我们在军事、组织上犯了"左"的错误。

师："左"的错误是从哪里来的？

生：博古、李德等人的错误领导。

师：那为什么说现在"成熟"了呢？

生：肯定了毛泽东的领导地位。

师：毛泽东就是成熟吗？

生：以前我们依赖苏联、共产国际的帮助，现在有了自己的思想主张，取消了李德、博古等人的最高指挥权。

师：很好，中共建党以来总是依靠共产国际的帮助，而现在开始可以独立自主地解决自身问题，从幼年走向成熟。

不同于上一个例子的是，胡老师并没有换一个学生来回答这一问题，因为这两个问题类型不同。前者回答存在的问题是数量上的不完整，后者是没有真正理解。在这一长段的对话中，胡老师通过"产婆术"式的提问方法，在学生已有思考的基础上进行一系列追问、引导，使得学生通过自己的思考从最初的半知半懂到完全理解。学生在和老师的对话中思路愈加明晰，最终"拨开云雾见月明"，他的自信心得到提高，在以后的学习中也更愿意主动思考，不断探究。

如果非要说有什么建议的话，那么本节课学生活动和师生互动再多一些就更好了。比如在第一例中，学生遗漏了"渡乌江""四渡赤水""翻雪山"三个过程，可能不是他在书上没看到，而是他将其归到上一过程或下一过程中去了，这里就显示了学生在理解和思考上的问题，老师在肯定之余也可以做进一步点评指导，并且在接下来的教学中注意强调这一问题。针对这一问题，在接下来的教学中，以"四渡赤水"为例，胡老师每一次都用严谨而生动的语言进行讲解，引人入胜。这样的教学固然好，但胡老师是否也可以引导学生来讲讲他们知道的长征，如有不足之处再进行点评补充呢？

杨雨萌（淮安市开明中学教师）：关于红军长征的历史，是学生较为熟悉并且感兴趣的部分，故而在讲授第17课《中国工农红军长征》时，必须要有足够新颖且有效的设计才能满足学生对于本课学习的期待。

胡老师在本节课中，摆脱了以往基于教材文字、史料的大众教学方式，而是以一幅幅地图来展开教学。教师与学生互讲互授，加之历史地图独有的空间价值，将历史学的"时空观念"充分有效地落实，使学生在形式轻松的教学氛围中顺利完成学习任务。

首先，在导入部分，胡老师以同学们刚进行过的升旗仪式为切入点，将同学们现实生活中的一些骄奢安逸的"苦"与红军战士们艰苦卓绝的征途之"苦"进行对比，使得学生们顿生感悟，从而对红军长征心生敬畏与钦佩。

接着，胡老师又引用毛主席的《七律·长征》，引导学生通过耳熟能详的诗歌，分析红军长征所遇到的"难"。然后,胡老师让学生自主归纳提炼红军长征的原因,锻炼了学生的自主学习能力。

继而,胡老师又通过一幅幅动态地图,一边呈现长征路线,一边补充讲述关于长征的小故事。在一步步完善地图的过程中,学生仿佛亲自走过了长征的漫漫征途;在老师的娓娓道来中,学生又能感受到长征过程中的故事给他们带来的感动。

最后,在讲到遵义会议的意义、长征胜利的意义时,胡老师亦是以地图为载体,结合具体知识点,循循善诱,层层深入,让学生能够更容易理解和掌握相对较难的意义部分。

美中不足的是,学生在依据地图还原长征路线时,没有完全考虑到时间、地理等因素,出现时间顺序、目的地顺序上的颠倒,如果学生能够在自主归纳的过程中更加严谨、细致,会更好。另外,虽然在表述的时候,学生整体表现大方,没有怯场,但个别同学语言不严谨,过于啰嗦。所以在平常的教学工作中,教师要更加注意对学生总结提炼能力和流利表达能力的培养。

总体来说,胡老师本课的教学设计十分精彩,无论是讲授方式还是学习形式都让人耳目一新。同时,一系列的教学活动设计又做到了内容上环环相扣、由浅入深,形式新颖又充分体现出了活动的实用性。最后学生齐诵《七律·长征》,首尾呼应,使本课得到充分升华,气氛亦达到高潮。此时下课铃响,本课结束,戛然而止的骤然感又给了学生内心一击,从而将学生心底的历史责任感和使命感充分激发出来。

张丽萍(淮安市开明中学教师):本节课通过教师环环相扣的问题设计以及引导,使学生对《中国工农红军长征》这一课内容有了深刻细致的认识和了解,不仅很好地达成了知识目标,而且在思想上非常注重对学生情感态度价值观的教育。整节课始终贯穿着情感的熏陶,充分体现了新课程标准的理念。

教师结合早上的升旗仪式,让学生谈谈自己的感受。结合"苦不苦,想想红军长征两万五;累不累,想想革命老前辈"这句俗语引出长征。通过播放视频,加深学生对红军为什么要长征的理解。紧接着让学生一起背诵最近语文课本中学到的《七律·长征》,充分调动了学生的积极性,奠定了本课学习的感情基调。

重温历史,重走红军路线。教师让学生讲解红军长征路线图,培养学生识图能力以及动手能力。之后,教师总结,并通过对长征途中一些经典战役、经典故事的讲解,提高学生的学习兴趣,通过对长征途中所经历困难的描述,结合开头"红军不怕远征难"中的"不怕",使学生体会红军战士不畏艰难、艰苦奋斗、勇于献身、英勇无畏的革命英雄主义精神,加深学生对长征精神的理解。

胡老师首先通过对本课知识的概括总结,让学生意识到长征已胜利 81 周年;再结合如今的美好生活,让学生学会珍惜,并感悟今天美好生活的来之不易;然后将"每个人的人生"比作长征,鼓励学生勇往直前,传承长征精神;接着结合习近平总书记提倡的"中国梦",用"我们青少年可以做些什么?"来激发学生热爱祖国的崇高情感;最后,再次背诵《七律·长征》,激情澎湃,使学生的情感态度价值观再一次得到升华。

对于本课,胡老师如果能再多加入点学生活动,比如播放长征中的精彩片段,或者让学生再多讲一些精彩小故事,能够让学生更充分地参与课堂就更好了。

五、教师反思

"长征"的课已经上过无数次了,常规的上法无非就是交代清楚长征的原因(第五次反围剿的失败)、长征的经过(重点是遵义会议)、长征的结果和意义。

我以前也会这么上,而且这么上也完全能够满足考试的要求。但是这一次我认真思考:我们教历史到底是为了什么?

17 世纪英国哲学家培根曾经说过:"读史使人明智。"所以教历史也是为了让学生明智。

那么这节课如何上,可以达到让学生明智的效果呢? 我首先从课题入手,找到本课的灵魂。关于长征,毛泽东写过一首著名的七律,里面有这样一句:红军不怕远征难。从这句诗中,我抓住三个关键词:第一个词"远",说明长征路途遥远,全长有二万五千里;第二个词"难",红军在长征途中,历经艰难险阻;第三个词,也是本课最关键的一个词"不怕",尽管长征如此之远,如此之难,红军战士却能等闲视之,顽强地克服之,从而取得长征的胜利。这体现了红军长征的精神。这是本课所要表达也是要传达给学生最重要的信息。

于是我根据这三个关键词,将课文顺序打乱,重新进行编排,重点分为三个部分。

1. 远。从这个词引出长征的经过。通过长征地图,和学生一起重走长征路,了解长征途经的地区以及红军在路途中发生的各种各样的故事。这也是课标的要求。

长征途中的故事实在是不胜枚举,那么选材就显得至关重要。哪些要讲,哪些不讲;哪些详讲,哪些略讲。经过慎重的思考,我选择了以下几件事:

血战湘江。我想通过这个事例让同学们明白,在长征途中到处是敌人的围追堵截,如果指导思想是错误的,即使战士们再英勇无畏、不怕牺牲,也不能取得胜利,只会让我们损失更加惨重。

遵义会议。这是本课的重点,也是难点。对于学生来说,会议、路线太过遥远而陌生。但正是这次会议挽救了党,挽救了红军,挽救了中国革命,它是党的历史上生死攸关的转折点,也是红军长征从失败走向胜利的转折点。

四渡赤水。讲长征一定要讲毛泽东,没有毛泽东的战略眼光和卓越的军事指挥才能,红军如何以弱胜强,以少胜多? 而四渡赤水就是毛泽东最伟大、最得意的军事杰作。

飞夺泸定桥。最能够凸显战士们不怕牺牲、勇往直前的革命英雄主义精神。因为这个故事学生们小学就学过,书上也有介绍,所以让学生来讲。

爬雪山过草地。最能够体现长征途中,红军战士以超越生理极限的顽强毅力战胜险恶的自然环境,以及在这个自顾不暇的过程中,战士们却表现出互相关心、互相帮助、舍己为人的集体主义精神。

选取的每一个事例我都希望可以从不同角度揭示长征的精神和意义。我在讲解的时候尽量不重复,有侧重,使学生能够在短短四十五分钟的课堂上全面细致地了解长征。

这部分看似在讲长征的经过,其实我是想把长征精神、长征意义以及长征胜利的原因等问题蕴含其中,这样后面的问题就可以破壳而出,迎刃而解,水到渠成。

2. 难。在讲述经过以后,要求学生深入思考归纳第一个问题——长征到底有多难? 难在哪里? 学生基本都能归纳出来,包括: 敌人的围追堵截;险恶的自然环境;物资的严重匮乏。少数学生能够回答出"党内始终存在分歧和斗争"。但是因为这个问题过于复杂,也不是本课的重点,所以我没有深入讲解,这导致学生只是有点印象,并不知其详。所以在课后问卷调查中,有一部分学生提出这些问题。

在归纳"难"这个问题时,有好几个班级都有学生提出: 长征之所以这样难,是因为没有得到老百姓的支持。我很惊愕,但很快想到,学生有这样的误解,是因为他们对这方面知识了解甚少。而我在选材时,想当然地认为学生应该知道,所以没有特别选取这方面的材料。这说明我对学情的把握还是不够。但是在课堂上学生出错后,我能及时纠正并即兴举例说明,弥补了学生认识上的一个严重的漏洞。

3. 不怕。这是本课最重要的问题,也是学生最难总结的问题。所以,学生在回答时表现出不够自信,以及不知道用什么样的词汇来表达,因为这些词汇对于初二学生来说确实有难度。在我的再三启发和引导下,他们最终也能说出来。课标要我们体会的是革命英雄主义、革命乐观主义精神,但是在实际的提问中,由于我提供的史实很丰富,同学们的回答比我预想的还要丰富,包括集体主义精神、创新精神,要依靠人民,为人民造福等,这也是我希望看到的。读史使人明智,是因为历史是真实存在的,它可以让我们通过对具体史实的分析总结经验,吸取教训。

当然,这节课自己虽然觉得预设得还不错,但也有遗憾。

首先,课堂气氛不够活跃。由于是周一早上第一节课,又遇上升旗,学生到校很早,很多同学还处于没清醒的状态。前后两台摄像机也把学生吓得不轻(因为平常从来没有),学生上课变得胆怯,不敢发言或发言不够自信,怕出错。我自己也没能及时调整状态,没能很好地调动学生的积极性,所以课堂显得比较沉闷,还有一个学生打哈欠。

其次,学生的主体性发挥得不够好。虽然课前布置了学生进行预习,但是他们也就是把课本看一遍。而课本内容太过简单,很多史实都没有交代,学生在这方面又知之甚少,只能靠课堂上我来补充讲解,所以讲得有些多,给学生活动的空间就比较少。其实有些故事可以尝试着让学生事先准备,由学生来讲,老师来补充,这样会更好。

第三,对于个别学生的疑惑没有足够的时间去讲解。有些问题学生有疑问,但由于课堂时间有限,我无法花更多的时间去释疑,比如什么是"左"的错误?长征之前党中央为什么会犯严重的"左"的错误?当时的背景是什么?这些学生想知道的问题我可以在课前提供阅读材料,帮助他们了解当时的时代背景和后续事件的发展,这样他们会更好地理解本课的重点内容。

第四,学生对于长征路线的讲解不是很理想。可能对于大多数孩子来说,要当堂就掌握线路图是个很困难的事情,所以我课后布置他们每人绘制一张长征路线示意图,帮助他们更好地巩固。效果还不错。

最后,在备课方面,由于关于长征的史料浩如烟海,虽然我阅读了大量的书籍,查阅了大量的史料,但也不能确保每个历史事实都能讲得准确无误,有一些数据有出入的,我只能选取一种自认为比较可靠的说法。

六、专家点评

点评专家: 王莹,淮安市历史教研室教研员

本课是老课,老课要上出新意,实属不易。与传统的仅交代背景、经过、结果、意义的上法不同,胡老师基于培养学生历史核心素养的目的,独辟蹊径。她抓住了长征的"远"和"难"两大特点,结合一幅地图,生动形象地带着学生重走了一遍长征路,并且精心选取了几个长征途中经典又侧重不同的事例,展现了长征这一宏大的场面,让从来没有系统学过这一知识的初中生,在短短一节课内全面细致地了解了长征,很好地培养了学生的历史时空观念和史料实证能力。一般的老师讲完这部分就该以意义收场了,但是胡老师并没有停留于此,而是轻轻一转抛出一个问题:既然长征如此远,如此难,红军战士为什么不怕呢? 这种"不怕"体现了红军的哪些精神? 原来前面的知识讲解都是在为后面的问题铺垫,真是用心良苦。这个问题,考试不太好考,也不常考,所以很多老师就略讲或不讲,或直接将结论抛给学生。胡老师用了很长的时间让学生深入思考这个问题,其实这个思考的过程就是学生对红军长征精神深刻体会的过程。至于那几个词能不能说出来,其实已经不重要了。这就足见胡老师不仅精心设计教学环节,力求耳目一新,而且登高望远,带领学生接受了一次心灵的洗礼。这是本课最成功之处,因为胡老师很好地培养了学生的历史理解和历史解释能力,并在此基础上使学生形成了正确的历史价值观。

胡老师的语言舒缓、亲切、自然,听来极富感染力。每一个问题的设计,看似漫不经心,其实独具匠心。学生在轻松、愉快的课堂氛围中,不知不觉就完成了一次从身体到精神的伟大长征。可见胡老师润物细无声的深厚教学功底。

当然,教学最好的境界是学生想学,老师乐教。而每个学生的最近发展区是不同的,如何能做到准确把握每一个学生的求知区域,有针对性地进行教学,还是要进行充分的学前调查,确保每个孩子的疑问都能被解决,每个孩子在课堂上都能有最大的收获。我们应该对历史课进行延展,提供一些课外阅读书目,以弥补课堂时间有限的不足,满足学生的学习需求。

【教者简介】

胡秀丰,中学历史高级教师,淮安市开明中学历史教研组长,淮安市历史学科带头人,淮安市"雏燕奋飞"行动计划指导专家。她曾获得"淮安市历史教学基本功大赛"一等奖、淮安市"优秀青年教师"、淮安市"宁淮奖教金优秀班主任""一品梅优秀园丁奖";曾多次参加淮安市中考命题,担任命题组长和审题工作;获得过江苏省中学历史教学论文一等奖、淮安市教学论文一等奖,撰写的多篇教学论文在公开刊物发表。

课例 9　从九一八事变到西安事变

执教:代彦武

一、教学预设

(一)课标要求

知道九一八事变,了解中国局部抗战的开始;知道西安事变,理解和平解决西安事变的意义。

(二)教学目标

1. 知识与能力:知道九一八事变以及东北人民的抗日斗争,知道华北危机、一二·九运动以及西安事变,分析理解西安事变的和平解决及意义。

2. 过程与方法:培养学生描述历史事件的能力,用历史唯物主义的基本观点分析问题的能力以及主动探究历史的意识。

3. 情感态度与价值观:引导学生认识到抗日救亡运动的兴起,反映了中华民族具有反侵略的光荣传统,树立大局意识,培养学生强烈的爱国主义精神和民族责任感。

(三)学情分析

无锡市凤翔实验学校是一所九年一贯制"新优质学校",2008 年由 3 所学校合并组建而成,生源主要来自普通家庭,在无锡市公办学校中处于中上等水平。学生学习基础参差不齐,很大一部分学生学习动力不足,知识面较窄,自主学习能力较弱。本次教学活动所在的八年级(3)班,有学生 44 人,其中男生 20 人,女生 24 人,班级学生学习习惯、总体水平处于年级前列。经过一年多的学习,学生历史学习兴趣较高,课堂思维比较活跃,师生关系融洽。

上课班级的学生历史基础比较好,上课思维比较活跃,对抗日战争有一定了解。他们对本课的几个历史事件基本都有听说,但绝大多数对具体情况及其关系并不很清楚。在当时的形势下,国民政府为什么不抵抗,西安事变为什么要和平解决,这些问题对感性思维还比较强的初中生有一定难度。

作为八年级的学生,他们经过一年多的历史学习,已经有一定的历史思维能力,经老师的引导和资料的补充,他们还是可以比较客观、理性地分析问题,从而理解当时的局势和对历史事件的处理分寸,特别是能够理解西安事变的和平解决,有利于国家和民族的利益。

(四) 教学重点

九一八事变与西安事变。

(五) 教学难点

九一八事变后国民党的不抵抗政策;西安事变的和平解决及意义。

(六) 教学方法

1. 史料分析法。如对九一八事变爆发的原因、不抵抗政策及其原因、西安事变后的形势等进行分析。

2. 讨论法。对西安事变后如何处理蒋介石进行讨论,并在讨论的过程中理解西安事变和平解决的意义。

3. 问学法。教学中通过一系列问题的设置,引导学生由浅入深进行思考,理解历史事件的原委及其相互关系。

二、课堂实录

（时间： 2017 年 12 月 1 日　班级：八年级（3）班　授课地点：无锡市凤翔实验学校）

（播放歌曲《松花江上》，营造课堂气氛。）

师：刚刚我们听到的这首歌是《松花江上》，创作于 1935 年。这首歌反映的历史事件是什么？

生：九一八事变。

师：这首歌表达了怎样的一种感情？

生 1：我感受到了作者对家乡的热爱与怀念，对侵略者的愤怒。

生 2：他想回到他的家乡与亲人团聚。

生 3：前半部分比较凄凉，后半部分比较悲愤。

生 4：我感觉到了人们对侵略者的恨意。

师：其实，每当听到这首歌的时候，我的心情和大家一样，也是非常沉重。九一八事变到底是怎么一回事？为什么亲人不能相聚？东北人民为什么有家不能回？这就是今天我们将要学习的内容，第 18 课《从九一八事变到西安事变》。

师：首先我们了解一下九一八事变的有关情况。

（一）九一八事变

1. 九一八事变的背景

师：我们先来看看九一八事变的背景，我这里提供了四段材料（给学生发了纸质的补充材料，方便研读，后同），请大家阅读并探究九一八事变爆发的原因。

（展示研读材料，学生自主研读。

九一八事变爆发原因的参考材料：

材料一："惟欲征服支那，必先征服满蒙，如欲征服世界，必先征服支那。"

——明治维新后不久日本制定的"大陆政策"

材料二："今天之满蒙地位……不仅在我国国防上，就在经济上，也可以说是我国的生命线。"

——1927 年,日本首相田中义一提出的《田中奏折》

材料三:1929—1933 年的资本主义世界经济危机波及日本,促使其国内阶级矛盾变得尖锐,日本统治集团急于利用侵略中国东北的对外战争来摆脱国内的经济危机和政治危机。

材料四:20 世纪 30 年代初,欧美资本主义国家忙于应付本国的经济危机,无暇东顾;中国内部,蒋介石政府集中重兵"围剿"红军,无心北顾。这给日本帝国主义侵略以可乘之机。)

(引导学生分析概括九一八事变爆发的原因,从四个方面逐一分析回答。)

(解读材料一。)

生 1:从这一段材料可以看出,日本在 1868 年就已经准备对中国进行进攻。

师:这说明日本进攻中国是不是一时兴起的主意?

生 1:不是。

师:那是什么?

生(集体):蓄谋已久的行为。

(解读材料二。)

师:第二段材料时间是在 1927 年,日本的《田中奏折》,这说明什么?

生 2:日本很早就把满洲视为其生命线。

师:满洲即今天的东北一带,说明那里对日本很重要。

(解读材料三。)

生 3:说明世界经济危机已经波及到日本,迫使日本不得不通过侵略来摆脱困境。

(解读材料四。)

生 4:欧美国家因为经济危机无暇东顾。

师:而中国国内的蒋介石在干什么?

生 4:围剿红军。

师:这就给日本提供了可乘之机。这四段材料概括了九一八事变爆发的原因。

(PPT 展示总结:

(1)日本"大陆政策"(蓄谋已久)。

（2）日本将中国东北视为生命线。

（3）1929—1933 年的资本主义经济危机，使日本为摆脱危机加紧侵略。

（4）欧美无暇东顾，蒋介石积极内战，日本有机可乘。）

师：日本在明治维新后就制定了"大陆政策"，是不是仅仅停留在政策上？在九一八事变前有付诸实施吗？

生：有。

师：这学期我们已学习了不少日本侵华战争的情况，我们一起来回顾一下。

（引导学生回顾相关史实并且板书。

甲午中日战争：1894—1895 年，《马关条约》，大大加深了中国半殖民地化程度。

八国联军侵华战争：1900—1901 年，《辛丑条约》，中国完全沦为了半殖民地。

日俄战争：1904—1905 年，在中国土地上打仗，争夺中国东北权益。

关东军司令部正式成立：1919 年，侵略中国东北地区的最高军事指挥机关。

《田中奏折》：1927 年，"欲征服世界，必先征服亚洲，欲征服亚洲，必先征服中国。"）

师：从这些史实中，我们可以看到，日本侵略中国，确实是蓄谋已久，而不是一时兴起的。

2. 蒋介石的不抵抗政策和东三省的沦陷

（1）九一八事变

师：既然是蓄谋已久，为什么还要制造一个九一八事变（柳条湖事件）呢？下面我们来看九一八事变是怎么一回事。

生：九一八事变是日本故意在中国东北发起的一场战争，他们的主要目的就是侵略我们中国。1931 年 9 月 18 日的晚上，日本守卫队炸毁了南满铁路柳条湖这段铁路，并故意放了几具中国东北军的尸体，以此来诬陷中国人，说是中国人干的，并以此为借口，炮轰我们的沈阳城。因为东北军的不抵抗，导致沈阳城第二天就被日军占领，这就是九一八事变。

师：非常好！九一八事变又称为柳条湖事件，炸毁的是南满铁路柳条湖这一段，这件事情发生后，大家知道日本人花了多长时间调查，然后就认定这是中国军队干的？

（学生期待。）

师：半个小时！……半个小时，日本人就认定这是中国军队干的。于是就炮轰中国东北军驻地沈阳城和北大营。日本为什么要制造这样一个事件？

生：找个借口而已。

师：为什么选择在柳条湖这里？

生：战略位置重要。靠近东北军驻地北大营和沈阳城。

师：（总结）为给侵略战争制造借口，欺骗世界舆论。另外，柳条湖距离东北军驻地北大营和东北重镇沈阳很近，便于日军在事件后迅速对这两个战略要地进行攻击，侵占东北。

（2）东北三省沦亡

师：在九一八事变之后，日本扩大侵略，相继占领了东北三省。短短四个多月，东北三省 100 多万平方千米的领土就沦为了日本的殖民地。1932 年初，日本拉出了这个人（PPT 展示），谁呀？

生：溥仪。

师：日本在东北建立了傀儡政权——伪满洲国，东北处在了日本的殖民统治之下。

（3）日军在东北犯下滔天罪行

师：日本占领东北之后，在东北实行什么样的统治？我们看课本上有一段话，在87 页第 2 段，是怎么描述的。

生：（齐读）日本侵略者在东北屠杀无辜人民，掠夺战略资源，推行奴化教育，实施残酷的殖民统治。在日军的铁蹄下，东北 3 000 万同胞过着屈辱的亡国奴生活。

师：怎样屈辱的亡国奴生活？我们看几张图片。（PPT 展示日军虐杀中国平民，活埋中国人的万人坑，残杀东北义勇军，屠杀平民，刺杀幼童以及 731 部队的相关图片。）

师：这几张图片，我们看着并不陌生。日军在东北犯下的滔天罪行，在后面的侵华战争中比比皆是，比此严重的还有很多。我们可以想象，东北人民过着怎样的一种生活呀！

（4）不抵抗政策

师：东北四个月沦陷，谁该为此负责？

生：蒋介石。

师：东北军干什么去了？

生：撤了！

师：谁让他们撤的？

生：蒋介石。

师：蒋介石代表着国民政府，他为什么让东北军撤呢？当时国民政府对九一八事变是怎样表态的？给大家提供的资料中第二部分有四段材料，就是九一八事变前后国民政府、蒋介石对这个事件的表态。

（材料一："无论日本军队此后如何在东北寻衅，我方应予不抵抗，力避冲突。吾兄万勿逞一时之愤，置国家民族于不顾。"

——1931年8月16日蒋介石给张学良的铣电

材料二："沈阳日军行动，可作为地方事件，望力避冲突，以免事态扩大。一切对日交涉，听候中央处理。"

——九一八事变发生时在江西剿红的蒋介石给张学良电

材料三：东北军奉命："即使勒令缴械，占入营房，均可听其自便。"

——《九一八事变真相》

材料四："此刻必须上下一致，先以公理对强权，以和平对野蛮，忍痛含愤，暂取逆来顺受之态度，以待国际公理之判断。"

——1931年9月22日蒋介石在国民党南京市党部党员大会上的演说）

师：我们从材料中可以看到，国民政府当时实行什么样的政策？

生：不抵抗政策。

师：蒋介石为什么要实行不抵抗政策？蒋介石是谁？

生：当时国民政府的委员长，最高统帅。

师：当时中国的合法政府是什么？

生：国民政府。

师：自己的领土丢失，但却采取不抵抗政策，原因是什么？请大家看第三部分的四段材料，这就是当时蒋介石找的一些理由。下面我们就逐条进行分析，概括总结一下。

（材料一：九一八事变时，蒋介石说，中国"枪不如人，炮不如人，教育训练不如人,机器不如人,工厂不如人,拿什么和日本打仗呢? 若抵抗日本,顶多三天就亡国了"。

——冯玉祥《我所认识的蒋介石》

材料二:1931 年 8 月 22 日,蒋介石在南昌讲话时说:"中国亡于帝国主义,我们还能当亡国奴,尚可苟延残喘;若亡于共产党,则纵肯为奴隶亦不可得。"

材料三:"政府现时既以此次案件诉之于国联行政会,以待公理之解决,故以严格命令全国军队,对日避免冲突,对于国民亦一致告诫,务必维持严肃镇静之态度。"

——1931 年 9 月 23 日国民政府《告全国民众书》

材料四:1931 年 10 月,国民政府密使许世英赴日本谈判。许世英代表蒋介石声称:"如果日本能担保中国本土十八行省的完整,则国民党可同意向日本……让出东北。")

生 1:材料一,蒋介石认为我们中国落后于日本,没有资格和日本打仗,抵抗的话很快就会亡国,所以不抵抗。

生 2:材料二,蒋介石认为中国亡于帝国主义,还能当亡国奴,若亡于共产党,则纵肯为奴隶亦不可得。蒋介石把重心放在剿灭共产党上,认为攘外必先安内。

生 3:材料三,蒋介石不抵抗,是把希望寄托在国联行政会。

生 4:材料四,蒋介石同意把东北让出去,只要日本能保证中国本土十八行省完整,自己能做委员长就可以了。

师:对蒋介石这种不抵抗政策,我们应该怎样评价? 蒋介石这些理由,看着好像还很充分。是不是有这些理由,就可以不抵抗呢? 就可以放弃中国东北?

生:我认为国民政府应该为中华民族着想,而不是只为国民党、为自己着想。

师:非常好! 应该是把国家、民族大义放在首位。我们看到,材料中这些表述大多是从国民党自身利益出发的,所以他们采取这种不抵抗政策,使东北完全沦陷。

师:东北军撤了,国民党实行不抵抗政策,东北 100 多万平方千米的领土沦丧,逃到关内的东北人整日在关内流浪,什么时候才能回到我那可爱的故乡? 什么时候亲人才能欢聚一堂? 看着好像是遥遥无期……(回应课堂伊始的歌曲《松花江上》。)

3. 中国人民的局部抗战

师：在这样的情况下，中国人民是不是毫无抵抗？

生：不是。

师：事实上，顽强的中国人民仍然进行着许多抵抗。有哪些抵抗，我们看课本内容。

生1：有一些不愿撤走的东北军和东北人民，组织了抗日义勇军。

生2：中国共产党组织了抗日游击队。

生3：这些部队在1936年，统一改编为东北抗日联军。

（学生边讲边图表总结。）

师：在东北的抗日斗争中，涌现了许多重要的抗日英雄人物，这些人物包括杨靖宇、赵尚志、赵一曼、马占山等。有同学能简要介绍其中的某个人物吗？

生：杨靖宇孤身一人奔赴日本军队，被日本人杀死之后，日本人怀疑他在没有食物的环境下，怎么可以坚持这么久，所以日本人就让医生剖开他的肚子，结果发现肚子里都是树皮、草、棉絮什么的！

师：在如此艰苦的条件下，杨靖宇继续坚持抗日。另外几位实际情况也差不多，每个人身上都有许多事迹，这就是东北抗日战争中涌现出的英雄人物。除这四个人之外，实际上还有很多很多……

4. 九一八事变的影响

师：九一八事变给中国带来了什么影响？（引导学生进行分析。）

(1) 中国社会的主要矛盾开始发生变化

国内阶级矛盾（即国共矛盾）	——	民族矛盾（即中日矛盾）1935 年才出现

(2) 中国人民的局部抗战开始了（东三省 1931 年—1937 年）

（二）华北危机与一二·九运动

1. 华北危机

师：九一八事变后，东北沦陷了，日本的目标仅仅是占领中国东北吗？

生：不是！日本是要占领整个中国。

师：所以在九一八事变之后，日本把侵略的魔爪又伸向了华北地区。

（PPT 展示材料，并讲解。

（1）1933 年初，日军进攻山海关，中国军队奋起还击，长城抗战开始。

（2）1933 年 5 月，国民党与日本签订《塘沽协定》，华北危机。

（3）1935 年下半年，日本策动所谓"华北自治运动"，妄图使华北五省脱离中国版图。）

师：中华民族到了最危险的时候！每当在民族危亡的紧要关头，学生往往都会冲在前头，我们前面学习过的哪一事件就是这样？

生：五四运动。

师：同样，这一次爱国学生再次冲到了前头，他们发出了"华北之大，已经安放不得一张平静的书桌了"的呼声，成为当时运动的号角。知道这句话是谁说的吗？

师：大家看这两张照片。这是上周五我刚刚拍的。有人知道这是哪里拍的吗？

生：无锡博物院。

师：对，就是无锡博物院，上周我们历史社团的同学去参观了，我们班两位同学去看了！这个人就是蒋南翔。

[PPT 展示：蒋南翔（1913—1988 年），无锡宜兴人，1932 年考入清华大学中文系，1933 年加入中国共产党，建国后曾任清华大学校长、书记，教育部副部长，天津市委书记等职。他是一二·九运动的重要领导人，他的"华北之大，已经安放不得一张平静的书桌了"的名言，成为召唤全国学生奋起抗日的号角。]

2. 一二·九运动

师：爱国学生走上街头，掀起了抗日救亡的一二·九运动，下面我们边看课本，边完成表格，了解一二·九运动概况。

一二·九运动	
时间	1935 年 12 月 9 日
地点	北平新华门前
口号	"打倒日本帝国主义""反对华北自治""停止内战，一致抗日"等

续表

一二·九运动	
结果	反动军警用大刀、水龙、木棍镇压青年学生
影响	揭露了日本侵略者企图吞并华北的阴谋，打击了国民党政府对日妥协的政策，促进了全国抗日救亡运动新高潮的到来

师：我们看这张图片（一二·九运动中，学生与军警搏斗），反动军警当时用水龙镇压爱国青年学生运动。这个事件发生在什么时候？

生：12月9日。

师：今天是12月1日，和这个时间差不多。今天早上我听到广播里说，北京今天的最低气温是零下5℃，最高5℃。大家可以想象，当时发生这样的情况，全国人民是怎样的心情！

师：1935年的时候，有一首歌，传遍中华大地，成为抗日救亡运动的重要号角，想不想听听这首歌？

生：想！

师：（播放歌曲。）这首歌就是《义勇军进行曲》，就是我们现在的国歌。歌词中有这么一句，"中华民族到了最危险的时候"，1935年的中国危险不危险？

生：危险。

师：怎样危险？

生：前有东北沦陷，现在华北再次危急。

师：如果华北再次沦陷，日本南下占领整个中国，可能就是指日可待的事情。所以，1935年，中华民族到了最危险的时候！华北危急，中华民族危急！

师：在这样的关头，当时全国形势如何？

师：（引导学生共同回顾分析。）面对危险，国民政府实行不抵抗政策，仍然奉行"攘外必先安内"的政策。1935年，爱国学生站起来了，掀起了一二·九运动，民众也行动起来了，全国的抗日救亡运动掀起了高潮。一些爱国的军官也终于坐不住了，他们也终于行动了起来，这就是我们要学习的第三个内容。

（三）西安事变

1. 西安事变概况

师：我们首先了解一下西安事变的概况，哪位同学来做介绍？

生：在西安的国民党将领张学良、杨虎城本来是在西北剿灭红军的，但他们深受抗日号召，与红军停止内战，并且要求蒋介石停止内战，联共抗日。然而蒋介石顽固反共，还亲自到西安逼迫张、杨二人剿灭红军。张、杨在多次恳请无望的情况下，在 1936 年 12 月 12 日，闯入蒋介石住处，武力扣押蒋介石，实行兵谏，并且通电全国，要求停止内战，联共抗日，这就是西安事变。

师：张、杨二人为了逼蒋抗日，扣押了当时中国的最高统帅蒋介石，这件事震动中外。我们再来重温一下西安事变当时的部分场景。（播放电视剧《西安事变》中蒋介石被抓的视频片段。）

2. 西安事变的解决

师：蒋介石被抓后的第二天，张、杨通电全国，提出改组南京国民政府、停止内战、联共抗日等主张。

师：（问题一）张学良、杨虎城是蒋介石的部下，他们为什么要"以下犯上"，武力扣押蒋介石呢？

生：因为中国到了最危急的时候，如果再不反抗，中国可能就会亡国。他们是从民族大义出发才这样做的。

师：是不是只能这样做？不武力扣押行不行？

生：不行。因为张、杨多次劝谏，但蒋介石仍然坚持剿共，没有办法只能采取武力。

师：张、杨是为了个人利益吗？

生：不是。是为了逼蒋抗日，是为了民族大义。

师：我们再通过材料看看中国共产党当时的主张。

（材料：1935 年 8 月，中共中央在长征途中发表《为抗日救国告全体同胞书》，要求"停止内战，一致抗日"。

1935 年 12 月，中共召开瓦窑堡会议，明确了当前国内的主要矛盾是中日民族矛盾,调整了党的斗争方向,提出要建立抗日民族统一战线。)

师:我们刚才了解了张、杨二人的想法,而现在我们再次了解了共产党的想法。国共两党停止内战有没有可能?

生:有。

师:张、杨有停止内战,共同抗日的愿望,共产党也有这样的想法。

[展示PPT,进行总结。

张、杨为什么"以下犯上",武力扣押蒋介石呢?

日军:加紧侵华,中日民族矛盾上升为主要矛盾。(根本原因)

中共:提出建立全国抗日民族统一战线的主张,要求"停止内战,一致抗日"。

张、杨个人:张、杨出于爱国之情接受中共的主张,并多次要求蒋介石联共抗日。

蒋介石:蒋介石拒不接受联共抗日的主张,继续围剿红军。(直接原因)]

师:西安事变,震惊世界,新闻媒体及时跟进报道。西安《西京民报》头版头条是《张、杨对蒋实行兵谏》,以"揭竿抗日　举国欢腾"为副标题。南京《中央日报》的头条则是《张学良率部叛变!国府下令褫(chǐ)职严办》。

师:从两份报纸的报道中可以看出,西安事变发生后,各方观点统一吗?

生:不统一。

师:(问题二)西安事变后,如何处置被抓的蒋介石成了棘手的问题,是"杀蒋",还是"放蒋"? 讨论一下,说说你的看法。

师:大家的第一反应是杀还是放?

生:杀(放)。(举手表决。)

师:是杀还是放都有理由,当时国共两党高层中有很多人意见也不统一,我们刚才看到两份报纸的意见也不统一。到底是杀还是放,我们现在进行一场小辩论。1、3、5组的观点是主张杀,2、4、6组观点是主张放,7、8两组做裁判总结。

生:……(热烈讨论。)

生1:我觉得应该把蒋介石杀了,因为蒋介石当初发动了四一二反革命政变,杀了无数的共产党人。现在把他杀了,不仅可以国共联合起来抗日,而且也没有了后面的内战。

生2:我主张放。因为如果把蒋介石杀了,中华民族仍有可能面临新的、极端的,而且是大规模的内战。

生 3：我觉得应该杀了蒋介石，如果放了蒋介石，那就等于放虎归山，蒋介石后面可能还有更大的阴谋。

生 4：我觉得应该放了蒋介石。此时蒋介石已经被控制，放了可以更好地达成目的。

生 5：我觉得应该放了蒋介石。蒋当时还是中国的最高领导人，杀了他可能引起中国更大的动乱。

师：怎么放？

生 5：蒋要答应停止内战，联共抗日。

师：蒋不答应呢？

生：不答应就杀！

生 6：我主张杀。跟蒋谈合作，一起抗日，如果蒋当中叛变怎么办？和日军一起对付共产党怎么办？

生：……

生：（裁判总结组）其实我觉得杀和放都是可以的，从我个人来讲，我更主张放。九一八事变后，他让张学良不抵抗，就应该杀。但是，在当时的情况下，国民党内部也是有不同派别的。如果杀了蒋介石，国民党群龙无首，可能就会真的投靠日本，那中国内部就真的无法团结了，中国可能就灭亡得更快。

师（总结）：对西安事变怎样处理，大家讲得都有道理，其实，不仅大家这样想，当时的国共两党中许多人也这样想。毛泽东的第一反应和大家一样，也是杀，因为蒋介石做的坏事实在是太多了。我们来看一下当时的全国形势。我这里选了当时对中国有重要影响的几个主要力量。

（出示材料。

日本：企图挑拨国民党亲日派，扩大内战，以便扩大侵略中国的范围。

美英：担心亲日派乘机掌权，日本扩大侵华，排挤美英的在华势力，支持和平解决。

南京国民政府：掌握实权的亲日派的何应钦主张"讨伐"张学良，企图置蒋介石于死地，取而代之。亲美英派的宋美龄等竭力主张和平解决。

中国共产党：开始主张杀，但冷静下来之后，认为民族利益高于一切！主张和平解决！如果武力解决，中国有可能爆发更大的内战，又会回到像北洋政府时期那样，内战再起，更有利于日本的侵略；而和平解决，可以有力推动国民党向停止内战、联共抗日的方向转变。）

师：西安事变的目的是什么？

生：停止内战，合作抗日。

师："不忘初心"。张、杨发动西安事变的目的就是逼蒋抗日。所以，在这样的情况之下，周恩来和秦邦宪（无锡人）、叶剑英等亲赴西安，首先与张、杨沟通，然后又与蒋谈判。在蒋介石答应了停止内战，一致抗日之后，12 月 25 日，张学良亲自护送蒋介石回南京，西安事变得以和平解决。

3. 西安事变和平解决的历史意义

师：西安事变和平解决的意义是什么？

生：揭开了国共两党由内战到联合抗日的序幕，成为扭转时局的关键。

生：十年内战（1927—1936 年）基本结束，抗日民族统一战线初步形成。

（四）本课总结

师：我们要做的是铭记，而不只是高呼"勿忘国耻"的口号。牢记历史、不忘过去，珍爱和平、开创未来！死者的血，生者的泪，提醒每一位中国人铭记历史的屈辱，并在铭记中奋进，在奋进中崛起！九一八事变仅仅是抗日战争的开始，后面的路还很长，我们下节课再继续学习抗日战争的历史。

［图表总结（板书）］

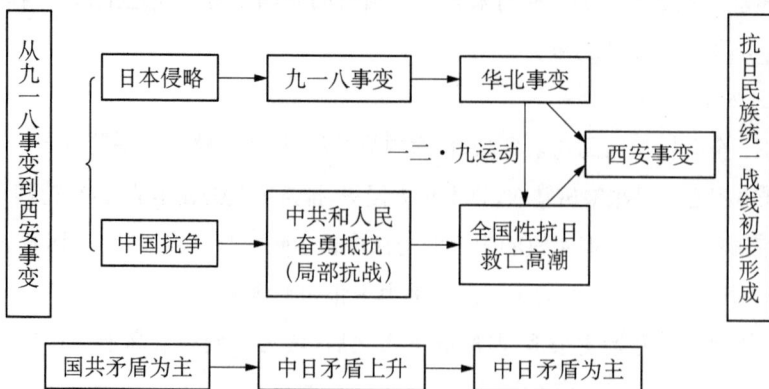

三、学生反响

课后对全班 44 名学生进行了问卷调查，反馈情况如下。

（一）本节课你最大的收获是什么？

了解了九一八事变（34 人）；了解了一二·九运动（13 人）；了解了西安事变（20 人）；对 20 世纪 30 年代中国的局势有了了解（11 人）；了解到日本侵华战争是蓄谋已久的行为（3 人）；了解了一些英雄人物（4 人）。

（二）本节课中你印象最深的是什么？

西安事变（15 人）；"杀蒋"还是"放蒋"的辩论环节（5 人）；日本对于九一八事变的蓄谋已久、国民党的不抵抗政策、日本的残酷统治（5 人）；歌曲《松花江上》悲怆的曲调、情感及创作背景（6 人）；一二·九运动时反动军警用水龙和木棒等镇压爱国学生（5 人）；无锡人蒋南翔（3 人）。

（三）本节课中你还没有完全把握或有疑问的是哪一部分？

九一八事变后国民党为什么不抵抗，仅仅是因为蒋介石的那些理由吗（5 人）；

日本为什么要发动侵华战争（2 人）；溥仪在日本发动侵华战争时是什么角色（1 人）；一二·九运动发动的原因、细节、作用等还没有完全把握（5 人）；对西安事变的真相、谈判的过程、西安事变之后的发展还有疑问（18 人）；无疑问（2 人）。

（四）学完本课你还想了解的是什么？

西安事变有关内容（27 人）；蒋介石是否履行了停止内战的诺言，张、杨二人的命运如何（6 人）；国共合作有哪些障碍（3 人）；进一步了解九一八事变（4 人）；有关抗日英雄的事迹（7 人）；更多的抗日歌曲（2 人）；继续了解国民党在九一八事变后为什么采取不抵抗政策，东北军为什么会撤回关内（3 人）；当时中日力量对比情况（1 人）。

（五）你觉得本节课的内容你掌握了吗？能自己设计一张本课内容的示意图（知识结构图）吗？

在隔了三天之后的第二节课，让学生尝试自己设计本课的知识示意图，学生用表格、线条等方式很好地画出了本节课的知识示意图。

（六）你喜欢课堂讨论（辩论）这种形式吗？你希望老师课堂上多做拓展吗？

从课后调查中了解到，学生对课堂讨论、教师课堂拓展，普遍表示欢迎，全班 44 位同学都赞成。

四、同伴声音

谢韵（无锡市江南中学教师）：代彦武老师执教的《从九一八事变到西安事变》一课，充分体现了历史学科的核心素养，在培养学生的家国情怀、爱国意识上层层递进，体现了他扎实的基本功，是一堂结构严谨、内容扎实、返璞归真的好课。

1. 突出了时空观念。通过板书时间轴，出示《九一八事变地图》《日本策划华北五省自治图》《东三省沦亡图》等有逻辑性、有时间顺序、形象的地图，向学生铺陈了日本侵略中国的过程，生动易接受。

2. 运用大量史料，论从史出。在讲到"九一八事变爆发的原因""蒋介石为什么采取不抵抗政策"时，各出示了四则"第一手史料"。虽然枯燥，但对初二学生来讲基本能读懂。在老师的指导下，学生渐渐掌握论从史出的能力。

3. 音乐的渲染，激发学生的爱国情怀。导入部分播放《松花江上》，把学生一下子带进沉重的气氛；在讲到华北危机时播放《义勇军进行曲》，一下子激发了学生的爱国热情。音乐是共通的语言，能引起学生强烈共鸣。

4. 立足初二、放眼初三。代老师不仅仅讲九一八事变，还讲到日本的"大陆政策"、世界经济危机，联系世界史，培养学生的历史理解和历史解释能力，还联系家乡历史，引发学生爱国、爱家乡的情怀。

值得注意的是，在让学生讨论"杀蒋"还是"放蒋"这一问题上，应充分讨论，抓住生成,及时肯定学生的回答;另外,应强调第 18 课在整个单元中的地位,主要讲 6 年局部抗战。总体来说,该课像一杯清茶,越品越有味道!

李蓉(无锡市南长实验学校教师):聆听了代彦武老师执教的八年级上册的《从九一八事变到西安事变》一课,受益匪浅。代老师在教学中,充分体现"育人为本"的教育理念,以培养和提高学生的历史素养为宗旨,将正确的价值判断融入历史叙述和评判中,在培养学生的情感价值观、学习能力与识记知识能力方面都获得较好的成效。

1. 从学生的认知水平出发,精选大量客观翔实的史料,培养学生论从史出的意识和能力。

2. 采用多种教学方式,促进学生更积极主动地感知历史并加以理解和探究。

3. 依照历史发展的时序,剖析几个历史事件的联系,让学生明确历史发展的基本线索和内在因果关系。

4. 辩论环节由于时间关系,学生展开还不够充分,很多学生还想发言。代老师可以在课后组织学生通过其他形式继续辩论。

代老师的这节课既生动又富有深刻内涵,让我获得了一次珍贵的学习机会!

魏奎(无锡市凤翔实验学校教师):

1. 本课教学目标的制定符合新课程标准的要求,体现了以爱国主义为核心的民族精神。代老师以史料为依据解释历史,培养学生的历史素养。

2. 教材内容三个子目处理科学,重难点把握准确,尤其重视已学和新学知识的形成、巩固、深化及应用。教学过程编排合理,层次清楚,时间节奏的安排也非常符合八年级学生的认知水平。

3. 鼓励学生分组合作,开展探究式教学,鼓励学生大胆发言,尝试让学生学会用口头表述的方式来陈述历史,大大增强了学生的信心,提高了学生的表述与交流能力。对一些问题的答案不是照搬照抄教材的说法,而是通过层层设问让学生去理解、去感悟。

4. 运用多媒体现代化教学手段的同时,也要重视板书的作用。有些内容结构如果边讲边板书,便于学生时时回顾,效果可能会更好。

五、教学反思

作为抗日战争史的开局课,在本课教学中,学生参与积极,达到了预期效果。现就教学设计思想和教学效果进行反思。

(一) 立足全局,系统立意

对于本课三个子目——"九一八事变""华北危机与一二·九运动""西安事变",学生有一定了解,但对于内在联系还不是太清楚,与课前设想一致。教学设计中,我注重三个子目的内在联系,让学生从全局、系统的角度理解本课内容。

九一八事变:强调这是日本蓄谋已久的侵略行为。通过四段材料分析日本的侵华政策,让学生了解九一八事变爆发的原因。九一八事变后,国共双方形成鲜明对比:国民党不抵抗,抗日联军继续进行着艰苦卓绝的抗日斗争。

华北危机与一二·九运动:日本的目的不仅仅是中国东北,而是整个中国。1935年,日本把侵略的魔爪伸向了华北地区,华北危急,中华民族危急。在这样的紧急关头,爱国学生走上街头,掀起了一二·九运动。然而,学生的爱国热情却遭到反动军警的镇压,激起了全国民众的愤慨,抗日救亡掀起高潮。

西安事变:军人在全国抗日救亡的感召之下,也终于行动起来了。张学良、杨虎城武力扣押蒋介石,发动西安事变。如何解决西安事变,成为当时的大事,从民族大义出发,西安事变最终得以和平解决,这也是发动西安事变的初心。抗日民族统一战线初步建立。

三个子目,层层深入递进,理清内在的逻辑关系,学生才能从总体和全局上掌握本课内容。课后让学生以知识结构图的形式对本节课内容进行总结,从反馈看,学生较好掌握了几个历史事件之间的关系,具有全局意识,教学达到了预期效果。

(二) 以课标为中心,注重学科核心素养

我在本课教学中,围绕课标,在提高学生历史学科素养方面进行了一些思考和尝试。

1. 突出时空观念

在本课教学中,我注意把历史事件放置在当时的历史背景下进行分析。九一八事变发生的背景,国民党的不抵抗政策,一二·九运动时的全国形势,西安事变的和平解决等,都要放在历史的时空中才能更好理解。

教学中,我通过时间示意图展现日本侵华过程,突出日本的蓄谋已久。运用《九一八事变地图》《日本策划华北五省自治图》《东三省沦亡图》等,再结合讲解,就让学生有了对时空的想象。

2. 注重史料实证,论从史出

对于九一八事变的背景,东三省沦陷的原因,国民政府的不抵抗政策,西安事变的和平解决等问题,通过让学生对史料进行分析,使他们能自主地得出结论,这符合八年级学生的特点。如果没有史料,学生很难全面分析,有史料做依托,他们就能较好地对问题进行分析。这样既减少了学生的学习难度,也有利于培养学生论从史出的意识。

3. 音乐渲染、情景再现,加深历史理解

本课教学中,我通过音乐、图片、视频等再现历史情景,也通过史料呈现的方式,和学生一道分析,在感性认识的基础上还原历史真实,使学生更易理解,也符合初中生的认知特点。从课后反馈看,效果也非常好,如《松花江上》,在教学中,我通过开始的导入和中间的呼应,让学生体会当时东北人民的情感,给许多学生留下了深刻印象。"一二·九运动中学生与军警搏斗"的图片,通过我的情景讲解,也给学生留下了深刻印象,使他们深刻感受到当时人民的愤怒,激发了民族责任感。

4. 问题导引,逐步深入

本课教学中,我通过一系列问题,以史料为依据,层层递进,引导学生思考。我设置了九一八事变爆发的背景,日本为什么要制造柳条湖事件,东三省沦陷的原因,蒋介石实行不抵抗政策的原因,九一八事变的影响,为什么会发生一二·九运动,为什么说"中华民族到了最危险的时候",西安事变发生的原因,张、杨为什么敢以下犯上,为什么要和平解决西安事变,西安事变和平解决的意义等一系列问题,引导学生分析,步步深入,发现问题,解决问题,使历史逐渐明晰。在思考问题的过程中,学生对历史事件之间的内在逻辑关系逐渐清晰明了。

5. 在思辨中成长，培养学生正确的历史价值观。

西安事变后，如何处置被抓的蒋介石成了棘手的问题。是"杀蒋"还是"放蒋"？针对这一问题，我组织学生进行辩论。学生积极参与，在辩论过程中，更加明晰民族大义的重要性。爱国主义和民族责任感在本节课的问题分析中多次得到体现。

(三) 改进之处

1. 华北事变和一二·九运动，由于详略问题，课上展开较少，给学生留下不少悬念。在课后调查中，有 19 位同学反映对此还有疑问。学生可以课后继续了解，我会在第二节课对有些内容做进一步补充。

2. 对于西安事变后"杀蒋"还是"放蒋"这一问题的讨论，学生参与积极，但由于课堂时间的限制，有些学生没能充分发表意见，这是一点小遗憾，但也可以让学生自己延续到课后思考辩论。此环节的设置，最开始是让学生自由发言的，但发现效果不是很理想，容易形成一边倒，无法更好地激发学生思辨。所以在第二个班进行教学时，我将自由发言调整为辩论，对学生进行分组，指定观点，这样效果有了很大提升，在辩论中，学生的思维得到碰撞，更能理解西安事变和平解决的意义。

3. 歌曲对课堂气氛的渲染效果要做好铺垫。在第一个班教学时，因为没有做渲染，也没有 PPT 歌词，上课伊始学生没能平静，没办法看着歌词听，所以效果不是很理想。后来在第二个班级教学时，我先进行一定渲染，在屏幕上打出歌词。学生静心聆听，看着歌词体会，效果一下就提升很多，奠定了整堂课氛围的基础。

4. 蒋南翔以及一二·九运动中反动军警用水龙、棍棒镇压爱国学生等内容是第二次上课所加，效果较好，使历史和现实有了密切联系。家乡人物能增加学生的亲近感，反动军警镇压爱国学生的部分，结合上课当日北京的天气（北京零下 5℃ 到 5℃ 的气温），学生会有切身感受，更能体会到当局的反动性质和全国民众的愤怒。

5. 从课后调查中了解到，学生对教师课堂拓展和历史故事普遍表示欢迎。但由于课堂时间有限，只能通过活动课和课前 5 分钟演讲等形式，提供学生展示的平台，教师在课堂上可以有意地进行加强。

教无止境，以上仅仅是本人在教学设计和实践中的一些思考，不当之处，敬请指正！

六、专家点评

点评专家：许伟，特级、正高级教师，无锡市历史教研员

课堂是历史教学的主阵地，聚焦课堂，让学生对历史有思考和反思，是历史教学的重要任务。代老师这节课注重历史学科核心素养，紧紧围绕课标要求，深入浅出，环环相扣，很好地实现了教学目标。

本课教学中，代老师对教材处理得当，理解到位。对于九一八事变，强调是日本蓄谋已久的侵华策略，而国民党采取不抵抗政策，使东北 100 多万平方千米的领土在四个多月内就沦丧了。紧接着，日本把侵略的魔爪伸向华北，制造了华北事变，爱国学生发起一二·九运动，却遭到反动当局的镇压，民众愤怒，掀起抗日救亡高潮。军人也行动起来，张学良、杨虎城发动西安事变，最终抗日民族统一战线初步建立。

教学中，代老师采用问题启发的形式，通过大量的史料实证，在历史时空的背景下分析问题，环环相扣，步步深入，让学生在思考中加深了对日本侵华的痛恨和对国民党不抵抗政策的愤怒，对西安事变和平解决的意义有了清晰的认识。

代老师在教学中注重课堂气氛的营造和地方史料的运用。歌曲《松花江上》和国歌的运用，无锡籍人物蒋南翔、秦邦宪的介绍，让学生感受到历史和现实的联系，增加了亲近感。本堂课课堂互动热烈，对于西安事变的讨论有深度，让学生明白我们要从大局出发，民族大义应放在首位。这样使历史价值观落实到位，又没有任何生硬的感觉。

教学永无止境，本课的教学大家还可以探讨其他的方式，在很好还原历史真实的同时，给学生以思想的启迪和素养的提升，让更多学生积极地投入到历史学习中。

【教者简介】

代彦武，无锡市凤翔实验学校历史教师，无锡市教科院初中历史学科教研中心组成员。他重视教科研，多次参与无锡市历史中考、会考命题工作，多次参加各级赛课，多篇论文获奖，参与编写《初中历史课堂教学问题诊断与教学技能应用》《初中历史学习策略问题透视与导引》《学习评价问题诊断与解决（初中历史）》等书籍，2014 年受邀参加《江苏教学新时空》网络教研直播。

课例 10　正面战场的抗战

执教：张巍然

一、教学预设

（一）课程标准

内容要点：列举正面战场的抗日史实，从中体会中国军民在抗日战争中英勇顽强，不怕牺牲的精神；探讨抗战胜利的原因和历史意义。

教学活动建议：有条件的地区，可以考察抗日战争的历史遗址、遗迹，或访问亲历抗战的老人，采访日军侵华罪行的受害者或见证人；举办抗战歌曲演唱会。

认知提示：理解正面战场对于抗日战争胜利的意义。

（二）学情分析

抗日战争史的教学因其在中国近代史中的重要地位以及国共两党在近现代史中的复杂关系，而经常成为教学中的难题。加上不少教师本身对这段历史的学习和了解较为片面，很容易在教学过程中将国民党与国民党军队的抗战活动相混淆，在叙述史实的过程中有一定的偏向，从而造成学生学习理解过程中的模糊化。加上学生在生活中接触到的客观反映国民党军队抗日活动的影视作品较少，有利于学生对这段史实形成形象化认识的材料较少，更增加了他们学习这部分知识的困难。

中国的抗日战争是国际反法西斯战争的重要组成部分，国民政府组织的抗战活动除了有国内以正面战场为主的抗战之外，还有支援太平洋战场的军事行动。对于学生来说，在空间架构上理解这两种军事行动之间的联系也有一定的困难。

本次教学所在学校为苏州工业园区开发区学校，地段生为学生主要来源，学生构成多元，能力层次较为复杂。学校教学业绩较好，历年普高升学率在 70% 左右。教学活动所在班级中，学生自主学习能力较强，理科偏强，合作学习不是很主动，独立表达和叙述能力偏弱。

（三）教学目标

知识与能力：了解台儿庄战役、保卫大武汉、第三次长沙会战等的基本史实，在指导学生了解史实的基础上，培养他们综合概括历史问题的能力。

过程与方法：利用相关的地图、图片和视频，培养学生分析、比较历史现象和表达历史观点的能力。

情感态度与价值观：通过学习正面战场抗战的史实，体会抗日将士在战争中英勇顽强、不怕牺牲的精神，从而对学生进行国家、民族利益高于党派、阶级利益的爱国主义教育。

（四）重点难点

台儿庄战役、保卫大武汉。

（五）教学方法

列表归纳法、刺激—反应联结法、讲授法、任务驱动法。

（六）课前准备

学生完成以下自主学习任务单。

一、学习指南
1. 课题名称：正面战场的抗战
2. 达成目标：梳理全面抗战爆发以来（1937—1945 年期间）的重大战役
3. 学习方法建议：阅读教材 92—99 页
4. 课堂学习形式预告：（1）展示学习任务单（2）基础检测（3）深入学习
二、学习任务
请根据教材 92—99 页内容，梳理全面抗战爆发以来（1937—1945 年期间）的重大战役，填写下列表格

二、学习任务

名称	时间	结果

三、困惑与建议(提示:此项由学生自主学习之后填写)

二、课堂实录

(时间: 2017 年 12 月 21 日　授课地点: 苏州工业园区星港学校　班级: 八年级(1)班)

(一)展示漫画,导入新课

(PPT 展示两幅漫画:《那年乱世如麻,愿你们来世拥有锦绣年华》《如果有一天我们能够相遇,我一定告诉你:山河犹在,国泰民安》)

师:这是两幅在最近某日,刷爆微博和朋友圈的漫画。大家知道那天具体是哪一天吗? 为什么是那天? 为了纪念什么?

生:12 月 13 日那天,为了纪念 1937 年在南京大屠杀中遇难的 30 多万同胞。(学生看得很认真,漫画触及到了他们内心,他们想到了南京大屠杀。)

师：南京城在当时的中国有何地位？

生：是当时中国的首都，南京国民政府的首都。

师：首都惨遭屠城。守城的将士们，也就是国民党军队没能抵抗住日军的进攻，那么当时国民党军队的战斗力如何？

（PPT 出示表格，学生思考。）

抗战初期国民党军队人数	全面抗战阶段国民党对日作战牺牲人数
252 万人	322 万人

师：1937 年卢沟桥事变之后，全面抗战打响，在抗日民族统一战线的旗帜下，形成了两个战场。正面战场，在长达 5 000 千米的战线上，作战的主要是国民党军队，因此一般也称为"国民党正面战场"；同时还有幅员 130 余万平方千米的敌后战场，这是中国共产党领导的八路军、新四军，在日本军队占领区形成的有一定军事控制范围的地区。两个战场相互配合相互支持，都为抗战胜利做出了巨大牺牲和贡献。其中，国民党军队在正面战场抗战初期投入兵力 252 万人，整个全面抗战阶段对日作战牺牲人数达 322 万人。

（有学生发出不可置信的声音。）

（二）合作探究，学习新知

（PPT 出示照片。）

师：这是一位国民党士兵的背影。从照片中你能看出他的装备如何？

生：他身背大刀，只有简单的武器，可以看出装备落后。

师：他把背影留给我们，他面对的是什么，他是谁，后来怎样，我们都不得而知。（有学生低声说，他面对的敌人是死亡，他背后是可以活下来的人。）我们只能通过今天的学习，去了解和感受他所经历的抗战。

（PPT展示学生作业照片，自主学习情况反馈。）

师：大家在课前进行了本课内容的自主学习，都梳理了抗战时期重要战役的名称和时间。现在我们根据刚才所学习的正面战场的概念，看看其中哪些属于这类内容。

生：（从屏幕显示的学生作业中，找出属于正面战场的战役。）淞沪会战、南京保卫战、台儿庄战役、武汉会战、徐州会战、长沙会战、豫湘桂战役等。

师：现在请大家用年代轴，再来梳理一下这些正面战场的重大战役。请两位同学到黑板上来完成，其他同学在自己的书上完成。

（学生自主完成后，相互纠错并进行修改。完成得并不顺利，战役的顺序多次修改才正确。）

（两位同学在黑板上用磁片完成。）

（教师在之后的教学中，利用这些磁片上的信息作为板书。）

师：了解了这些重大战役发生的先后顺序之后，我们还需要如何进一步认识这些战役呢？为什么选择这个地点展开战斗？中国军队采用了怎样的战略战术，表现如何？该战役产生了怎样的影响？

1. 血战台儿庄

师：请大家根据课本96—97页内容，思考这三个问题。（学生阅读思考。）

先请大家说说，为什么选择这个地点展开战斗？

生：日本占领南京后，为打通南北战场，夹击徐州。

师：夹击徐州，为什么选择在台儿庄打响这场战役呢？

（播放视频，同时解读"为什么是台儿庄"这一问题。）卢沟桥事变后，日军席卷华北，国民党军队百万精锐主力损失在淞沪会战和南京保卫战中。此刻，日军从南北两个方向像一把巨大的钳子沿津浦线收缩，地处津浦线与陇海线交汇处的徐州成为焦点。日军从津浦线南北进攻，如果拿下徐州，南北战线连在一起，中国最发达的东部海岸线将沦陷。（播放下一组PPT，出示台儿庄战役形势图。）台儿庄位于徐州西北，是阻止日军南下，拱卫徐州的重镇。

（配合 PPT 讲述。）沿津浦线南下的日军首先从北门攻入台儿庄庄寨,并占领了文昌阁、城隍庙等处,庄寨内的中国守军从南门与庄寨中心地带向城隍庙与北门附近的日军发起进攻,经过激烈的巷战与肉搏终于夺回庄寨内大部分被日军占领的区域。此时,位于庄寨外各处重镇的中国军队,历经月逾数次的浴血奋战,也已经为对进入台儿庄地区的日军建立起包围奠定了基础。最终,台儿庄内外的国民党军队经过 4 天激战,共歼灭日军 11 984 人,缴获大批武器弹药,达到了消耗敌人兵力的目的,严重挫伤了日军的气焰。

（在教师的整个讲述过程中,学生听得非常认真。在教师播放视频说明徐州地理位置的时候,有学生在视频中的危急关头发出惊呼,台儿庄战役过程讲完的时候,学生们如释重负。）

师:通过刚才的描述,你能看出台儿庄战役中,国民党军队采用了怎样的战略战术呢?

生:内外夹击。

师:(照片)1938 年 4 月 8 日,台儿庄战役胜利后,中国军队主将在火车站站台下拍照并题词,寄给自己的母亲。这个人是谁? 从他的题词中可以看出台儿庄战役的胜利产生了怎样的影响?

生：第五战区司令长官李宗仁。

台儿庄战役振奋了中国军民的精神，坚定了抗战意志和信念。

师：坚定了什么样的信念？哪里看出来的？

生：坚定了抗战必胜的信心。从李宗仁写给母亲的题词"将日本帝国主义者……摧毁于我装备劣势之部队，是以益信抗战必胜"中可以看出。

师：那么这种信心从何而来？

生：歼敌万余。这是抗战以来正面战场取得的最大胜利。

（同时 PPT 展示影响。）

师：在这之前，中国军队连续失败。到底是什么样的国民党军队取得了这样重大的胜利呢？（PPT 展示第五战区主要作战序列。）这张图大体展示了参加台儿庄战役的国民党军队构成，从这种构成上能够得出什么认识？

生：这是一支"杂牌军"。

师："杂牌军"凭什么创造"奇迹"？

"杂牌军"中的川军，曾被称为"吊儿郎当双枪将"。"双枪"是什么意思呢？

生：他们带着烟枪上战场，抽鸦片。

师：（川军照片）照片中的川军士兵给你留下什么印象？

生：装备差，身体羸弱。

师：川军在出川抗日的路上，因为装备和补给严重不足，曾经发生过遇到其他部队的军械库，便破门而入，擅自补给的事。也因此，川军在抗战初期被认为是"抗日不足,扰民有余"的"土匪军""烂部队"。但就是这样一支部队,在抗战期间总共有 300 多万人奔赴前线,伤亡人数约为全国抗日军队伤亡总数的 1/5,居全国之冠。

（照片："死"字旗）这是一位父亲送给儿子的旗——"国难当头,日寇狰狞。国家兴亡,匹夫有分。本欲服役,奈过年龄。幸吾有子,自觉请缨。赐旗一面,时刻随身。伤时拭血,死后裹身。勇往直前,勿忘本分!"

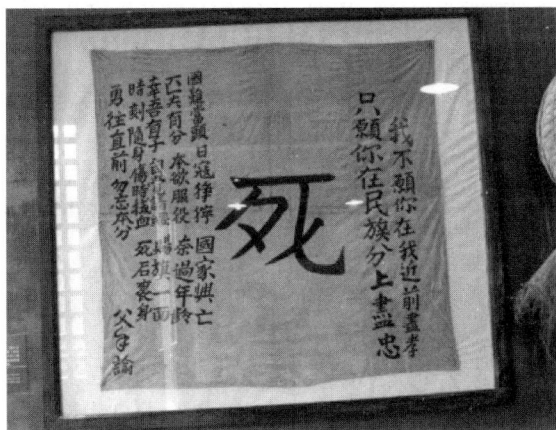

（照片：川军牺牲战士遗体）这是一位牺牲在台儿庄战役中的年轻的川军战士。1938 年 3 月天气寒冷,他的脚上穿着草鞋,腰间系着草绳,也许是为了抵挡寒冷和饥饿。（学生表情凝重。）

在台儿庄战役期间的藤县保卫战中,川军 122 师师长、参谋长、团长全部阵亡,最后剩下的 300 多名重伤员无法撤离,就互炸殉国。他们以自己的牺牲,拖住日军 100

多个小时，为李宗仁建立起对抗台儿庄地区日军的包围圈赢得了时间，换取了整个战局的胜利。

是什么让这支"土匪军"为换取战局胜利，而甘愿牺牲自己？

师：（照片：庞炳勋）再来看看这位，西北军将领庞炳勋，在内战期间他是一位以"保存实力"著称的地方军阀。而在台儿庄战役中，他亲自率军，据城死守，日军反复冲杀都未能越雷池一步。

是什么让这位将官从"内战保存实力"变为"抗战为国效力"？

川军和西北军将领庞炳勋究竟因为什么而发生了这么大的改变？

生：因为日军的进攻，日本的侵略，有了共同的敌人。

因为都要抗日，都要把日本帝国主义赶出中国。（积极思考回答。）

师：在共同的目标、共同的使命、共同的利益面前，国民党的"杂牌军"结成了命运共同体，共同抗日。

师：1938年6月，为了防止日军沿平汉线南下，蒋介石下令炸毁了郑州花园口黄河大堤，给黄河下游人民带来了巨大灾难，也迫使日军放弃了沿平汉铁路南下的计划。同时，中日双方共计140多万兵力陆续集结于武汉，打响武汉会战。

2. 保卫大武汉

师：先请大家阅读课本97页，思考三个基本问题。

请大家看两段材料，思考一下中日双方进行武汉会战，各自的战略目标分别是什么？为什么？

（PPT呈现文字史料：

"这次抗战，……我们现在与敌人打仗，就要争时间。我们就是要以长久的时间来固守广大的空间，要以广大的空间来延长抗战的时间，来消耗敌人的实力，争取最后的胜利。"

——蒋介石1938年2月

"此次大战所期待的是使蒋介石政权降为地方政权。"

——日本裕仁天皇）

生：蒋介石是想"延长抗战的时间"，通过持久战的方式来消耗日军，争取胜利。

日本是想"迅速"让蒋介石政府投降，这样就可以消灭中国了，希望通过这次武汉会战就达到这个目的。材料强调"此次大战"。

师：那么为什么他们把自己的战略目标都放在武汉来完成呢？大家听一首 1938 年 4 月的歌曲《保卫大武汉》。(播放音频及歌词："热血沸腾在鄱阳　火花飞进在长江/全国发出了暴烈的吼声　保卫大武汉/武汉是全国抗战的中心/武汉是今日最大的都会/我们要坚决地保卫着她/像西班牙人民保卫马德里/粉碎敌人的进攻　巩固抗日的战线/用我们无穷的威力　保卫大武汉/粉碎敌人的进攻　巩固抗日的战线/用我们无穷的威力　保卫大武汉。")

生：武汉是当时全国抗战的中心。(学生听得很认真,边听边思考。)

师：武汉被称为"九省通衢",军事位置十分重要。南京保卫战前后,国民政府将部分军政重要机构迁到武汉,武汉成为当时中国政治、军事中枢,也是国共控制区的连接中心。日军进攻武汉,就是要摧毁国民党领导抗战的中枢。面对来势汹汹的日军,中国方面要想获胜,依靠什么呢？

生：巩固抗日民族统一战线。

师：面对日军的进攻,当时的中国人做出如下反应。

(文字史料：

1. 1938 年 6 月 12 日,中共中央提出"保卫大武汉"的口号,号召全民保卫武汉。

2. 1938 年 6 月 27 日,国民政府军事委员会颁发《抗战一周年宣传大纲》,提出"保卫大武汉"的口号。

3. 在 1938 年 6 月的武汉会战中,八路军、新四军主动配合武汉保卫战,先后作战上千次之多。

4. 一位武汉老太太扯下金耳环就捐了；一位北平来的流亡老汉,一连捐了 3 次款；就连江汉关前的一个乞丐,连褂子都没得穿,也捐出了自己仅有的一点钱。)

师：这些现象分别说明什么？

生：国共在保卫武汉问题上达成共识,国共进行军事合作；全民族团结起来,共同抗日,保卫武汉；由于共同的目标、共同的使命、共同的利益,全民族结成了命运共同体。

师：在武汉会战中,中国守军又要用什么样的战略战术呢？

(地图：武汉会战要图)大家观察这幅地图,从中国守军部署的位置可以看出此次会战用了什么战略战术？

生：国民党沿着长江、淮河、大别山部署军队，利用有利地形。

师：这样的战略战术有没有起到效果呢？（照片：万家岭战役后日军坟冢）这是战后的一处墓地，可以看出是什么人留下的吗？从入葬的情况可以看出当时的战况吗？

生：从姓名看，是日军留下的。碑用木头做成，大小不一，可以看出掩埋得很仓促。

师：这是武汉会战万家岭战役中留下的。战场上，日军一般都会把阵亡的遗体搬走，但是在万家岭战役中，日军一个师团伤亡过半，连基层军官都损失殆尽，只能通过空投军官来维持战斗组织，更是来不及搬走遗体，只能割去小指带走并就地掩埋尸体。于是出现了大量照片中这种乱葬的情况。

在整个武汉会战中，国民党军队坚持了 4 个半月，在长江南北岸跨安徽、河南、浙江、湖北等省与日军展开了这场殊死搏斗。在这场时间最长、规模最大、牺牲最大的会战中，国民党军队总计伤亡 40 余万人，日军伤亡 25.7 万人。

这样的战绩对于整个抗日的战局产生了怎样的影响呢？我们再来回顾中日双方领导人在战前定下的战略目标，最后的结果与哪一方的预期更接近呢？

生：（根据 PPT 思考，讨论。）日本没能让蒋介石政府迅速投降，蒋介石达到了延长抗战时间的目的，进入持久战。而且战争的结果越来越有利于中国。

师：武汉会战使日本企图迅速灭亡中国的战略彻底破灭。虽然之后广州、武汉先后失守，但是日军兵力已经严重不足，抗日进入相持阶段。在抗战的相持阶段，国民党军队仍然在正面战场坚持顽强抵抗日寇。

到了 1941 年前后，国际局势发生变化，对中国产生了重大影响。请大家观看视频，这一时期国际局势出现了哪些新变化？

生：（观看视频。）珍珠港事变、美国参战、世界反法西斯联盟建立、西方大国反法西斯战争中的"重欧轻亚"战略。

师：中国加入世界反法西斯联盟之后，仍然要依靠中华民族自己的力量进行抗日斗争，这对于已经苦苦独撑十年的中国人民来说是个不小的打击。在这个关键时刻，中国军队在湖南战场上打赢了一场振奋人心的胜仗。是什么？

生：1941 年底的第三次长沙会战。中国军队调集重兵防御，取得胜利。

师：（地图：《第三次长沙会战形势图》）这次会战的指挥官——薛岳将军，运用"天炉阵法"坚持后退决战,他将兵力部署成网状据点,分段消耗日军兵力和士气,最后将其"拖"到决战地区,进行围歼。

第三次长沙会战的胜利,对当时的中国和世界产生了什么影响?

生:当时美英盟军在太平洋战区接连败退,中国又处于抗战相持阶段,这次胜利振奋了世界反法西斯国家的士气,坚定了胜利的信心。

师:不仅如此,视频中也提到,这时候的中国作为世界反法西斯同盟的一部分,还要承担起国际责任。在军事行动上,我们是如何做的?

生:中国远征军入缅作战。(阅读教材99页"知识拓展",了解概况。)

师:当时的中国如此贫弱,已经独自支撑抗击日本法西斯的斗争长达十年之久,为何还要派出兵力去支援其他国家?(出示缅甸以及印缅战区地图。)

生:缅甸是中国的邻国,英美都是世界反法西斯国家,日本是当时我们共同的敌人。

师:我们有共同的目标、共同的使命、共同的利益。中国与英美也是世界反法西斯斗争的命运共同体。1944年,日本为了支撑太平洋战场,打通纵贯中国大陆到越南的陆上交通线,发动了一场新的战役。这场战役的名称是什么?国民政府采取什么应对态度?导致了什么样的结果?

生:豫湘桂战役,由于国民政府消极抗日、积极反共,导致国民党军队在正面战场大溃败。

师:(出示豫湘桂战役总体形势图。)1944年春夏期间,根据日军大本营下达的"一号作战"命令,日本80万中国派遣军中有2/3集中于进攻正面战场,意图打通陆上交通线,同时对困于大后方的国民政府形成东西夹击的局面。

在这一困境中,蒋介石确定"东守西攻"战略,国民党军队在东方正面战场对日采取防守策略,以保证远在缅甸的中国远征军不回调　兵　卒增援国内战场,得以在太平洋战场的印缅战区取得反攻缅北的胜利。"西攻"虽然取得了战绩,"东守"却并未实现。国民党军队在豫湘桂战役中的表现不仅未能增强人民胜利的信念,反而导致20多万平方千米的国土沦丧,使全国民众对国民党当局的认识发生根本性转变,引起了国民党政治、经济、军事上的全面危机。人民看到仅仅依靠国民党进行抗日已经希望渺茫。而此时,另一支抗日力量逐步成为领导中国人民进行抗日斗争的中心力量,这就是?

生：中共领导的敌后抗日根据地迅速扩大,在国民党当局溃败的同时展开了对日反攻和进攻。中国抗日的希望由正面战场逐渐转向敌后战场。

师：即便豫湘桂战役大溃败,也不能损害国民党爱国将士在抗战期间顽强抗争与不怕牺牲的英名。

"一寸山河一寸血,十万青年十万军",这些战士之所以能够扛起那样简陋的装备走上战场,是因为他们的心中有着对胜利的信念和对未来的希望,他们在为"自己人"流血,为"自己人"的未来流血。

今天我们能做些什么,来将他们那种对"吾国""吾民""吾土"的信念继续传递下去,传递到将来呢? 这是我们通过今天的学习需要思考的。

师：我们通过一张表格对今天学习的内容进行小结。

(学生完成表格并与教师一起,将黑板上的内容再次以年代轴形式进行呈现。)

三、学生反馈

(一) 本课中你最大的收获是什么?

生1：以前一直不清楚国民党军队在抗战中打过哪些大战役,这次终于清楚了。

生2：学习到了几场大战役,各自有什么影响。

生3：以前一直以为国民党军队不抗日的,通过这次学习知道了他们也是很英勇的。

生4：对这些战役大概在地区上什么位置发生,有了一定的印象,以前以为都在长江北岸。

生5：通过年代轴学习,这个方法很好用。

(二) 本节课中你印象最深刻的是什么?

生1：川军的惨烈,牺牲那么多,装备这么差,在国民党军队中地位也不高。

生2：台儿庄战役中国民党参战的部队与日军相比实力差距这么大,能够取得胜利,真悲壮。

生 3：战争真残酷,这些大战伤亡人数那么多。

生 4：国民党的将领也会运用战术,会打仗。

生 5：国民党军队抗日也很英勇。

(三) 本节课中你还没有完全把握或还有疑问的是哪一部分?

生 1：国民党当局为什么要消极抗日,积极反共? 一开始不是抗日也很积极吗?

生 2：正面战场上只有国民党军队进行抗日吗?

生 3：中国要是败了,美国在太平洋战场也很难支撑啊,为什么他们还会"重欧轻亚"?

生 4：中国入缅作战的军队是国民党的抗日军队啊,而且也起到了主要作用,为什么不能算正面战场?

(四) 学完本课后你还想了解的是什么?

生 1：想知道更多关于抗日的故事。

生 2：想知道国民党军队中著名的抗日将领,都打过哪些大战。

生 3：正面战场还有共产党的军队,他们怎么在正面战场抗日的?

生 4：长沙后来沦陷了吗?

四、同伴声音

戴刚(苏州工业园区星港学校教师)："那年乱世如麻,愿你们来世拥有锦绣年华",本课导入使用一幅 1937 年和 2017 年的两个小女孩对望的黑白漫画,给学生以强烈的历史和现实的冲击。这种导入方式简洁、切题、新颖,使学生自然进入本课的学习中,激发学生的学习兴趣。

陆建华(苏州工业园区星海学校教师)：课堂教学要有"新",就必须有"心",要有贯穿全课的灵魂,要充分发挥教师对教材的自主整合。这节课,张老师以细节激发学生兴趣,以多样化的材料体现本课的主旨,线索比较清晰。但教师同时要研究学生,依据学生的知识水平和理解能力,利用丰富的学科资源,发挥学生的主体作用,这才是教学成功的关键。这节课,从学生回答问题的情况看,学生有深入地思考,能跟着张老师设计的问题进行探究。但学生的自主参与度不够高,仅仅只是按照老师设定好的路线进行学习。

曾兴礼、沈灿(苏州工业园区独墅湖学校教师):张老师通过列举抗战初期国民党军队人数和全面抗战阶段国民党对日作战牺牲人数,进入本课的学习,这样可以让学生对抗战时期国民党组织的正面战场有直观、具体的认识。学生的学习兴趣浓厚,课堂气氛也活跃起来了。随后,张老师进一步指出,面对日本帝国主义的侵略,中国军队在正面战场上先后组织了淞沪会战、太原会战、徐州会战、武汉会战等一系列战役,沉痛打击了日本侵略者的嚣张气焰,粉碎了日军三个月灭亡中国的狂妄计划。然后,张老师通过多组历史照片、战争数据、史料的对比,引导学生给予正面战场中国军人的英勇奋战、不怕牺牲的抗战精神极大的肯定和崇高的敬意,也让在场学生一瞬间树立起对国家、民族强烈的责任心,明白"天下兴亡、匹夫有责"。

在师生合作探究过程中,如分析淞沪会战、太原会战、徐州会战、武汉会战的原因、特点、影响等时,可先鼓励学生根据列举的相关资料自主分析,这样可极大提高学生的个人感受,与学生达到思想的碰撞,从而提高学生思维的广度和深度,进一步提升历史课堂的教学效果。在列举正面战场的抗战史实时,如果将学生分成四组进行填表比赛,可以提高学生学习的积极性,检测学生对于本节知识的掌握程度。

在补充延伸部分,强调正面战场的抗战的同时,说明了其有力地支援了中国共产党领导的敌后战场,为敌后游击战争创造了有利条件,解释了正面战场后期由于国民政府推行消极抗日,积极反共的方针,致使豫湘桂战役大溃败,中国丧失了大片国土。在这部分,可能由于教学内容过多,教学过程显得比较紧凑,有些问题分析不够到位。

五、教师反思

1. 主旨立意的预设与实效

抗日战争是鸦片战争以来中国人民反抗外敌入侵战争中第一次取得完全胜利的民族解放战争,是中华民族走向伟大复兴的转折点。中国人民巨大的民族觉醒,空前的民族团结和英勇的民族抗争,是取得胜利的决定性因素。根据课标对于本课相关内容的表述,我以"命运共同体"为核心词,将主旨立意定位为"正面战场的抗战是民族命运共同体的一部分,其辉煌战果和顽强精神作为抗战胜利留下的宝贵遗产,极大促成了当时以及之后中华民族的觉醒,在今天仍然是激励中华民族复兴的重要因素"。

从学生反馈来看,他们对于"战果和精神"的掌握情况较好,但是对于"民族命运共同体的一部分"的理解还是比较教科书化,仅字面理解为"社会各阶层在国共两党领导下的全民族抗战",而对于"正面战场具体如何体现出全民族抗战"的理解更为片面。本课的主旨立意对于学生的理解能力要求较高,学生不仅要建立对全国抗战形势的认识,要建立对世界反法西斯战场的认识,还要理解过去与今天之间抽象的联系。

总体来说,通过本课学习,学生对于国内抗战形势形成了较为全面的认识,在战争的地理位置,以及国民党军队的抗战活动等方面填补了过去学习的空白。对过去与今天的联系能够得出比较常规的认识,虽然这些认识更多是基于政治课的内容或者道德判断,诸如"好好学习告慰英烈""今天我们的美好生活是过去这些年轻的军人们顽强抗争的结果",但这些是初中阶段学生能力所及的基本认识。而从空间上把握中国正面战场与太平洋战场的配合关系比较困难。就本课内容来说,所给篇幅有限,加上学生还没有学习第二次世界大战的相关内容,出现这种情况较为正常。在本课教学中,为了应对这个问题,我在预习反馈阶段对"入缅作战"进行了简单的空间说明,在课堂上用了视频和地图来进行空间定位,但是从学生反馈来看实际效果并不好,学生对这个问题甚至还有些糊涂。所以还需要我在课后补充一些资料,让学生去进一步理解,或者在课堂上直接将几幅战场形势图同时呈现出来。我可以先在一幅太平洋战场的总图上以点位呈现,再用具体的形势图做对比呈现,这样学生看起来更直观。

2. 概念的界定与理解

教材中对于正面战场作战的军队大量用了"中国军队"这一表述。中国的抗战一般分为正面战场和敌后战场两部分,虽然国共两党领导的军队都参与了两个战场的作战,但是正面战场上主要由国民党军队抗击日军。另外,本课所涉及到的几场战役均由国民党军队组织展开,而且教材文本中并没有提到八路军和新四军在这几次作战行动中的具体表现。因此,我将本课所指正面战场上的军队主要定义为国民党军队,希望通过学习本课知识,学生可以对国民党军队的正面战场形势有所了解,并对国民党军队的英勇抗日有所感受。

从教学效果来看，学生对于我在教学预设时进行的概念界定仍有存疑，提出想了解共产党军队在正面战场中的表现如何。我为了在本课教学中突出自己的教学主旨和立意，利用教材文本，刻意回避了中国共产党在正面战场的抗战，结果反而造成了一定的学习障碍。其实如果换一种方式处理，就可以避免课后学生的质疑。在概念界定的时候可以明确让学生知道，抗战期间，国共两党虽有"兄弟阋于萧墙"，但主要还是"外御其侮"，相较于之前两党之间的十年内战已经是很大的进步。在教学的具体过程里，用史实对这个概念进行解读时，可以通过数据去体现在不同战场上两党军队的主次关系。这样就既可以表明正面战场上确实存在国民党与共产党军队相互配合作战的情况，又可以突出国民党军队在正面战场起主要作用。

另外对于本课核心概念"正面战场抗战"的定义，还要厘清"国民党军队"与"国民党政府"在正面战场的活动之间的区别，需要学生理解国民党政府在抗战后期"消极抗日、积极反共"的政策并不能抹杀"国民党军队"的牺牲与贡献。为此，我在教学活动中主要突出国民党军人的抗日形象，淡化国民党政府的对日政策。针对初中学生我做出这样的处理，确实帮助他们建立起了本课的核心概念，即"国民党军队在正面战场的抗战"，回避了抗战中存在争议的一些问题，起到了突出重点的作用。

3. 教材的整合与重构

本次部编教材的十四年抗战部分在编排上与以往教材最大的不同，就是首次将"正面战场"与"敌后战场"的抗日活动分别安排了一个独立的课时。为了突出"命运共同体"这一教学主旨，我在备课中选择了一些与这一主旨相关的材料。对于教材文本中已经有的史料，我在教学具体实施中也结合主旨进行了筛选。中国军队在正面战场上英勇顽强，就国内来说，一方面是国共第二次合作后两个党派的共同抗日，另一方面还有国民党军队内部从新军阀混战阶段的相互推诿扯皮转变为团结合作后，焕发出强大的战斗力，以及全民族不同阶层团结一致，对国民党正面战场的支持。就国际来说，正面战场的独立苦撑也是对整个太平洋战场的战略支援，体现了中国在国际反法西斯战争中的贡献与牺牲。就过去与现在的联系来说，今天的和平就是建立在第二次世界大战之后形成的国际秩序之上，并且在人们对于战争的反思中不断调整。从这些角度思考，我们可以看到历史的学习有了纵向与横向的联系，有了过去、现在和未来的联系。

　　为帮助学生从这些层次理解"民族命运共同体"，我在台儿庄战役、武汉会战的史料选择上有不同的侧重。在探究台儿庄战役胜利原因的时候，我突出第五战区军队来源的"杂"和"烂"，从而体现团结战斗中的"同"和"强"。这部分教材整合达到的效果很好。在武汉会战部分，我用当时武汉各界对于大战的热情支持，呈现出各阶层的团结。为了表现中国共产党在此次会战中的地位，我从党中央的表态和八路军的军事配合两方面呈现相关材料内容，帮助学生理解以国共合作为核心的抗日民族统一战线是怎样在正面战场的抗战中发挥作用的。但是我在呈现这部分史料和教材内容时建立的追问链不够清晰，教学过程中给学生思考的时间和可用的材料也不够充足，最终导致学生只将中共当作此次会战所团结的力量之一，而无法体会到国共两党在正面战场上的相互配合，这样就容易割裂两个政党和两个战场的关系，不利于学生进一步理解"民族命运共同体"。

　　如果重新设计的话，我可以将这部分再分为两个层次。首先是"国共两党在正面战场上的命运共同体"，武汉会战中两党党中央和军队都有较多的互动史料可以在此呈现，然后再呈现社会各界支援会战的史料，让学生逐步理解"民族命运共同体的核心与表现"。另外在此处，还可以再补充一些正面战场上国共之间密切配合的事例。其一，国共两党以三民主义作为合作的政治基础，虽然没有具体的共同纲领，但是国民党的《抗战建国纲领》与中共的《抗日救国十大纲领》在基本原则上保持一致；其二，中共中央领导人毛泽东等对在台儿庄战役中壮烈殉国的国民党上将王铭章给予高度评价，题赠挽联——"奋战守孤城，视死如归，是革命军人本色；决心歼强敌，以身殉国，为中华民族争光"；其三，1938 年武汉会战期间，八路军和新四军主动配合武汉保卫战，先后作战上千次之多；其四，1937 年 8 月，中共中央委员会成立八路军后方留守处，后改称留守兵团，正面战场上晋、陕两省交界的黄河段，就由国民党驻陕部队和八路军留守部队共同守备，这是防止日军攻占陕西，南下重庆的重要战场；其五，还可以在木课提到太原会战中，国共两党相互配合，在平型关成功阻击日寇，取得了全面抗战以来的首次大捷，并且向学生预告部分具体知识，会在下一节课学习。

　　4. 教学方法的设计与实践

　　因为本课史实在教材中呈现得比较清晰完整，所以在教学实施中，我大量运用了拉斯卡的教学方法，体现为"呈现方法、实践方法、发现方法、强化方法"的学习过程。

反复带领学生用表格、年代轴对学习内容进行梳理,对于几场战役都用三个同样的问题来提问,以此帮助学生去建立学习这类知识的基本路径。

整体教学过程中,学生已经基本可以熟练掌握这个方法。但是我设计活动的时候,线性的过程较多,学生之间的对比竞争较少,这样就显得学生参与热情不高。整节课教师讲得较多,学生参与讲述得较少,表达自身情感的机会也比较少,课堂气氛会显得不够活跃。尤其是关于抗战精神和正面战场的评价,没能让学生自己来完成。就像同行老师建议的那样,我完全可以设计一些竞赛性活动,让学生可以更直观、更自主地学习,这样学生的思维碰撞也会更积极。

六、专家点评

点评专家:陈康衡,教授级高级教师,原南通市历史教研员

中华民族长达十四年的神圣抗战,历来是中学历史教学的重点,是历史学科培养学生家国情怀素养的极好内容,《正面战场的抗战》一课尤其能体现全民族的抗战。怎样教出新意,让学生有新的收获,得到新的启发,需要历史教师创新教学思维,创设新的历史情境,运用新的学术观点,选取多种新的史料来实施教学。通过观摩张巍然老师执教的《正面战场的抗战》一课,我感到他下了很大的功夫,我认为本课的教学有以下三大亮点。

(一) 主旨明确,教学立意新颖

历史教学的前提是求真、求实,课堂教学出彩之处在求新。历史老师在坚守"求真"这一历史教学底线的同时,又要与时俱进,结合史学研究的前沿成果,用时代的话语,突出教学的主题。张老师确定了本课主旨,突出正面战场抗战是全民族抗战的重要组成部分,以民族命运共同体立意。教学立意新颖,充分展现了抗战初期国民政府积极组织抗战,爱国将士英勇作战,正面战场是抗击日军战略进攻的主战场。同时又运用著名战役的具体数据来验证主题,让学生清楚地认识到抗战是中华民族共同体反侵略、求生存的共同事业,而以国共合作为基础的抗日民族统一战线和全民族共赴国难、持久抗战,是抗日战争最终取得胜利的保证。

(二) 形象直观，培养史证素养

初中历史教学要从学生的认知规律和接受程度出发，用史料说话，逐渐培养学生史料实证的素养。这就需要教师精心选取史料，恰当地运用史料，发挥史料的实证作用，这是历史教学必须遵循的基本原则——"论从史出"。张老师通过创设新情境，层层设问，引导学生进行历史的探究之旅。从导入新课的时空漫画，到反映战争的图片、抗战歌曲、文字史料、实物照片、视频资料等，她用形象直观的史料连接教学的各个环节，将抽象的内容形象化，概括的结论具体化，让学生知道史料是认识历史的唯一桥梁，是多种多样的，要从史料中提取有效信息，从史证的角度进一步加深对历史事件的认识。

(三) 学思结合提高学习能力

初中历史教学的理想境界是学生爱学历史，会学历史，学好历史。这就需要历史教师发挥主导作用，可以让学生参与教学，教师引导学生积极思考，教会他们学习方法，提高他们的学习能力。张老师通过激趣、设疑、设问的方式，带领学生用表格、年代轴对学习的内容进行梳理，提出具有一定思维含量的问题，引导学生思考、讨论，即时检测、反馈学生的学习成果。他让学生动脑、动手、动嘴，其中也有师生互动、生生互动，使课堂充满灵动。这样既让学生了解了真实的历史，又让学生思考学史何用。让学生知道历史是一面镜子，以史为鉴，将来走上社会才能用历史的眼光，站在历史的高度看问题、看现实、看人生。历史教学能做到这些，那就发挥了历史教学最大的社会功能。

【教者简介】

张巍然，苏州市中小学学科带头人，苏州工业园区星港学校教科师训处副主任。他曾获第十三届"全国中小学信息技术创新与实践活动"微课程评优赛一等奖，恩欧希教育信息化发明创新奖，"一师一优课"江苏省优秀奖，苏州市把握学科能力竞赛一等奖；多次参与省市级公开教学活动，包括以"多元史观教学""多维角度教学""史论结合教学"和"思维导图教学"为特色进行实践教学；先后参与国家级、省级课题，主持市级课题，在省市级刊物发表多篇论文。

课例 11　香港和澳门的回归

执教：李捷

一、教学预设

（一）课程标准

了解香港、澳门回归和海峡两岸关系改善的史实，认识祖国统一是历史的必然趋势。

（二）学情分析

1. 南京市浦口区大桥中学地处浦口区最北端，与安徽接壤，是南京市正在创建的46 所"新优质初中"之一。一直以来，学校教育教学质量不高，处于全区中下游。近几年，学校在市区教育主管部门的关心和指导下，借助南京市"新优质初中"发展的平台，教育教学质量明显提升，已进入南京市"新优质初中"前列，并且连续两年获得南京市"新优质初中"综合评估一等奖。

2. 学校学生的构成比较复杂，外来务工子弟约占学生总数的 1/4，本地留守学生约占学生总数的 1/5，加之离异家庭、单亲家庭、贫困家庭等，学校特殊学生约占学生总数的 1/2。学生学习动力不足，知识面较窄，自主学习能力相对较弱。

3. 初二学生经过一年半的历史学习，对历史学科教学有一定程度的了解。香港、澳门的回归相关内容距离学生生活并不遥远，学生理解并不困难。学生对历史学科学习的基本方法有一定的了解，并有一定程度的掌握，具备一定的学习历史的基础素养，历史学科核心素养正处在养成阶段。

4. 本次教学活动所在班级是初二(4)班，共 36 名学生，男女生各 18 名。班级学习水平处在同年级前列，因为班主任管理严格，注重常规管理，所以班级课堂纪律相对较好，但学生不够活泼。班主任任教语文学科，学生语文基础不错，对历史学科也有一定兴趣，文史的基本储备相对于同年级其他班级好一点。

（三）教学目标

1. 通过观看港澳回归图片等资料，感受香港、澳门艰难的回归历程，加深对港、澳回归意义的理解，认识到祖国统一是历史发展必然，初步形成唯物史观。

2. 通过观察《英国侵占香港示意图》，了解与香港相关的"三个条约"，知道香港问题的由来；结合"澳门标志：大三巴牌坊"的图片，了解澳门问题的由来；观察《港澳示意图》了解香港、澳门的地理位置，培养学生的时空观念。

3. 通过观察《1984 年中英签订〈中英联合声明〉》《中英香港交接仪式》《中国人民解放军驻港部队接管香港防务，受到香港人民的热烈欢迎》等图片，见证香港回归祖国的历程；通过《邓小平在中央顾问委员会第三次全体会议上的讲话》《撒切尔夫人的回忆录》等相关史料，理解中国能够解决香港问题的原因，进而提升史料实证的意识。

4. 了解"一国两制"提出的背景、含义及深远影响；简述香港、澳门回归的过程和意义；了解香港和澳门区旗、区徽及其含义，培养学生解释历史的能力。

5. 知道邓小平创造性地提出"一国两制"的伟大构想，为香港和澳门的回归作出了巨大的贡献；了解香港、澳门回归祖国，说明中国的国力日益强大。认识到伟大历史人物对国家发展的推动作用，感受到"我们的身后有一个强大的祖国"，具有家国情怀。

（四）重难点

1. 重点：香港和澳门回归的历史意义。
2. 难点："一国两制"构想的基本含义。

（五）教学准备

多媒体。

（六）教学方法

讲述法、探究法。

二、课堂实录

（时间：2018 年 3 月 21 日　授课地点：南京市浦口区大桥中学录播室　班级：初二（4）班）

（一）课堂导入

师：同学们好。

生：老师好。

师：同学们，在正式上课之前，我们一起来看几张图片（PPT 展示几张霸气的"女汉子"图片），大家能够想到什么网络名词呢？

生：老师，这应该是"女汉子"吧。

师：对，就是"女汉子"。女汉子是指个性豪爽、不拘小节的一类女生，缺少大众认为的传统女性拥有的特质。在这里，老师想向大家介绍 20 世纪著名的"女汉子"——素有"铁娘子"之称的英国前首相，撒切尔夫人。（展示撒切尔夫人的图片及生平介绍）

师：撒切尔夫人，英国右翼政治家，第 49 任英国首相。她 1979 年—1990 年在任，连任 11 年，是英国第一位女首相，也是自 19 世纪初利物浦伯爵以来连任时间最长的英国首相。她自小就有"永远坐在第一排"的习惯，无论做什么事情都要力争一流，永远做在别人前面，不落后于人，即使是坐公共汽车，也要永远坐在第一排。她的字典里没有"我不能"或"太难了"之类的话。她的政治哲学与政策主张被通称为"撒切尔主义"。在任首相期间，她对英国的经济、社会与文化面貌作出了既深且广的改变，在担任首相前后高姿态地反对共产主义，而被苏联媒体戏称为"铁娘子"，这个绰号甚至已成为了她的主要标志。

师：通过介绍，大家对撒切尔夫人有怎么样的认知呀？

生：她太强势了，"永远坐在第一排"太积极了；我觉得她不是一个会服输的人，因为她太要强了。

师：同学们回答得很好，撒切尔夫人是一位很强势的政治家，强大的苏联都称其为"铁娘子"。而这位铁娘子曾经四次来到中国，她想要来解决什么问题？她遇见了谁？她能够继续"铁"下去吗？我们进入本课的下一个环节。

(二) "铁娘子"遇上"钢铁公司"

师：这位"铁娘子"到中国来是为了解决什么问题的？

生：想要和中国进行关于香港回归问题的谈判。

师：很好。那么我们这位"铁娘子"的谈判对象是谁呢？

生：是我国伟大的领导人——邓小平。

师：回答正确。很有意思的是，伟大领袖毛主席曾经评价邓小平同志是"钢铁公司"。现在，"铁娘子"和"钢铁公司"围绕香港问题碰上了！不知道这"钢""铁"的撞击会有什么样的结果呢？

生：一定是"钢铁公司"胜利啦！"钢"可比"铁"硬得多呢！

师：大家分析得很有道理。但是，中国有句古话叫做"来者不善……"

生：善者不来……

师：是哦，针对香港问题，"铁娘子"可是有备而来的呢！

生：她有什么准备呢？

师："铁娘子"准备了三步棋（PPT 展示"三步棋"相关资料）。第一步，希望 1997 年以后继续统治香港。1982 年 9 月，英国首相撒切尔夫人访问北京，在与邓小平的会晤中，被刚刚取得的马岛战争胜利所陶醉的她高调坚持"三个条约有效论"，完全无视中方提出的"十二条"方案。

生：马岛海战是什么战役？

师：马岛海战是 1982 年 4 月到 6 月间，英国和阿根廷为争夺马岛的主权而爆发的一场战争。撒切尔夫人派遣舰队，从阿根廷军队手中夺回了南大西洋的岛屿，巩固了"铁娘子"的美誉。

生：原来是这样，看来"铁娘子"还是有砝码的。那么"三个条约"又是什么呢？

师：这个问题提得很好，所谓"三个条约"，就是中英之间在近代签署的三个关于香港问题的条约。就此，结合所学知识，我们来完成一道选择题。

1982 年 9 月，英国首相撒切尔夫人访问北京。她高调坚持"三个条约有效论"，"三个条约"肯定包括（　　　）

A.《尼布楚条约》　　　　　　　　B.《南京条约》

C.《马关条约》　　　　　　　　　D.《辛丑条约》

生：选择 B

师：答案正确，观察《英国侵占香港示意图》，了解香港问题。英国于 1842 年通过《南京条约》割占香港岛，1860 年通过《北京条约》割占九龙，1898 年租借新界。香港问题是中国的历史遗留问题。中国统一大业方面的历史遗留问题有哪些？

生：香港问题、澳门问题和台湾问题。

师：不错。大家知道我国的澳门是被哪一个西方国家侵占的吗？

生：葡萄牙。

师：很好。这是澳门的著名景点——大三巴牌坊（PPT 展示图片）。大三巴牌坊是西方文明进入中国历史的见证。1553 年，葡萄牙人假借晾晒货物而上岸，后又通过贿赂地方官，攫取居住贸易权。1557 年后，擅自设炮驻军，强行租占澳门。1887 年签订了不平等的《中葡和好通商条约》，将澳门置于葡萄牙的"永居、管理"之下。

生：我国的历史遗留问题还真不少。

师：好，我们回到中英谈判。"铁娘子"的第二步，主权换治权。除了三个不平等条约有效之外，她还讲，香港的繁荣和稳定，只有英国继续统治才能够得到保持，不能单方面地由我们把条约废除。

生：她太能说大话了，凭什么说中国就不能保持香港的繁荣呀！

师：第三步，制造麻烦。她讲了一句分量比较重的、带有威胁性的话，说如果我们宣布要收回香港，那就会带来灾难性的后果。

生：这是军事威胁。当时的中国有英国强大吗？

师：这个同学的问题很好。我们一会儿回答你的问题。我先问问同学们面对这三步棋，我们应该怎么应对呢？

生：我们绝对不能退让。

师：有没有具体做法和建议呢？

生：想不出来。好像打仗也不好，谈判也很难。

师：那大家想不想看看"钢铁公司"是怎么应对"铁娘子"的三步棋的呢？

生：想。

师：我们有请语文课代表给我们读一段史料。

生：针对撒切尔夫人的言论，邓小平庄重严正地说："这里主要有三个问题：一个是主权问题，中国在这个问题上没有回旋的余地，不是一个可以讨论的问题；第二个问题就是 1997 年后中国采取什么方式来管理香港，继续保持香港的繁荣稳定；第三个问题，是中国和英国两国政府要妥善商谈，如何使香港从现在到 1997 年的 15 年中不出现大的波动。这期间香港发生了大的波动，或者我们双方在一些原则问题上达不成协议的话，那就要另外考虑收回香港的时间和方式。"

师：这样一段文字表明了邓小平同志应对撒切尔夫人的态度和做法。关于第一步，英国希望 1997 年以后继续统治香港的问题，邓小平的回应是？

生：主权问题，中国在这个问题上没有回旋的余地，不是一个可以讨论的问题。

师："铁娘子"的第二步，主权换治权。她说"只有英国继续统治才能够保证香港继续繁荣"，"钢铁公司"有什么说法？

生：1997 年后中国采取什么方式来管理香港，继续保持香港的繁荣稳定。

师：关于第二步，邓小平好像还没有正面回答。我们先看第三步，制造麻烦。她说如果我们宣布要收回香港，就会带来灾难性的后果。她哪来的这么大的底气，宣称

"灾难性"结果呀?

生:可能是因为马岛海战的胜利吧。

师:一场海战的胜利,能够吓倒"钢铁公司"吗? 为什么?

生:吓不倒的,邓小平是中国新民主主义革命时期党和国家的重要领导人,他参与了多年的战争。

师:邓小平领导的最著名的战役是什么?

生:刘邓大军挺进大别山、淮海战役。

师:很好,邓小平同志从"星星之火可以燎原"的土地革命时期,到抗日战争时期以及解放战争时期,都是党和军队的重要领导人,有着丰富的革命经验,是经过血与火考验的英雄,怎么会被一场海战的胜利吓倒呢!

生:是呀!

师:邓小平同志不惧怕战争,因为他经历过血与火的考验,但是他对保持香港的繁荣好像又充满着信心。他对"1997 年后中国采取什么方式来管理香港,继续保持香港的繁荣稳定"也有着明确的思考。他的底气何在? 他有没有针对香港问题比较好的方法呀?

生:有,是"一国两制"。

师:非常好,我们现在进入本课的第三个环节。

(三)"一国两制"和港澳回归

师:请大家结合书本中对"一国两制"构想的描述,完成 PPT 中的知识填空。(PPT 展示"一国两制"填空题)"一国两制"构想中的"一国"是指?

生:中华人民共和国。

师:"两制"呢?

生:两种制度,国家的主体坚持社会主义制度,同时在台湾、香港、澳门坚持原有的资本主义制度。

师:"一国两制"伟大构想的提出有什么重大的意义?

生:为香港和澳门回归祖国开辟了途径。

师:请结合"一国两制"完成两道选择题(PPT 展示选择题)。

1. 实施"一国两制"的前提是(　　　)

　　A. 一个中国　　　B. 社会主义制度　C. 和平统一　　　D. 四项基本原则

2. 在一国两制基础上回归祖国的港澳地区将发生的主要变化是(　　　)

　　A. 社会制度　　　B. 主权归属　　　C. 经济制度　　　D. 社会生活

生：答案是 A 和 B。

师：叙述到这里,我们应该能够判断"铁娘子"碰上"钢铁公司"的结果了吧?

生：能! 肯定是钢铁公司获胜了。

师：1982 年撒切尔夫人和邓小平同志会晤后,在人民大会堂门前的台阶上摔倒了,有媒体称"铁娘子"在"钢铁公司"面前倒下了。(PPT 出示图片)

生：啊!"钢铁公司"完胜"铁娘子"喽。

师：结合书本说说,中英谈判的最终结果如何?

生：中英两国政府经过两年谈判,于 1984 年 12 月正式签署联合声明,宣布中华人民共和国政府将于 1997 年 7 月 1 日对香港恢复行使主权,设立直辖于中央人民政府的香港特别行政区。

师：至此,香港问题得到圆满解决(PPT 展示《中英签定〈中英联合声明〉》图片)。那么,澳门问题呢?

生：1987 年 4 月,中葡两国政府也签署联合声明,宣布中华人民共和国政府将于 1999 年 12 月 20 日对澳门恢复行使主权。

师：澳门问题也顺利解决了(PPT 展示《中葡签定〈中葡联合声明〉》图片)。在《中英签定〈中英联合声明〉》《中葡签定〈中葡联合声明〉》两幅图片中,你能感受到哪一个人物是画面的中心呢?

生：能呀,是邓小平。

师：回答得很不错哦,是邓小平。他在两幅照片中,明显身高是?

生：最矮的。

师：但是他的气场呢?

生：是最强大的。

师：邓小平同志身材不够高大,但是他拥有伟大的品格、无比坚强的意志、无上的智慧与勇气,那一刻,他就是焦点,仪式的焦点,世界的焦点。所以同学们一定要记住,一个人高大不一定是外在的身高,更多的应该是内在的素养。现在,我们完成合作探究。结合材料和所学知识思考,新中国成立后,中国为何能成功解决港澳问题?

材料一:"香港问题为什么能够谈成呢? ……主要是我们这个国家这几年发展起来了,是个兴旺发达的国家,有力量的国家,……当然,香港问题能够解决好,还是由于'一国两制'的根本方针或者说战略搞对了,也是中英双方共同努力的结果。"

——邓小平《在中央顾问委员会第三次全体会议上的讲话》

材料二:"对英国来说,这不是也不可能是胜利,因为我们是同一个不愿妥协和实力上远占优势的对手打交道。

——《撒切尔夫人的回忆录》

生:中国的综合国力增强,国际地位提高(我们国家是个兴旺发达的国家,有力量的国家;我们是同一个不愿妥协和实力上远占优势的对手打交道);"一国两制"的伟大构想('一国两制'的根本方针或者说战略搞对了);党和政府的努力(也是中英双方共同努力的结果)。

师:1997 年 6 月 30 日午夜至 7 月 1 日凌晨,中英政府在香港如期举行香港交接仪式(PPT 展示《1997 年 7 月 1 日香港政权交接仪式》图片),香港回归祖国了! 我现在向大家展示两组图片,请同学们注意观察图片中人们的表情。

生:中国人民激动不已,无比自豪;英国人黯然神伤,无比落寞。

师:这是一个无比激动的时刻,中国人扬眉吐气,无比自豪激动,举国欢庆。不过这个时刻,我们欢庆胜利的队伍里却似乎少了一位老人……

生:缺少邓小平!

师:是的,提出"一国两制"伟大构想,为香港回归作出重大贡献的邓小平同志于1997 年 2 月 19 日,在北京逝世,缺席了香港回归的庆典。(PPT 展示《告慰小平,香港回家了》图片)。小平同志曾多次说过,希望1997 年香港回归后,哪怕坐着轮椅,也要"在我们自己的土地上走一走、看一看"。

生:实在是太遗憾、太可惜了,我们要一直铭记邓爷爷(学生表情很伤感)。

师:香港回归之后不久,澳门也如期回归祖国的怀抱。

生:1999 年 12 月 19 日午夜至 20 日凌晨,中葡政府在澳门如期举行澳门交接仪式。中国正式恢复对澳门行使主权,澳门也回归了祖国的怀抱。

师：我现在再向大家展示两组图片，请同学们注意观察图片中人们的表情。

生：中国人喜笑颜开，欢欣鼓舞；葡萄牙人神情沮丧，充满悲凉。

师：大家看完中英两国人、中葡两国人在香港回归和澳门回归时的表情有什么感觉。

生：看到中国人的激动，我也受到感染，感觉非常激动，为祖国的强大而自豪。看到英国人和葡萄牙人失望落寞的表情，我忍不住地想要大笑，莫名地高兴。

师：大家看到英国人、葡萄牙人落寞、沮丧的表情，为什么这么高兴呢？

生：感觉像是千年冤屈，得以昭雪。感觉是洗雪了耻辱，很是解气。

师：这就是港澳回归的重要意义了。我们一起看看香港、澳门回归的意义。

（四）港澳回归的历史意义

生：香港、澳门回归祖国，标志着中国人民洗雪了百年国耻，在完成统一大业的道路上迈出了重要一步。

师：我们现在再了解一下香港、澳门的区旗和区徽（PPT 展示图片），香港、澳门的区旗和区徽上都有花，分别是什么花呢？

生：香港是紫荆花，澳门是莲花。

师：看来大家掌握得都不错。现在我们再一起谈论一个问题。邓小平在提出"一国两制"，会见香港代表时说"我国政府在 1997 年恢复行使对香港的主权"后，香港会保持哪几个不变？请大家结合书本内容找到答案。

生：现行的社会、经济制度不变，法律基本不变，生活方式不变，香港的自由港地位和国际贸易、金融中心的地位也不变……

师：大家找得很仔细。邓小平同志承诺香港的自由港地位和国际贸易、金融中心的地位也不变，在和撒切尔夫人谈判时也说会保持香港的繁荣。那么香港、澳门回归后的状况如何呢？我们先看这张图片。

生：江泽民题词"香港明天会更好"。

师：看这张表格——"城市竞争力部分项目排名"。

生：香港在可持续发展、综合经济、宜居、宜商、和谐等方面都是全国第一，在生态领域、知识创新方面等也都排名靠前。

师：很好，再看这张图，你能得到什么信息（PPT展示史料）？

生：香港蝉联全球最自由经济体。

师：不错，香港已经蝉联全球最自由经济体23年了。这两份材料说明了什么问题？

生：香港的地位没变，更加繁荣。

师：得出了很正确的结论，我们现在再看看澳门。先看这张图，你能得到什么信息？（澳门回归后GDP增长的图片。）

生：澳门回归后GDP增长迅速，由负增长发展到年均14％的增长率。

师：再看这张折线图所反映的信息，进而得出什么结论？（《澳门人均本地生产总值变化示意图》）

生：澳门人均本地生产总值增长了4.8倍。澳门回归后经济发展迅速。

师：看来，香港、澳门回归祖国后保持了繁荣和稳定，而这一切应该都得益于哪一项政策的实施？

生："一国两制"。

师：同学们回答得非常好，我们现在进行课堂小结。在祖国统一大业这个问题上，我们面临的历史遗留问题有哪几个？

生：香港问题、澳门问题和台湾问题。

师：为了解决这几个问题，谁提出了什么伟大构想？

生：邓小平提出"一国两制"。

师："一国两制"伟大构想的实践成果是哪两个地方的回归？分别在什么时间？

生：香港和澳门的回归。分别是1997年7月1日和1999年12月20日。

师：香港、澳门的回归有什么重要意义？

生：香港、澳门回归祖国，标志着中国人民雪洗了百年国耻，在完成统一大业的道路上迈出了重要一步。

师：同学们回答得很好，下面我们做两题巩固练习。

1. 提出"一国两制"构想的是（　　　）

　　A. 毛泽东　　　　B. 周恩来　　　　C. 邓小平　　　　D. 江泽民

2. "一国两制"是针对下列哪些问题提出的构想（　　　）

　　① 西藏问题　　② 台湾问题　　③ 香港问题　　④ 澳门问题

　　A. ③④　　　　　　B. ①③④　　　　　C. ①②③　　　　　D. ②③④

　　生：答案分别是"C"和"D"。

　　师：大家练习完成得很不错，我们这节课的内容到此结束。感谢同学们的配合。下课！同学们，再见！

　　生：老师再见！

三、学生反响

授课结束后，对全体学生进行了现场调查。

(一) 本节课中你最大的收获是什么？

了解了"一国两制"伟大构想的提出和意义(7 人)；

了解了香港、澳门回归的历程(4 人)；

知道了"铁娘子"和"钢铁公司"(10 人)；

知道中英两国在香港问题上的谈判过程(5 人)；

知道祖国统一是历史发展的必然趋势(3 人)；

知道香港、澳门和台湾问题是历史遗留问题(2 人)；

学习了很多历史知识(5 人)。

(二) 本节课中你印象最深的是什么？

老师上课很精彩，很生动幽默(4 人)；

"铁娘子"撒切尔夫人很强势(4 人)；

"钢铁公司"邓小平很强硬，很智慧(5 人)；

"钢铁公司"完胜"铁娘子"，"铁娘子"摔跤了(2 人)；

香港、澳门的回归瞬间(交接仪式)太让人激动了(7 人)；

香港、澳门回归时，英国人和葡萄牙人的表情让我太想笑了(10 人)；

但是香港回归仪式上缺少了邓小平的身影，这太让人遗憾了(2 人)；

看到"告慰小平，香港回家了"的标语，眼泪都要流下来了(1 人)；

没什么印象(1 人)。

(三) 本节课中你还没有完全把握或还有疑问的是哪一部分?

没有(31 人);

对"一国两制"的具体内容理解还不透(2 人);

香港、澳门回归以后,什么变了什么没变,还是有点不大清楚(2 人);

主权、治权,资本主义、社会主义,一系列变化让我有点混乱(1 人)。

(四) 学完本课后你还想了解的是什么?

想要了解"钢铁公司"和"铁娘子"谈判的具体细节(14 人);

想再进一步了解一下邓小平爷爷(9 人);

想再了解撒切尔夫人和马岛海战(7 人);

想自己去香港、澳门看看(5 人);

想关心一下台湾问题(1 人)。

(五) 学完本课后,你是否明晰了香港、澳门回归的历程?

知道了,比较了解了,十分清楚(29 人);

谈判成功后,香港、澳门分别于 1997 年和 1999 年回归(5 人);

空白(2 人)。

(六) 党的十九大报告中提出"坚持一国两制和推进祖国统一"。结合本节课的内容,谈谈"一国两制"和"祖国统一"的关系。

邓小平提出的"一国两制"伟大构想,为祖国和平统一创造了条件,是完成祖国统一大业的基本方针(16 人);

"一国两制"构想的提出,为香港、澳门回归祖国开辟了途径(8 人);

香港、澳门回归祖国,标志着我国在完成祖国统一大业的道路上迈出重要一步(6 人);

不会(4 人);

空白(2 人)。

四、同伴声音

祝英华(南京市浦口区教研员,教师)：本节课内容详略得当、重点突出。本课主要教学内容主要有三点,"'一国两制'的构想"、"香港回归祖国"和"澳门回归祖国"。李老师把教学的重点放在了"'一国两制'的构想"和"香港回归祖国"上。他花费大量精力在"香港回归祖国"上,相似知识点"澳门回归祖国"一句话带过,效果很好。但是本课的板书太随便,很没有设计感。简单的"(一)课堂导入;(二)'铁娘子'遇上'钢铁公司';(三)'一国两制'和港澳回归;(四)港澳回归的历史意义"缺少新意,内容上好像也缺少联系。

郭海军(南京市浦口区沿江中学教师)：李老师的课关注的第一重点不是事件而是人物,他用"铁娘子"碰上"钢铁公司",把中英两国的杰出领导人"有血有肉"地展现出来,学生很快地融入了情景,深切感受了历史人物。《告慰小平,香港回家了》图片展示的时候,很多学生表情变得凝重,说明学生已经感受到了人物的伟大之处。李老师的课很注重人物的挖掘,"铁娘子"和"钢铁公司"让人印象深刻,然而他的课好像不是很突出标志性事件,香港和澳门的回归仪式讲述较少,所以略微显得有欠缺。

王英杰(南京市浦口区大桥中学教师)：李老师很会讲故事,课上得也很有历史味,这节课在"情感态度价值观"上体现得很到位。他在香港、澳门回归的内容上,并不是采用一般的处理,关注回归的仪式,而是很有心地用照片突出了香港、澳门回归时,中、英、葡人们的表情,促使学生感受人们的情绪,使德育得到无痕渗透,是立德树人的典范。但是在本课的导入部分使用"女汉子"来形容撒切尔夫人,与她的"铁娘子"称呼不匹配。用"女汉子"引入,引出"铁娘子",用意明显是想用学生感兴趣的话题拉近师生的距离,提升学生学习的兴趣。但是,这一过程似乎有点不严肃,"女汉子"和"铁娘子"在性质上是有明显不同的。

五、教师反思

部编八年级下册第四单元《民族团结和祖国统一》的第 13 课《香港和澳门的回归》

是内容量相对较少的一课,包括"'一国两制'的构想"和"香港和澳门回归祖国"两个部分,并且本课涉及知识点数量较少、难度较低。那么,在本课的教学设计上,应该突出怎样的内容呢?

在经过和几位同仁的相互研讨后,沿江中学的郭海军老师给了我一定的提示,"在知识点难度不大的课目中,情感提升也许是重点"。为此,我再一次认真翻阅《义务教育历史课程标准(2011年版)》,有关本课教学内容的描述是"了解香港、澳门回归和海峡两岸关系改善的史实,认识祖国统一是历史的必然趋势"。在其他的相关描述中有:"继承和弘扬以爱国主义为核心的民族精神,认识到国家统一……是中国强盛的重要保证,初步形成对国家、民族的认同感,增强历史责任感……改革开放以来……祖国统一大业……等都取得了巨大成就,综合国力大幅度增强"。看来,在教学过程中我应该注重对"爱国主义"核心精神的弘扬,增强学生的爱国情感、历史责任感和民族自信心。

为此,我在实际教学中注重以下流程活动的开展,其间有一定的效果,当然也有些许不足,不过也引发了自己相对深入的思考。

1. "铁娘子"导入颇有新意,"女汉子"提出大可不必

在教学导入部分,我一改之前"就事论事"的方式,决定从人物入手。在大量查阅资料的基础上,我找到了"香港和澳门的回归"的关键点——谈判。"为什么谈判""什么人谈判""谈判有什么结果"……这一系列问题的提出和解决,能够很快地使学生对那一段历史有一定程度的了解,也能让学生明白港澳回归背后的艰辛,激发学生的爱国情绪。之后,我又有意识地寻找谈判中的核心代表人物——英国首相撒切尔夫人和中国领袖邓小平,而非常凑巧的是,他们都有一个强硬的绰号,撒切尔夫人被称作"铁娘子",邓小平被毛主席称作为"钢铁公司"。所以,教学开场就抛出"铁娘子",既能引发学生的兴趣,又能让学生对谈判对象有一个初步的认知,从而体会谈判过程的艰辛。事实也证明,"铁娘子"给学生的印象深刻。

当时,为了更大程度地吸引学生目光和关注度,我还利用了"女汉子"这样一个学生间常用的词语,以为可以引发学生的共鸣。但是,从学生反馈和同伴声音上看,这样的开场有点"画蛇添足"和"哗众取宠"之嫌,并且效果不佳。事实上,按浦口区历史教研员祝英华老师的说法,"'铁娘子'和'女汉子'有本质的区别,'铁娘子'更多地展示一位政治家的气质和做派,而'女汉子'也许只是形容人日常的行为习惯"。为此我很汗

颜,有时候为了达到某些气氛上的效果,忘却了历史教学要求还原真实的本质,所以我们在日常的教学中必须坚持严谨。

2. 历史问题由来已久,"一国两制"开辟途径

在中英谈判的过程讲述中,我收集相关史料,提出"铁娘子"谈判三步棋,其中第一步是"希望1997年以后继续统治香港",她高调坚持"三个条约有效论",完全无视中方提出的"十二条"方案……在这样的叙述过程中,我采用习题的形式提出香港问题的由来,用选择题检测学生对中英《南京条约》的记忆,简述英国利用"三个条约"割占了整个香港(香港岛、九龙和新界),并顺势叙述澳门及台湾问题的由来。这样的形式,有利于学生对港澳台问题由来的认知,更促进其对"历史遗留问题"这一概念的理解。从课堂中学生的反响来看,教学效果比较显著。

历史问题提出后,用史料展示"钢铁公司"邓小平对"铁娘子"的回应。从史料中隐隐地能够感受到邓小平对香港回归充满信心,对维持香港、澳门的繁荣充满信心。"他的底气从何而来",我这样的问题一经抛出,学生立刻回应是"一国两制"伟大构想的提出。这样就能够直接进入"一国两制"相关内容的学习。从学生的反馈来看,学生对"一国两制"的理解较深,这一部分的内容已经能够掌握。在教学过程中,知识的问题化表述比较重要,有利于学生的学习和理解。

3. "钢""铁"碰撞中英会谈,伟人智慧大国风度

在中英谈判环节,我主要呈现了"钢铁公司"和"铁娘子"的对抗。"铁娘子"撒切尔夫人凭借着"马岛海战"胜利的气势,想通过"三步棋"继续保持英国对中国的管制,从"坚持'三个条约'有效论"的"得理不饶人"到"以'主权'换'治权'"的迂回战略,再到"灾难后果"的赤裸裸的威胁,对中国政府步步紧逼。"钢铁公司"邓小平同志却能巧妙回应,表明"主权问题上没有回旋的余地",提出"一国两制"的方法,通过"考虑收回香港的时间和方式"化解威胁。一套组合拳回敬了"铁娘了","铁娘子"无奈地拜服,并在回忆录中声称自己和一个强大的国家以及一个强大的对手谈判,没有获胜的希望。

学生对谈判中邓小平体现出的智慧有了一定程度的感受。他们通过材料解读,也能够理解中国能够收回香港、澳门的原因:中国日益增强的综合国力和国际地位是根本原因,"一国两制"伟大构想的提出为香港、澳门回归提供了新的途径,党和政府的不

懈努力,等等。

4. 交接仪式一笔带过,人物表情定格瞬间

在香港、澳门回归祖国的环节,我没有进行习惯性操作,没有播放交接仪式的视频,甚至没有突出交接仪式的瞬间,而是把目光聚焦在香港、澳门回归后,中、英、葡三国相关人员的表情。从我展示的图片中,学生能够感受到中国人民的"激动不已",而英国人和葡萄牙人却"黯然神伤"。图片展出后,很多学生感觉到"很幸福""很兴奋",并且很"解恨",有"雪洗了耻辱"的感觉,这和香港、澳门回归的意义不谋而合。

这一环节的操作,很有效地提升和积累了学生的爱国情感,激发了其爱国情绪,效果是比较良好的,学生能够很好地和教师互动,表达自己的感受,有激动不已的感觉,我觉得教学效果是达到了。当然,这样的操作也有遗憾,学生对"交接仪式"这样的特殊场景反而记忆不深刻了。在以后的教学中,还是要注意对标志性事件的把握。

5. 告慰小平情真意切,立德树人教育无痕

在香港澳门回归的内容讲述后,提出"幸福的画面中好像少了一个人"的问题。这时,不少学生意识到邓小平没有出现在交接仪式和庆祝活动中,这位为祖国统一大业作出伟大贡献的伟人最终没能亲眼看到香港、澳门回归祖国。随后的图片展示"告慰小平,香港回家了",使很多学生黯然神伤,有一两个学生几乎流泪,说明他们之前的情感一直在积累中,而这时终于爆发。

这样,也达到了历史学科德育渗透的目的,在"立德树人"上做出了一定的尝试。虽然还没有能够完全做到"德育无痕",但是从学生的反馈来看,学生对邓小平同志的兴趣浓郁,爱国情感也有提升。所以,"立德树人"真的能在历史教学中发生!

6. 读书活动贴近伟人,情景表演再现历史

课后调查中,我发现对"钢铁公司"和"铁娘子",以及其间的谈判过程想要进一步了解的学生人数达到 30 人,为此,思考有以下的回应和完善措施。

开展读书活动,了解历史伟人。推荐学生阅读《邓小平时代》《玛格丽特·撒切尔:第二卷,铁娘子》等相关传记,进一步了解伟人;推荐阅读《交接香港:亲历中英谈判最后 1208 天》《周南忆述:中英香港问题谈判小平一语定乾坤》等文章,组织观看《中英香港问题谈判始末》的纪录片,了解中英香港问题谈判的基本内容。随后组织学生进行故事大会活动,开展对学习知识与心得的交流。农村学生知识面和阅读面比较窄,

以此激发学生自主阅读、探究学习的兴趣。

在未经过学习的班级进行模拟谈判的活动,课前布置学生对"钢铁公司"和"铁娘子"进行初步了解,并对中英谈判的过程有一定程度的认知。挑选课前准备充分并有一定表现力的学生简单排演,增进学生对历史事件和谈判过程的了解。最后让学生在教学活动中进行中英谈判的模拟表演。在表演结束后,引导学生讨论对主要的三个角色"铁娘子""钢铁公司"和"翻译"的感受,并且谈谈他们对事件的认知。

开展"我与伟人面对面"的读书笔记评比,要求学生在学习完中英谈判相关内容,进行相关阅读活动后,写学后感和读后感,字数要求不低于 200 字。让学生感受伟人对于国家和社会发展的重要推动力。

六、专家点评

点评专家:王兵,南京市历史教研员

中学历史课是有使命的,历史课堂的目标,最终应该服务于学生的终身发展和国家与民族的发展。《香港和澳门的回归》这一课的内容,其回归是祖国统一大业的重要组成部分,是国家、民族发展的重要内容。本节课无疑达成了这样的目标。

通过教学实录可以看出,李老师对这段历史的了解是深刻而细致的,对课程目标的理解、教材的把握是精准的。本节课一直在关注"人"与"国",一直在细心地处理着两者的关系。在教学过程中,"人"是有血有肉的,是有国家属性的,是和国家命运相联系的。

教学过程中,最典型的"人"是中英两国的领导人,邓小平和撒切尔夫人。李老师用他们的称谓"钢铁公司"和"铁娘子",以凸显其性格和办事风格,以此引申出中英两国领导人围绕香港问题进行谈判,站在各自立场上,为争取国家利益寸步不让,精彩对决。谈判过程的展示犹如一部纪录片,有图片、有史料,又对历史环境和谈判内容进行解读,一切基于证据,史论结合,论从史出,有助于学生史料实证素养的培养。

本节课最精彩的部分是"中英香港交接仪式"及"中葡澳门交接仪式"学习环节。李老师另辟蹊径,没有将关注点放在交接仪式本身,而是将目光聚焦在了仪式后的

"人"与"国"。中、英、葡三国人民在重大仪式后的表情图片确实是亮点,中国人民的喜悦欢庆与英国人、葡萄牙人的落寞神伤形成强烈对比,更加凸显了香港、澳门回归对于洗雪百年耻辱有重要意义。学生的家国情怀在学习过程中得到升华。

本节课最突出的"人"是邓小平,他在中英谈判中体现"钢铁公司"的刚毅,在提出"一国两制"伟大构想时体现出从容的气度,所以在香港回归时,人们高举"告慰小平,香港回家了"。"侠之大者,为国为民"的精神,在他身上表现得淋漓尽致。这些都促使学生重新定义"三观",产生对伟大历史人物的认同感。

教学过程中还是有缺失的,整节课没有运用视频和音频。如果加入香港或者澳门回归仪式的视频,以及邓小平同志针对香港问题提出解决方案的音频,教学效果会有很大的提升。

【教者简介】

李捷,浦口区历史学科带头人,市区历史学科中心组成员,现任浦口区大桥中学副校长,南京市优秀青年教师,浦口区教育科研骨干。他多次参加市区基本功大赛、优质课评比活动,成绩优良;教育科研能力突出,主持多项省市级规划课题,获得两项南京市个人课题一等奖,三项浦口区个人课题一等奖,论文《教育智慧的发掘、碰撞与分享》获第十届黄浦杯长三角城市群(29个城市地区)征文第一名,《请姐姐们喝茶》《取〈西游记〉》等多篇论文在《上海教育科研》《班主任之友》等杂志上发表,数十篇论文、案例获省市区各级奖励。

课例 12　海峡两岸的交往

执教:罗红伟

一、教学预设

(一)课标要求

了解海峡两岸关系改善的史实,认识祖国统一是历史的必然趋势。

（二）学情分析

无锡市天一实验学校是无锡市排名前列的公办学校,生源较好,学生有较好的基础和一定思维能力。本次执教的初二(10)班学生已经具备较好的历史知识基础和历史思维能力,经过一年的历史学科的学习,初步掌握一定分析问题的能力。基于此,教师在教学设计中补充了丰富的历史史料,设计了有思考、有深度的问题。将文字资料、图片和影像资料有机结合,在培养学生论从史出、史论结合能力的基础上,注意正确引导,强化学生"祖国统一是历史发展的必然趋势"的思想意识。

（三）教学目标

1. 知识与能力

列举海峡两岸关系改善的史实,理解"和平统一、一国两制"的意义,提高归纳知识的能力;知道海协会、海基会,了解"九二共识"及其意义;认识江泽民的八项主张,胡锦涛会见连战,习近平同马英九会面等史实对海峡两岸关系发展的作用;了解海峡两岸日益密切的交往情况。

2. 过程与方法

通过分析文献、图片等资料,了解海峡两岸关系发展过程中的重要历史事件,掌握运用不同类型材料具体分析历史问题的方法。

3. 情感态度与价值观

认识实现祖国统一是中华民族的共同心愿,是历史的必然趋势,增强祖国统一必将实现的坚定信念;通过学习中国共产党在完成祖国统一大业方面的政策和付出的努力,认识中国共产党是真正代表中国人民利益的政党。

（四）教学重点

党和政府确定的和平统一祖国的大政方针,祖国大陆与台湾交往日益密切的史实。

（五）教学难点

"和平统一、一国两制"的对台基本方针。

（六）教学方法

1. 教法："三步三段"教学法。自主探究,精讲拓展,反馈达成,"三步三段"教学法贯穿教学每个环节。

2. 学法：课前查询信息,阅读,讲述,讨论探究,合作学习。

（七）课前准备

1. 指导学生上网收集有关证明台湾是中国领土的史料,以及海峡两岸日益密切的文字资料、图片资料。

2. 学生收集资料、整理资料,并在课堂上作简要介绍。

3. 教师课前准备：收集台湾诗人余光中的诗——《乡愁》及与本课相关的资料,制作课件。

（八）课时安排

1课时。

二、课堂实录

（时间： 2018 年 3 月 22 日　授课地点： 无锡市天一实验学校　班级： 初二（10）班）

（一）诗歌朗诵,导入新课

师：同学们,刚刚我们再次聆听了余光中先生的《乡愁》,2017 年 12 月,余光中先生离我们而去,举国伤悲。这首《乡愁》作为先生的代表作,再次刷屏朋友圈,人们借此表达对先生的思念之情。从这首诗中,你们感受到一种怎样的情怀?

（PPT 呈现《乡愁》音乐朗诵，集中学生注意力。）

生：对祖国家乡的思念之情。

师：是的，这首诗是余光中先生 1971 年在台北创作的，当时他已经 20 多年没有回过大陆故乡。这一湾浅浅的海峡，把台湾和大陆隔断开来了。海峡两岸为什么会分离？两岸关系现在如何？今天，我们一起学习第 14 课《海峡两岸的交往》，了解海峡两岸的前世今生，请大家把书本翻到第 70 页。（出示课题：海峡两岸的交往。）

（出现课题，学生打开书本。）

（二）合作探究，学习新知

第一篇章：追根溯源——我们血脉相连，为何骨肉分离？

师：台湾位于祖国的东南，与福建省隔海相望。那里有美丽的风光，如日月潭、阿里山；有丰富的资源，被称为宝岛台湾；更是重要的军事战略要地。台湾和祖国大陆之间有着怎样的渊源呢？让我们进入第一篇章，开启寻根之旅。

师：首先，让我们来回顾历史，请同学们结合这首《同根源》，用学过的历史史实说明历史上台湾与祖国的联系。

（展示《清朝疆域图》和历史歌谣《同根源》——"卫温赴夷洲，隋通流求岛，元设巡检司，成功收台湾，清置台湾府，本是同根源，自古皆中华"。）

生 1：隋炀帝派人到琉球，元朝设澎湖巡检司管辖。

生 2：三国时卫温率万人船队到达夷洲；郑成功打败荷兰殖民者收复台湾；清政府设置台湾府，隶属福建省。

师：史实证明，台湾自古以来就是中国的领土，我们血脉相连，后来为何骨肉分离呢？

（回顾历史，寻找两岸的根源；以史为据，树立正确的历史观。）

师：看图说史 1，这两幅图片分别反映了什么历史事件？

（展示图片《日本春帆楼》《日本签署投降书》。）

生 1：1895 年《马关条约》，日本割占台湾。

生 2：1945 年抗日战争胜利，台湾回归中国。

（加深对重要历史图片的理解和重大历史事件的识记。）

师：很好，接下来，继续看图说史，思考今天两岸分离的现状是如何形成的？

（呈现 1949 年蒋介石离开大陆图。）

师：1949 年蒋介石败走台湾后，把台湾作为国民党"反攻大陆、复兴党国"的基地。1950 年朝鲜战争爆发，美国第七舰队阻止祖国大陆解放台湾，美国政府插手干预中国内政，阻挠中国统一，造成了台湾海峡地区与大陆的长期紧张对峙局势，这就是台湾问题的由来。那么，台湾问题与香港、澳门问题有什么相同点和不同点？它们最本质的区别在哪里？

生：香港、澳门问题是中国与英国、葡萄牙之间的外交问题，而台湾问题是国共两党之间的内部问题。

师：是的，台湾问题纯属中国的内政，只是由于美国等外部势力的介入而复杂化、国际化。

（认清台湾问题的本质，有利于理解不同时期党和政府对台政策的变化，有利于增强学生对相似历史事件的比较和辨别能力。）

师：1949 年至今，浅浅的海峡，是中华民族最深的乡愁。新中国成立以后，党和历届政府都把实现海峡两岸的统一作为神圣的使命。我们一起进入第二篇章的学习，了解党和政府的不懈努力。

第二篇章：寻根之旅——是谁，不懈努力，一步步，打破两岸僵局？

师：请同学们结合教材填充以下表格，归纳党和政府对台湾的大政方针。

（呈现表格，学生阅读教材。）

生 1：新中国成立初期，武装解放台湾。50 年代中期，争取用和平方式解放台湾。

生 2：改革开放以后，邓小平提出"和平统一、一国两制"的对台基本方针；江泽民提出了发展两岸关系，推进祖国和平统一的"八项主张"。

师：很好，已经比较全面了，再补充一点，胡锦涛的"四点意见"。

（通过阅读，完成表格，提高学生阅读、归纳历史知识的能力。）

师：我们接着补充了解不同时期党和政府制定对台政策的相关背景，请大家思考：我国政府不断调整依据和实现和平统一的基础是什么？

1. 新中国成立初期，国共两党处于敌对状态，中共为了彻底打败蒋介石，完成反帝反封建的革命任务，所以提出武力解放台湾。但由于新中国刚诞生，人民民主政权不稳固,国内反革命势力猖獗,加上美国发动朝鲜战争,第七舰队开到台湾海峡,阻止中国人民解放军解放台湾,使我们的计划没有能够实现。

2. 1956 年"三大改造"完成,我国建立了社会主义制度,中共八大确立党的主要任务是集中力量发展生产力,社会主义建设需要良好的、稳定的国际国内环境。因此,党中央提出"争取用和平方式解放台湾"。

3. 改革开放以后,国际国内形势发生了巨大的变化,台湾问题是中国的内政问题,海峡两岸都是中国人,属于内部矛盾,不能使用武力解决。

4. 1995 年,针对当时的国际形势和台湾当局不断鼓吹"两个中国"、蓄意制造分裂、搞"台独"的行径,江泽民提出"八项主张",并强调"和平统一、一国两制,但不承诺放弃使用武力"。

5. 2000 年 3 月以来,台湾政局发生变化,陈水扁抛出"一边一国论"。胡锦涛提出四点意见:①坚持"一个中国原则"决不动摇;②争取和平统一的努力决不放弃;③贯彻寄希望于台湾人民的方针决不改变;④反对"台独"分裂活动决不妥协。全国人大通过《反分裂国家法》。

(呈现五条背景材料,教师解读,学生思考。)

生 1:当今时代的主题是"和平、发展",和平统一顺应历史发展潮流。

生 2:两岸同胞有血浓于水的亲情,改善、发展两岸关系已成为台湾的主流民意。

师:是的,台湾问题归根结底是中国的内政问题,和平统一是发展潮流,因此党和政府不断调整对台政策,但是基础是"坚持一个中国的原则"。

(历史材料的补充和阅读,一方面有利于帮助学生更好地理解党和政府对台方针不断调整的原因,另一方面也是历史课堂对提高学生历史阅读、提取和分析历史资料能力要求的体现。)

师:在党和政府的积极推动和两岸人民的共同努力下,海峡两岸的僵局逐渐打破。我们一起来见证这些重要的历史时刻。

1. 1979 年,金门炮击停止——海峡两岸局势逐步走向缓和。(呈现《告台湾同胞书》图片。)

2. 1987 年,台湾调整"三不"政策,开放台湾居民赴大陆探亲,在经济文化方面逐步开放——38 年隔绝打破,两岸关系发生历史性变化。

（呈现"重逢""回家"的图片。）

师：3. 1990 年，台湾成立"海基会"，会长辜振甫；1991 年，大陆成立"海协会"，会长汪道涵；1992 年，两会达成共识"海峡两岸均坚持一个中国原则"；1993 年，汪辜会谈，海峡两岸关系迈出了历史性的重要一步。

（呈现"汪辜会谈"图片。）

师：2005 年，胡锦涛会见连战，国共两党领导人再次握手，促进两岸关系的新发展。2015 年 11 月，习近平同马英九会面，这次会面是 1949 年以来两岸领导人的首次会面，翻开了两岸关系历史性一页。习近平表示"两岸中国人完全有能力、有智慧解决好自己的问题，并共同为世界和地区和平、稳定、繁荣发展作出更大贡献"。

（呈现"胡锦涛会见连战""习近平同马英九会面"图片。）

师：这些图片记录了两岸关系缓和、不断取得突破的重要时刻，推动着两岸关系不断发展。然而，我们也要清醒地认识到，两岸关系的发展并不是一帆风顺的，统一之路充满荆棘，寒流不时来袭。我们一起进入第三篇章的学习，认识统一之路的主要障碍。

第三篇章：刨根问底——奈何也，寒流曾来袭，轻声问，坚冰可融否？

师：同学们，我们先来看看这几段图片、文字，思考影响两岸关系发展的主要障碍是什么。

（呈现蔡英文、李登辉、陈水扁等台独分裂分子活动的图片和相关材料，教师讲解，学生思考并回答。）

生：李登辉、陈水扁等台湾岛内台独分子的分裂活动。

师：是的，除了台湾岛内台独分子的分裂活动阻碍两岸关系发展，我们再来看下面几则材料，你们又有怎样的认识呢？

（呈现美国签署《与台湾交往法案》的相关报道和美国政府宣布对台军售的事实，教师讲解，学生思考并回答。）

生：美国为首的国际反华势力阻碍统一。

师：面对国际反华势力，特别是"台独"势力，全国人民用各种方式进行抗议、抵制，那么作为新时代的中学生，我们又能做什么呢？

生 1：我们可以发出正确的呼吁，反对"台独"，并列举史实证明"台湾自古就是中国领土的一部分"。

生 2：我可以用图画的方式，来支持国家统一，反对"台独"。

生 3：我们必须要有"维护祖国统一"的坚定立场，并积极向身边的人宣传。

师：是的，作为中学生，我们应该坚持一个中国的原则，积极履行维护祖国统一和民族团结的义务，自觉同任何形式的"台独"势力作斗争，坚决捍卫祖国的尊严。当然，这也是我们每一个中国人、我们的党和政府的责任。

（呈现十届全国人大三次会议通过的《反分裂国家法》。）

师：回顾新中国成立以来，党和政府不断调整对台政策，从最初的"武装解放"到"和平解放"，再到改革开放以来的"和平统一、一国两制"基本方针，1995 年"八项主张"的提出，2005 年《反分裂国家法》的通过，两岸关系不断取得突破、发展，关系日益密切，曾经、今天都还面临着危机、寒流，但我们郑重承诺，决不允许任何人、任何组织、任何政党，在任何时候，以任何形式，把任何一块中国领土从中国分裂出去！

（呈现新中国成立以来对台政策的调整和两岸关系发展的示意图。）

师：虽然两岸关系的发展之路布满荆棘、寒流时袭，但"血脉渊源难撼动，两岸猿声啼不住"，两岸关系日益密切，我们一起进入第四篇章的学习。

第四篇章：根深蒂固——血脉渊源难撼动，两岸猿声啼不住！

师：你知道多少两岸交往日益密切的史实？大家可以结合自己了解的事例，相互讨论一下。

（学生兴奋地举例，讨论；教师走进学生中间聆听，指点。）

生 1：我们无锡就有一些台资企业，台湾人到大陆投资办厂，开办一些其他业务公司。

生 2：台湾人回大陆祭祖，大陆人到台湾观光旅游。

生 3：我们小学时候，学校组织我们暑假到台湾修学旅行。

生 4：我们吃的水果有很多来自台湾，还有一些小吃。

师：是的，同学们讲得很细致，两岸之间的交往已经涉及方方面面。老师来归纳一下，主要从人员交往、政治交往、经济交流、文化教育交流等方面来说明两岸的密切联系。

（分别呈现人员交往、政治交往、经济交流、文化教育交流等方面的图片。）

师：海峡两岸经济、文化交流迅速发展的基础是什么？有人说是因为有共同的语言、文字、传统文化，也有人说都是中华民族。他们说的对吗？还有什么更重要的原因？

生1：应该还离不开党和政府对台政策的推动。

生2：还应该有两岸人民的共同心愿，以及共同努力。

师：是的，缺月重圆会有时，我们共同期许，共同努力，期盼台湾回归，祖国早日统一。最后，让我们一起进入第五篇章的学习。

（三）课堂小结

第五篇章：归根结底——缺月重圆会有时，盼归期，我们共同期许，情意长，求索路上有你有我！

师：通过本课的学习，我们对海峡两岸的交往有了更全面、清醒的认识。历史告诉我们，台湾自古以来就是中国神圣的领土，两岸本是同根生；台湾问题是中国的内政问题，新中国以来党和政府不断调整对台政策，两岸关系不断发展，两岸交往日益密切；虽然"台独"势力和国际反华势力不断兴风作浪，让统一之路变得艰难复杂，但是祖国综合国力不断增强，国际地位不断提升，在两岸人民的共同努力下，我们维护国家统一和领土完整的信心倍增。我们相信，祖国统一是中华民族的根本利益所在，是不可阻挡的历史潮流，是必然趋势！

（呈现本课小结示意图，师生一起回顾知识点，理清线索，深化知识，升华情感，回应主题。）

（四）板书设计

第14课　海峡两岸的交往

追根溯源——我们血脉相连，为何骨肉分离？

寻根之旅——是谁，不懈努力，一步步，打破两岸僵局？

刨根问底——奈何也，寒流曾来袭，轻声问，坚冰可融否？

根深蒂固——血脉渊源难撼动，两岸猿声啼不住！

归根结底——缺月重圆会有时，盼归期，我们共同期许，情意长，求索路上有你有我！

三、学生反响

学生问卷调查。（50 人）

（一）本节课中你最大的收获是什么？

知道了大陆与台湾的关系和交往过程（35 人）；

了解了台湾问题的形成，党和政府对台政策的调整（10 人）；

了解了台湾的历史、"台独"势力的分裂活动、两岸交流密切等其他知识（5 人）。

（二）本节课中你印象最深的是什么？

"和平统一祖国的大政方针"（22 人）；

"台独"势力的分裂活动（15 人）；

国家对台政策的调整，面对"台独"中学生如何做，两岸的密切交往（13 人）。

（三）本节课中你还没有完全把握或还有疑问的是哪一部分？

无（34 人）；

江泽民"八项主张"（8 人）；

现在大陆与台湾的关系（6 人）；

台湾的历史（2 人）。

（四）学完本课后你还想了解的是什么？

台湾的现状及其与美国的关系（14 人）；

"台独"势力的主张和形成（20 人）；

无（13 人）；

台湾的民意（3 人）。

（五）在本课的教学过程中，你还有什么好的建议？

无、很好（45 人）；

多看点纪录片、视频，多讲点史料、人物简介，语言再生动些，课堂氛围再活跃一点（5 人）。

四、同伴声音

陈雅琳（无锡市天一实验学校历史教师）：本课教学内容紧扣"海峡两岸的关系"，从历史根源到现状来由再到发展态势，层次分明，结构合理。教师充分利用多媒体平台，为学生提供了丰富的学习素材，有利于加深理解，帮助学生联系实际理解历史。教师语言准确生动，教学目标达成度高。

王凤平（无锡市天一实验学校历史教师）：本课教学设计非常有层次感，步步推进，一气呵成。在整个教学过程中，教师增补了大量史料，做到论从史出。在"追根溯源"中，让学生明确"台湾自古以来就是中国的领土"，并引出台湾问题的由来；在"寻根之旅"中，用历史材料来佐证对台政策调整的史实依据；授课中，教师又增加了"刨根问底"一项，让学生明确两岸关系的复杂性，统一的道路并不是一帆风顺的，需不懈努力；在"根深蒂固"环节中，让学生领悟两岸人民血浓于水的情谊，以及经济、文化交流蓬勃发展；在"归根结底"环节中，展望了台湾的未来，以此增强现代中学生的历史使命感，从历史回归现实，条理清晰。在课堂教学中，教师充满教学智慧，在环环相扣的教学环节中，适时提问，让学生在读史明智的过程中解决实际问题，并使学生分析问题、解决问题的能力得到提高。建议罗老师利用教材 71 页的"相关史事"，来进一步说明"一国两制"政策在对台问题上的不同点，突出党和政府和平统一的愿望。

袁香（无锡市天一实验学校历史教师）：本节课的课堂教学设计条理清晰，了解、认识"海峡两岸的关系"的目标比较明确。本课在设计上各环节之间用诗词进行串联，过渡自然；但单从板书形式而言，诗词性的概括对于初中阶段的学生而言，是否偏于文学化？既不好理解也不能很好地体现历史教学的特色。本课列举了大量丰富史实，开拓学生眼界，也能增强学生"历史证据意识"的培养。特别是网络上的一些最新的观点,贴近学生,便于学生接受。但不能作为史实依据,历史史实是客观的,而这些观点带有明显的主观色彩,教师需要说明。

五、教师反思

在本课教学之前,教师对班级学生就"海峡两岸的关系"做了一个简单的学情分析,设计了"海峡两岸关系是哪两者之间的关系""台湾和大陆之间现在是什么关系""台湾和大陆之间为什么会出现这种关系"这三个问题。从回答的情况得出:①学生并不清楚什么是"海峡两岸";②学生不知道现在两岸的关系;③学生不知道为什么出现"海峡两岸分离"的局面。为此,我在设计上以"海峡两岸关系"为核心,着力对教材进行重整梳理,回顾历史、分析现状、展望未来,采用史料辅助教学的方式,通过教师的引导、问题设计和多种教学手段,培养学生的历史学科素养。

从教学效果来看,通过诗歌诵读、看图说史、角色体验、时事报道回顾、丰富的图片和史料展示等环节,学生在课堂上表现出了浓厚的兴趣和热情,课堂氛围比较活跃。在课堂小结时,学生基本能够根据线索提示梳理出基本知识点,并且能够掌握,"海峡两岸关系发展""祖国统一大业"两个重难点基本突破和解决。另外,教学中大量史料的阅读和理解,使学生的"时空观念""史料实证""历史解释""家国情怀"等核心素养能力得到了提升。教学过程中的小组讨论、角色体验、问题探究等活动,使学生的自主探究、相互合作能力也得到了提升。

当然,本课教学也存在遗憾,值得深入反思。

1. 设计要新颖,但更要科学合理

每一节课的教学设计就像是一场戏的剧本,好的剧本是一场戏出彩的关键。一份精彩新颖的教学设计,也是一堂课出彩的关键。所以,教师需要精心设计、推陈出新,使课堂更加科学合理、与众不同。本课教学设计围绕"海峡两岸关系改善"的课标要求,通过整合教材,重新设计为五个教学环节,以诗词贯通各环节教学,教师通过时事、图片、材料等创设情境,感觉更有"人文味"和"诗意感"。

但问题是,诗词性的概括对于初中阶段的学生来说,偏于文学化,既不好理解也不能很好地体现历史教学的特色。如果更改为"追根溯源——台湾的历史;寻根之旅——台湾的现状;刨根问底——两岸的障碍;根深蒂固——两岸的呼声;归根结底——两岸的未来",这样既能抓住本课的魂——"根",来串联各个环节,又便于学生理解,还原出"历史味",这样的设计应该更贴近教材和学生。

另一方面,教学环节的分配,显得头重脚轻,时间分布不合理、不科学。本节课前三个环节"追根溯源""寻根之旅""刨根问底"是本课的重点,但耗时较多,特别是"追根溯源"环节,内容可适当精简。后两个环节"根深蒂固""归根结底"的拓展探究,由于时间不足,学生思考和讨论不够充分,情感渲染不够,结尾比较仓促。

所以,教师在教学设计时,不仅要考虑课堂的出彩,更应该注重历史的学科特点和教学实效。

2. 问题的设置要依据学情,层层推进

在本课的教学活动中,党和政府的对台政策是推进祖国统一大业的重要力量。但学生对于政策是最不容易理解的,比如"武装解放到和平解放""和平统一、一国两制""八项主张""四点意见"。一方面,政策的解释需要教师提供相应的背景史料,作相应的解释,而不能只把政策的内容说一下,这样实际上学生并未真正理解;另一方面,问题的提出必须符合学生的实际。像本课的提问"从武装解放到和平解放再到和平统一,党和政府对台方针不断调整的依据是什么? 实现和平统一的基础和前提是什么?",这一问题虽然设置用意较好,想通过对"党和政府对台政策不断调整"的深层分析,知道党和政府的不懈努力和为两岸人民谋福利的和平愿望,了解党和政府对台的基本立场和方针。但是,对于初二阶段的学生来讲,理解这些是有很大困难的,所以可以把问题分层、简化,或者教师辅以一定的引导。

3. 史料要丰实,但更要依据学生特点

本课提供了大量的史料,有音频、时事、图片、文字等,设计意图有三点:一是调动学生的学习兴趣;二是培养学生的"史料实证"意识和"论从史出"的历史思维;三是培养学生"历史解释"的学科素养。从教学反响来看,音频、时事、图片等确实能够吸引学生的兴趣,效果比较好。但学生的"史料实证"和"历史解释"的学科素养,并不是通过一节课大量的史料呈现就能提高的,这是一个不断提升的过程,特别是初中阶段的学生,还不具备大量、深入解读史料的能力,更需要教师的讲解和引导。所以,一方面学生有获取历史史料的强烈意愿,但他们是有选择性的、有偏好的,并不是史料越多越好,像本节课中不同时期我国政府对台政策的背景史料,不仅让学生失去解读的兴趣,也会增加教师大量的讲解时间,导致各个环节的时间分配不均;另一方面不同阶段的学生解读历史史料的能力也不相同,需要因材施教。

据此,不仅是本课,甚至初中阶段的授课,教师在课堂教学的史料选择上一定要适量,要依据学生的实际能力、兴趣,分不同学段选择最适合的史料。

六、专家点评

点评专家：吴建好,无锡市锡山区历史教研员

本节课抓住了整节课的灵魂——"根",这里的"根"是海峡两岸的"根",也是两岸人民的"根"。设计"追根溯源""寻根之旅""刨根问底""根深蒂固""归根结底"五个教学环节,富有严密的逻辑以及内在联系,逐层揭开两岸的前世和现状。"根"既是联结中心内容的线,也是师生心灵沟通之魂。教师的引导,让学生有身临其境的感觉,让学生置身于当时的场景去分析问题、思考问题,通过体验,获取感悟。

本节课以独特的视角和全新的材料,重点培养了学生的历史迁移能力、时空转换能力以及史料实证能力。教师以歌谣梳理温故,以材料情景知新,课程内容充实,节奏紧凑,主题凝练,脉络清晰,历史与现实相结合,颇具启发性,充分体现了初中历史课堂教学中对学生核心素养的培养,并且在润物细无声中充分培养了学生的家国情怀。

教师本身和课堂充满了"人文情怀",学生能在课堂氛围中,从历史学习中感受美、知道美、懂得美。学生只有有了人文情怀,有了个人素养的提升,才有可能形成"家国情怀"。

建议：

1. 尽量避免"一言堂",给时间让学生思考、看书,尽量与学生进行互动等。看得出罗老师还是想突出学生的主体地位,但也有值得商榷和改进的地方。

2. 看书最好要让学生带着问题去看,这样会更有针对性。问题要面向全体,尽量让更多的学生参与,老师从中发现学生的闪光点和失误,以便及时肯定或纠正失误。对比较难的问题如"党和政府不断调整对台政策的依据和出发点",应适当启发,拓宽学生的思路。

【教者简介】

罗红伟,毕业于南京师范大学历史教育系,中学一级教师,现任无锡市天一实验学校校办副主任,锡山区历史教学能手。他先后荣获"2014年无锡市初中历史基本功比赛"一等奖,"2013年无锡市初中历史信息化教学能手比赛"二等奖,"2009年无锡市初中历史说课比赛"二等奖;参编《初中历史学习内容疑难分析与解决》《学生发展核心素养视域下的课堂教学指南——初中历史》等书籍;发表论文十余篇,参与无锡市"十一五"课题并顺利结题;2015年,在江苏省《教学新时空·名师课堂》中,主讲《三国鼎立》一课。

课例 13　血腥的资本积累

执教：赵俊

一、教学预设

（一）课标要求

（新）：早期的殖民掠夺……促进了资本主义经济的发展。知道"三角贸易"，了解资本原始积累的野蛮性和残酷性。

（旧）：简述"三角贸易"的基本内容，了解资本原始积累的野蛮性与残酷性。认识殖民扩张和掠夺是英国最早成为工业强国的重要条件之一。

（二）学情分析

本节课是笔者到淮安市渔沟中学送教的课。渔沟镇是淮安市重点镇，该校刚刚合并了韩圩九年制学校。该校学生来自渔沟镇及周边乡镇，学生历史素养相较于城市有很大差距，对历史学科的学习兴趣并不浓厚。基于此，笔者在进行教学设计时，适当降低了提问的难度，提前备好问题"脚手架"，同时采用谈话法，允许采用齐答和自由回答的方式，以营造比较放松的课堂氛围，帮助学生达成学习目标。

（三）教学目标

了解"三角贸易"兴起的背景；通过绘制"三角贸易"的草图，掌握"三角贸易"的路线和交易内容，认识"三角贸易"对欧洲、非洲及美洲的影响；了解英国对印度的殖民掠夺，认识殖民掠夺是资本原始积累的方式之一，它促进了欧洲资本主义的发展，但给殖民地人民带来了深重的灾难；认识资本积累的野蛮性和残酷性。

（四）重点难点

重点是"三角贸易"和英国对印度的殖民掠夺，难点是"三角贸易"、英国对印度殖民掠夺所带来的后果和影响。

（五）教学方法

谈话法、图示法。

二、课堂实录

（时间：2017 年 9 月 22 日　授课地点：淮安市渔沟中学（新校区）　班级：九年级（2）班　使用教材：《世界历史·九年级上册》，人民教育出版社 2007 年版）

师：上课之前我先搞个小活动——假如你是一个商人，现在有一个项目，如果你去做，可以获利 10％。你愿不愿意去做？愿意做的请举手。（有少量学生举手。）

师：请放下，涨一点，20％。刚刚举手的可以继续举。（举手的学生略多了一点。）

师：请放下，50％，或者再高一点，100％的利润。（绝大多数同学举手。）

师：请放下，到 100％利润的时候，有哪些人还不愿意做的，请把手举起来。（有几位同学举手。）

师：再涨，涨到 300％。现在有没有仍然不愿意做的？如果有请举手。有一位，请你来说一说。

生 1：我害怕被骗了。

师：如果被骗了，就血本无归了。英国政论家登宁 1860 年在《工联和罢工》一书中写了这样一段话,请大家一起读一遍。

生(齐读):一旦有适当的利润,资本就胆大起来。如果有 10％的利润,它就保证到处被使用;有 20％的利润,它就活跃起来;有 50％的利润,它就铤而走险;为了 100％的利润,它就敢践踏一切人间法律;有 300％的利润,它就敢犯任何罪行,甚至冒绞首的危险。如果动乱和纷争能带来利润,它就会鼓励动乱和纷争。走私和贩卖奴隶就是证明。

师:这段话写于 1860 年,这段话非常深刻地揭露了在此之前欧洲资本积累的残暴性。今天我们就一起来学习第 15 课《血腥的资本积累》(板书)。

师:请用一句话来概括一下,什么叫资本?

生 1:钱。

师:是不是所有的钱都是资本呢? 比如我今天挣了 200 块钱,然后吃了一顿大餐用掉了。这个是不是资本?(学生们摇头。)什么样的钱才是资本?(学生们在思考,但没有人举手。)如果把这 200 块钱拿去存银行,然后获取一定量的利息,和刚刚拿过去吃大餐,这两个当中哪一个是投资行为?

生:存银行。

师:什么样的钱才是资本?

生 2:能够获得利息的钱。

师:简单来说,能够生钱的钱才是资本。(指课题)血腥的资本积累,它指的是欧洲资本主义在其资本积累阶段,所犯下的种种罪行。这要从早期的殖民扩张谈起。

师(指图):新航路的开辟者是哪两个国家?

生:葡萄牙、西班牙。

师:正是这两个国家,率先走上了殖民的扩张和殖民的掠夺之路。后来又有人参与进来一起竞争,这就是英国和法国。

师:现在我们把目光聚焦到美洲(指图),欧洲殖民者来到美洲后,他们是如何对待美洲原来的居民——印第安人的? 可以在书上标一下。

生 1:屠杀和奴役印第安人。

生 2:强占印第安人的土地,建立种植园。

师:种植园里面种植什么?

生：甘蔗、棉花和烟草。

师：这些作物属于经济作物还是粮食作物？

生：经济作物。

师：经济作物，是可以拿出来出售获利的。

师：关于屠杀和奴役印第安人，请大家看一段材料。

师（呈现材料）：西班牙的拉斯·卡萨斯曾担任古巴远征军的随军教士，他目睹了古巴岛的大屠杀。他写道："一次，印第安人带着食品和礼物迎接我们。我们一到，他们就奉上大量鲜鱼、干粮和其他食品以及他们所能拿出的一切。不料，基督徒突然凶相毕露，当着我的面毫无道理地用剑杀死了坐在我面前的3 000多名男女老少。这一暴行是我亲眼所见。"那么多热情好客的印第安人，就这样被他们杀害了。西班牙人为什么要屠杀古巴岛上的印第安人？目的是什么？可以讨论一下。

生1：因为他们想积累资本。

师：为什么要把他们都杀掉呢？本来这块土地归谁所有？

生：印第安人。

师：屠杀土地上原来的主人，土地和土地上所有的资源都被殖民者所占据。这是非常凶残的一种做法，惨无人道。随军教士怎么看待这件事情？

生：认为是暴行。

师：即便是西班牙人中，也有人认为这是暴行，这是可耻的行为。当欧洲人来到美洲之后，大量的印第安人被屠杀，100年之后，90％—95％的印第安人死去，欧洲人在美洲犯下滔天罪行。这样一来，印第安人就在大量减少，而种植园是需要大量的人力的。这样就出现了一个问题，美洲种植园缺少足够的劳动力。而那些种植园主是怎样解决这个问题的？

生：买进黑人奴隶。

师：买进非洲的黑人做奴隶。这样贩卖黑奴就变得有利可图，利润高达100％，甚至有的超过300％。（指图）黑奴从哪里来？

生：非洲。

师：卖到哪里去？

生：美洲。

师：奴隶贩子从哪里来？

生：欧洲。

师：接下来请大家根据课本上的提示来画一张草图。在课本 97 页空白的地方，根据课本 94—95 页的文字说明和《"三角贸易"示意图》，绘制"三角贸易"草图，给大家几点提示。

（1）画三个圆圈，标明是哪三个大洲；

（2）标一下它们横跨的是哪些大洋；

（3）我给大家标出三道线，但是没有标箭头，请大家根据船只航行的方向把箭头标出来；

（4）标明每一程的名称，标出每一程的主要货物。

（老师在黑板上画出基本框架，请一个同学在黑板上补充完整，老师巡视指导学生完成草图。）

师（指黑板上师生合作完成的草图）：整个航程的基本方向是顺时针还是逆时针？

生：顺时针。

师：出程→中程→归程；欧洲→非洲→美洲。出程的主要货物是——

生：枪支、杂物。

师：枪支用来干什么？ 一开始是用来自卫的，或者是用来武装抢劫的。后来用来交换，交换什么？

生：黑人奴隶。

师：杂物主要是什么东西呢？ 主要是一些纺织品，廉价的工业品。这些东西换取黑奴，成本高还是低？

生：低。

师：物以稀为贵。中程主要贩运什么？

生：黑人。

师：归程主要贩运什么？

生：金银。

师：还有一些烟草、蔗糖等。在这个过程中，出发点和归宿点都是哪里？

生：欧洲。

师：最能说明黑奴贸易本质的是哪一程？

生：中程。

师：因为这样一个行程呈三角形，所以称之为"三角贸易"。"三角贸易"从16世纪持续到19世纪，有三百多年的时间。一开始是什么人进行的？

生：西班牙人、葡萄牙人。

师：为什么一开始是西班牙人和葡萄牙人？大家还记得，顺着非洲西海岸向前探险的是哪国人？

生：葡萄牙人。

师：就是葡萄牙人，而黑人来自非洲。他们（葡萄牙人）首先进行黑人贸易。但后来主要的经营者是？

生：英国人。

师：英国人打败了其他竞争者，成为后来的主要经营者，这是一项光荣的事情吗？

生：不是。

师：请看一幅图，这是英国画家透纳作于1840年的油画《贩奴船》。近景是海面上有很多戴着镣铐的尸体，中景是在风雨之中摇摆不定的贩奴船，远景是夕阳。我们一起把他为这幅画配的诗读一下。

生：无数只手伸向上苍，伸向那桅杆和风樯，/夕阳西垂，/乌云汹涌，/暴风雨就要来临。/快清理甲板，/将尸体和病人扔进海浪，/别管那些锁链还套在颈上。——透纳

师：由此我们可以看到，罪恶的三角贸易充满了血腥。（板书：罪恶的三角贸易）

师："三角贸易"如此罪恶，奴隶贩子为什么还要这样做呢？

生：利润高。

师：利润！"三角贸易"对非洲来说丧失了多少劳动力？

生：近亿。

师：持续了多长时间？

生：300多年。

师：这造成了非洲的长期贫困。而对于美洲来说，本来它缺少什么？

生：劳动力。

师：现在大量的劳动力补充进来，促进了经济的发展。对于欧洲呢？（呈现一段

材料：英国人安东尼·培根经过 8 年黑奴贸易赚得 7.6 万英镑，随后用这笔钱在英国开设铁厂，几年后，这家铁厂成为英国最大的铁厂之一，他本人也成为著名工业家。）安东尼·培根是把"这笔钱"花到哪里了？

生：工商业。

师：花到工商业中了，不是用来自己挥霍。所以，这些钱就变成了什么？

生：资本。

师：资本（板书：资本），资本主义要想发展，还需要什么？（根据学生回答继续板书"劳动力、市场、科技、资源"。）对于美洲来说，它得到了什么？

生：劳动力。

师：欧洲呢？

生：资本。

师：安东尼·培根的身份发生了怎样的变化？他本来是做什么的？

生：奴隶贩子。

师：后来变成了什么？

生：工业家。

师：他通过投资，把自己的身份给洗白了。他的钱来路不正，是不干净的。通过这个案例的分析我们得出，"三角贸易"给欧洲资本主义的发展注入——

生：资本。

师：充足的资本。

师：欧洲工商业获得巨额资本，促进了资本主义的发展。贩卖黑奴是罪恶的，1807 年 3 月 25 日，英国议会通过《废除奴隶贸易法案》，禁止英国船只从非洲往美洲运送奴隶，并在 1833 年彻底废除了奴隶贸易制度。2006 年 11 月，英国首相布莱尔为此道歉。（呈现文字材料）

师：布莱尔因为什么事件而感到"深深的羞愧"？

生：为"三角贸易"。因为英国是后来"三角贸易"的主要经营者。

师：布莱尔怎么评价"三角贸易"？

生：反人性。

师：反人性。布莱尔很奇怪，这在当时是合法的吗？

生：合法的。

师：合法的是不是一定正义呢？（英国的）法律是什么人制定的，它代表哪个阶级的利益？

生：资产阶级。

师：血腥的资本积累，我们要认清这一点。欧洲人强调自由、平等和博爱，但是在奴隶贩子那里，根本没有看到。自由、平等、博爱是他们的，跟其他人没有什么关系，其他人要想享受，得自己去斗争。

其实，血腥的资本积累不仅仅表现在"三角贸易"当中。这些殖民地国家对殖民地进行殖民扩张与殖民掠夺，在扩张与掠夺之中出现了"狗咬狗"的斗争，我们称之为"殖民争夺"。（指图）英国在1588年"无敌舰队"之战中打败了西班牙，在此之前西班牙曾经吞并过葡萄牙。到了17世纪中期，通过数次英荷战争，英国又击败了荷兰这个"海上马车夫"，荷兰失去了海上霸主地位。通过17世纪末到18世纪中期四次重要的战争，英国又击败了法国。这样，到了18世纪后半期，英国成为最大的——

生：殖民国家。

师：它通过什么样的方式？

生：战争。英国打败了一个又一个的对手，成为最大的殖民国家。所有西方人认为，一个国家要崛起，必然要通过什么样的方式？

生：战争。

师：通过战争。中国现在正在崛起，中国会不会挑起战争？

生：不会！

师：因为你是中国人。他们的思维是不一样的。要么赢，要么输；要么获利，要么亏本。其实有没有其他的道路？

生：有。

师：18世纪后半期，英国成为最大的殖民国家，号称什么？

生：日不落帝国。

师：为什么叫日不落帝国？

生：太阳永远不会落下。

师：为什么太阳永远不下山呢？（学生七嘴八舌地回答。）

师：无论太阳照耀在地球的哪个区域，都有英国的米字旗在飘扬，所以叫"日不落帝国"。那么"日不落帝国"等不等于英国？

生：不等于。

师：它不仅仅包括英国本土，还包括英国的很多海外殖民地。

总结一下（师生共同完成屏幕上的填充题）。

1. 英国的殖民道路

（1）<u>17</u> 世纪以后走上殖民<u>争夺</u>的道路，相继打败西班牙、荷兰和<u>法国</u>。

（2）18 世纪后半期成为最强大的<u>殖民</u>国家，在各大洲建立了殖民地，号称"<u>日不落帝国</u>"。

师：英国成为最强大的殖民国家，是不是靠自力更生，艰苦奋斗来的？

生：不是，是抢来的。

师：靠侵略、靠扩张、靠掠夺，这不是光荣的历史，而是英国人应该感到羞愧的历史。"日不落帝国"拥有很多的海外殖民地，我们选取一个例子——印度。印度被英国人称之为英王王冠上最明亮的一颗明珠，因为它在印度这个殖民地获利最多。请根据屏幕上的提示，阅读课本并作标注，同时看一下后来的自由阅读卡。（利用两分钟时间学生自读课本并标注，老师巡视。）

师：我们一起答一下。英国对印度的殖民活动开始于什么时候？

生：17 世纪。

师：17 世纪是一六多少年，还是一七多少年？

生：一六。

师：由哪一个机构负责？

生：东印度公司。

师：东印度公司是一个什么样的机构？它跟我们这边的渔沟镇酒业公司性质是一样的吗？

生：不一样。

师：不是商业机构，那是什么机构？（学生七嘴八舌地回答。）

师：请你说一下。

生 1：是一个管理殖民地的政权机构。

师：说它是政权机构，它有哪些权力？

生：拥有武装，可以直接管理殖民地，可以在殖民地征税。

师：我们现在看到的很多公司，有没有自己的武装？

生：没有。

师：东印度公司有自己的武装，可以缔结和约，是政权机构，不是普通的商业机构。这样我们就能够理解，东印度公司做了那么多令人发指的事情。

（继续填充"殖民进程"）17世纪，先建立沿海殖民据点。

一开始进行的是正当贸易。当时在印度有一个强大的帝国——莫卧儿帝国。英国建立据点，意图后期的发展。18世纪中期，莫卧儿帝国衰落了，内部分崩离析，外有阿富汗人的进攻，于是英国人觉得机会来了。而英国到了18世纪中期是什么样的社会性质？

（学生迟疑而不确定。）

师：换个角度，统治阶级是哪个阶级？

生：资产阶级。

师：它已经从封建社会过渡到资本主义社会，国力很强盛。一个很强盛，一个很虚弱，所以英国对印度发动了侵略战争，和鸦片战争的性质是一样的，是侵略战争。

（继续填充）18世纪中期开始发动侵略战争，蚕食土地、建立并扩大殖民地、抢劫财富。典型：克莱武（人物）洗劫孟加拉。

师（指图）：英国对印度的殖民活动，从17世纪建立沿海殖民据点，比如说苏拉特，加尔各答，然后等到时机成熟发动侵略战争。到这个时候（19世纪中期），印度2/3的土地都被英国控制了，由他们直接统治。那么剩下的一些部分，跟英国是什么关系呢？仔细看课本地图的图例。

生：附属的土邦。

师：他们已经被迫承认东印度公司对他们的控制。到这个时候，也就是18世纪中期，印度已经完全沦为英国的殖民地。2/3土地由英国直接统治，还有1/3土地已经附属于英国。请注意，在这幅地图中，还有几个据点不是英国的。

生：葡萄牙、法国。

师：这些国家在这里的据点，和英国在这里拥有辽阔的殖民地相比，哪个势力更大?

生:英国。

师:殖民头目克莱武1757年侵占孟加拉,东印度公司任命他为孟加拉总督。他曾说"我出入于只为我敞开的金库……此刻,我对我自己那时的节制大为惊奇"。他抢了多少?

生:23万英镑。

师:他说他很节制,因为有比他不节制的,那就是东印度公司,东印度公司从孟加拉国库侵占了多少?

(生根据屏幕提示回答:"3 700万英镑。")

师:跟这个大强盗相比,他占得并不多。英国政府对这个"小强盗"是怎么评价的? 看小字部分。

生:为国家作出了巨大贡献。

师:因为不仅仅他抢了这么多,东印度公司抢得更多,3 700万英镑! 国家说一个强盗有贡献,那这个国家是一个什么样的国家?

生:强盗国家。

师:说它是强盗国家是有理由的,1757~1815年间,英国就从印度攫取了高达10亿英镑的财富! 这是赤裸裸的殖民掠夺。(板书:残暴的殖民掠夺)

师:这些掠夺,对于英国资本主义发展来说,带来了什么? 大量的财富,回到英国变成了什么?

生:资本。

师:同时,印度面积那么辽阔,又为英国资本主义发展提供了什么?

生:市场。

师:我们一起来归纳一下,英国对印度的殖民统治分别对英国和印度产生了哪些影响。

(完成填充)对英国:掠夺了无数财富(资本),国内经济得到发展;获得巨大海外市场,进一步刺激了工业的发展(老师联系到工业革命),促使其迅速成长为资本主义工业强国。

对印度:长期陷于贫困→进行抗争。

师：哪里有压迫，哪里就会有斗争，英国对印度的殖民统治实在让人忍无可忍。下节课我们将会学到，印度人民掀起了反英的民族大起义。

（师生共同回顾）这是我们这节课学习的主要内容。标题叫"血腥的资本积累"。血腥的资本积累主要有两种方式，一种是罪恶的"三角贸易"，"三角贸易"的本质是黑人奴隶贸易；另一种方式是残暴的殖民掠夺，直接去掠夺财富。"三角贸易"对于欧洲来说，使欧洲资本主义发展获得巨额的资本，残暴的殖民扩张与殖民掠夺也使欧洲获得市场和资本。

师：课本 67 页有马克思的一段话。"对东印度开始进行的征服和掠夺"这句话对应的是哪一种方式？

生：残暴的殖民掠夺。

师："非洲变成商业性地猎捕黑人的场所"对应的是哪一种方式？

生：罪恶的"三角贸易"。

师：但是，马克思称之为"这一切标志着资本主义生产时代的曙光"，欧洲发展了、进步了，"这些田园诗式的过程是原始积累的主要因素"。这些是田园诗吗？

生：不是。

师：站在什么人的角度这是田园诗？

生：欧洲。

师：站在欧洲人的角度，这是田园诗式的。但是马克思还说过另外一段话："原始积累的方法绝不是田园诗式的东西。资本来到世间，从头到脚，每个毛孔都滴着血和肮脏的东西。"那么，欧洲资本主义的资本积累具有怎样的本质特点？真的是那么充满温情的吗？当然不是，是血腥残暴、野蛮无耻的。马克思这两句话，一句说是田园诗式的，一句说绝不是田园诗式的，到底是不是？这种资本积累到底是进步的，还是罪恶的？让我们来读一段话。

生（齐读）：人类的一切行动、一切思想都必须将人类的任何一个群体、一个国家、一个种族的所有人的生存权放到首位，必须珍视每个人的生存权，这是考验一个文明是否具有人文性的基础条件。

师：所以我们希望我们中国在崛起的过程当中，能够具有人文性。这节课就学到这里，下课。

三、学生反响

（一）本课中你最大的收获是什么？

生 1：了解了"三角贸易"的邪恶和残酷。

生 2：利益不应该放在第一位。

生 3：知道了非洲贫穷的原因。

生 4：了解了资产阶级的卑鄙，对那时被侵略国家的人们深表同情。

生 5：知道了英国为什么能在这么短的时间内，迅速成长为资本主义强国。

生 6：明白了资本积累的肮脏与非洲近代落后的原因，还有为何英国成为头号工业强国的原因。

生 7：知道了"三角贸易"，了解了资本原始积累的野蛮性和残酷性。

（二）本节课中你印象最深刻的是什么？

生 1：买卖黑奴使非洲丧失了近亿的劳动力。

生 2：殖民者对黑奴的买卖和残暴。

生 3：欧洲对非洲造成的伤害。

生 4：资本主义对于财富的渴望已经深入骨髓，对非洲黑人无情、残暴，对非洲（进行）无尽的奴役。

（三）本节课中你还没有完全把握或还有疑问的是哪一部分？

生 1：最先进行奴隶贸易的是葡萄牙，为什么后来英国成为了"三角贸易"的主要经营者？

生 2："三角贸易"是怎样一步一步积累起来的？

生 3：印度莫卧儿王朝为何不对英国人的侵略进行反抗？

生 4：欧洲殖民者对殖民地的侵略是一种罪恶，还是有利于历史发展？

生 5：英国是如何强盛起来成为最强大的殖民国家的？

生 6：罪恶的三角贸易对非洲以后的发展产生了什么影响？

(四) 学完本课后你还想了解的是什么?

生 1：黑奴为什么不抵抗这样的行为。

生 2：英国在印度的公司有何作用?

生 3："三角贸易"是什么时候结束的?

生 4：英国成为资本主义强国的重要原因是什么?

生 5：被英国破坏过的国家现在状况怎么样?

生 6：为什么非洲有些土著部落帮助白人猎取同胞?

生 7：那些掠夺非洲财富的资本家们有愧疚吗? 他们有没有给非洲人民补偿呢?

生 8："三角贸易"之后,非洲将如何生存?

四、同伴声音

周立群(淮安市渔沟中学教师)：赵老师的这一堂课从大的方向上改变了教师的教学方式和学生的学习方式,在课堂教学中充分体现学生自主、合作和探究的精神。

第一,教学目标制定得明确、具体、恰当。赵老师这堂课能根据学生认知能力的发展水平和历史学科特点制定目标,包括：知识与能力、过程与方法、情感与价值观。这三方面的目标由浅至深,不仅让学生了解历史,而且在思想上对学生进行了教育,使学生了解"三角贸易"和殖民掠夺的血腥性,帮助他们形成正确的历史观。

第二,教材处理比较科学,重视知识的形成、巩固、深化和应用。教学内容编排合理,符合学生的知识基础和能力水平。老师在教学设计上没有照本宣科,不是把课本上的内容直接搬下来让学生答,而是精心设计了有深度的问题,训练学生的历史思维能力。

赵老师让学生用画图的方式学习"三角贸易",在学生掌握了基本史实后,再进行知识巩固,探讨深层次的问题,然后让学生感受。通过这种教学,不仅学生学会了融会贯通,掌握了基本历史知识,而且教师还达到了思想教育的目的,在课堂上实现了知识的迁移,让学生充分地认识学以致用的重要性。

第三,教学过程合理,层次清楚。赵老师这节课运用多媒体辅助教学,让学生能直观形象地了解"三角贸易"形成的有关史实,增强了学生的学习兴趣。一堂课"教师提问—学生讨论—教师点评",思路清晰,内容简明扼要。

第四,教师的基本功很扎实。板书设计巧妙、合理,能成为学生获得知识的思路图。赵老师在整节课中的解释和指导均清楚并有系统性,语言规范、简练,语调抑扬顿挫,教态自然大方,赵老师表现出来的激情,在历史课堂上很少见到,这是一大亮点。

第五,绝大部分学生学习兴趣浓厚,情绪饱满,注意力集中。

吴昊(淮安市渔沟中学教师):赵老师在这堂课上,始终面带微笑,和蔼可亲,使学生觉得很亲切。他知识面非常广,课件准备非常充分,不愧为特级教师。整节课非常流畅,水到渠成,尤其是开头讲的商人的故事,一下子就把学生吸引住了。这堂课给我的感受是非常生动、有趣、易懂。

五、教师反思

在准备这节课的过程中,我一直在思考一个问题:是什么让奴隶贩子"丢掉了最后一点羞耻心和良心"? 我们应当如何评判资本积累,应当侧重其血腥性还是进步性?

一边备课,一边听课,在听本校胡梦萍老师的这节课时,她展示了一段材料:

一位英国政论家说:资本,有50%的利润,它就铤而走险;为了100%的利润,它就敢践踏一切人间法律;有300%的利润,它就敢犯任何罪行,甚至犯绞首的危险。如果动乱和纷争能带来利润,它就会鼓励动乱和纷争。

这段话很好地回答了我的问题,是什么让奴隶贩子"丢掉了最后一点羞耻心和良心"? ——是巨额的利润! 所谓利欲熏心!

于是我追本溯源,几经周折终于查到了这段材料的原始出处。这段话出自于英国政论家登宁1860年写的《工联和罢工》一书,马克思在《资本论》的一个脚注里面引用了这段话(英文版第31章,中文版第24章第7节),原文如下。

"一旦有适当的利润,资本就胆大起来。如果有10%的利润,它就保证到处被使用;有20%的利润,它就活跃起来;有50%的利润,它就铤而走险;为了100%的利润,它就敢践踏一切人间法律;有300%的利润,它就敢犯任何罪行,甚至冒绞首的危险。

如果动乱和纷争能带来利润,它就会鼓励动乱和纷争。走私和贩卖奴隶就是证明。"

我根据这段话设计了我的课堂导入:

假设你是一个商人,现在有一个项目,如果你去做,可以获利10％。你愿不愿意去做?

现场统计人数,并不断提高利润,从10％到20％到50％到100％,最后到300％,到了100％利润的时候绝大多数同学都举起了手,到了300％利润的时候,只有一位同学没有举手,一问才知道他是怕上当受骗! 在这个过程中,没有人考虑这个利润的获得是否合法,是否道德。这就埋下了一个伏笔——为了巨额利润,人们就可以为所欲为,乃至犯下罪行吗?

组织完这个小活动,我呈现登宁的原话,然后过渡到"血腥的资本积累"课题。但这不是结束,而是刚刚开始。

在学习"三角贸易"的背景时,我节选了古巴远征军的随军教士拉斯·卡萨斯在《西印度毁灭述略》中的一段关于古巴岛的大屠杀的话。

"一次,印第安人带着食品和礼物迎接我们。我们一到,他们就奉上大量鲜鱼、干粮和其他食品以及他们所能拿出的一切。不料,基督徒突然凶相毕露,当着我的面毫无道理地用剑杀死了坐在我面前的3 000多名男女老少。这一暴行是我亲眼所见。"

然后问了两个问题:(1)西班牙人为什么要屠杀古巴岛上的印第安人(强占土地,掠夺财富)? (2)这位随军教士怎么看待这件事?

第一个问题是理解性的问题,是为了帮助学生理解欧洲殖民者为强占土地、掠夺财富而屠杀印第安人,结果造成美洲殖民经济发展缺少足够劳动力,从而使得黑奴贸易有利可图。第二问题则是情感态度价值观方面的,即便在当时,殖民者中也有正义的声音,但是更多的殖民者被利益遮蔽了良心。

如何揭示"三角贸易"的残酷性? 在试讲时我曾节选一段视频,形象生动,但画面很血腥,时间也比较长。在搜集素材的过程中,我偶然发现了英国画家透纳作于1840年的油画《贩奴船》,还有他为这幅画作的小诗,便决定以艺术的语言来呼唤学生情感的共鸣。

课堂上,我展示了这幅画,并结合画面略加介绍,然后请同学齐读透纳的小诗:

无数只手伸向上苍,伸向那桅杆和风樯,/夕阳西垂,/乌云汹涌,/暴风雨就要来临。/快清理甲板,/将尸体和病人扔进海浪,/别管那些锁链还套在颈上。

从课堂上学生的反应看,达到了预想的效果。课后学生们也纷纷表示,对于作品"三角贸易"的罪恶感受很深。

英国是后来"三角贸易"的主要经营者,身为英国人的透纳却创作了这样的作品,体现出一些有正义感的英国人对这段罪恶历史的深度反思。

学完"三角贸易"之后,我又增加了一点教学内容,补充说明 1807 年 3 月 25 日,英国议会通过《废除奴隶贸易法案》,禁止英国船只从非洲往美洲运送奴隶,并在1833 年彻底废除了奴隶贸易制度。2006 年 11 月,英国首相布莱尔为此道歉:"我个人认为,两个世纪给我们提供的机会不只是说怎样对贩奴贸易深深的羞愧……对曾经发生的过去我们表示深深的道歉……难以相信,这种反人性的犯罪在当时是合法的。"

我针对布莱尔的道歉提出两个问题:(1)布莱尔因为什么事件而感到"深深的羞愧"? (2)布莱尔怎么评价"三角贸易"?

补充这些是为了说明人类具有反思精神,人性与正义最终得以彰显。资本是逐利的,但不义之财不可取,从而与前面登宁的那段话相呼应。巨额利润让人见利忘义、利欲熏心,但再高的利润也不能以侵害他人正当利益为代价。

在课堂的最后,我引用了张庆海在《中学历史教学中的史学理论问题》中的一段话作为小结:

"人类的一切行动、一切思想都必须将人类的任何一个群体、一个国家、一个种族的所有人的生存权放到首位,必须珍视每个人的生存权,这是考验一个文明是否具有人文性的基础条件。"

这再次强调了课题的观点:血腥的资本积累;同时也在传递一种与西方不同的中国的正确义利观。2013 年 3 月,习近平访非期间,首次提出正确义利观,这与西方"利益至上""只有永恒的利益,没有永恒的朋友"等理念完全不同,强调义利兼顾才能义利兼得,义利平衡才能义利共赢。不管是做人还是治国,都应义利并举,以义为先,这样才能走得更远,站得更高。

但是这段话对于初中生而言,还是深奥了一些,还没有达到深入浅出的效果。

六、专家点评

点评专家：王晓冬，淮安市淮阴区历史教研员

赵老师依据历史发展的线索，循循善诱，引导学生学习，好像是推心置腹的谈话。他对宏观立意和宏观背景的把握很到位，把整节课内容放在人类社会进步发展的大背景下进行分析。

赵老师课的导入不露任何痕迹，一下子就吸引住了学生，从持续追问到完整呈现材料——导入内容与本节课内容密切相关。对课题的研读和解析很到位，对于"资本"的通俗解读——能生钱的钱，用学生简单易懂的话解读而非专业性太强的词语解读，这样有助于学生理解。知识之间的过渡不留痕迹，解析课题之后，自然过渡到新航路开辟对美洲的影响，以及欧洲人如何对待印第安人。教学环节之间的过渡顺理成章，贴切自然，把历史自有的逻辑关系梳理得非常清楚，逻辑性很强。

材料的举证非常丰富。赵老师在教学过程中，强化历史的实证意识，潜移默化地培养学生的实证意识。他在组织学生动手画"三角贸易"图时，对于做什么，怎么做，都是有明确目的的，并且指导很到位；在指导学生画图时，提示较多，学生画得快，很快能跳一跳摘到果子；在总结时，还提醒学生思考整个路程是顺时针还是逆时针，学生观察后得出正确结论，这样能够不露痕迹地进行学法指导。这就提醒我们，当学生活动进行之后，教师要有明确的、概括性的结论。赵老师对照示意图，指出贸易最核心的中程，对重要知识、核心知识的指点与强调是到位的，对"三角贸易"影响部分的总结与归纳是水到渠成的，对之前背景、过程的教学是扎实的。后来赵老师分三个角度进行概括很顺利，是因为前面史实交待得很清楚，学生心里已经能得出结论了。

对学生价值观的培养不露痕迹。为什么这么长时间过去了，英国首相还要感到羞愧？对于所有发生过的事情，历史总会有评价的，是抹不掉的，历史终会有公正的评价。价值观的引领做到了潜移默化。这节课的教学很顺畅，得益于赵老师十分认真的准备和较高的课堂呈现力。赵老师多次使用教材上的语言、教材上的资料，只不过对呈现时间、方式作了精心的编排，于是效果就不一样了。

【教者简介】

赵俊，男，1974 年出生，中共党员；1996 年毕业于南京师范大学历史社会学系，同年到淮阴中学初中部（淮安市开明中学）工作至今，现任该校副校长；中学高级教师，江苏省第 13 批特级教师（初中历史），江苏省基础教育教学指导委员会综合实践活动学科专家委员，江苏省第四期"333 高层次人才培养工程"第三层次培养对象。出版专著《品读名师课堂》，主编或参与编写著作 8 部，2 篇论文获"师陶杯"二等奖，数篇论文在《中学历史教学参考》等杂志上发表，自工作以来持续参与省市级课题研究工作，独立主持并完成两项市级课题。

课例 14　马克思主义的诞生

执教：闫刚

一、教学预设

（一）课标要求

（新）："了解马克思、恩格斯的革命活动和《共产党宣言》的发表，理解马克思主义诞生的历史意义。"

（旧）："了解欧洲工人运动和社会主义运动的兴起，讲述马克思、恩格斯的革命运动及他们对人类历史发展的卓越贡献，概述《共产党宣言》的历史意义，深刻理解马克思主义诞生的历史条件和主要意义。"

（二）教学目标

1. 知识与能力：记住英国宪章运动等欧洲三大工人运动的名称和《共产党宣言》发表的时间；了解马克思、恩格斯的革命活动；理解马克思主义诞生的历史条件和意义。

2. 过程与方法：通过对马克思主义诞生的历史条件的分析，学生认识到马克思主义的诞生是时代的产物；通过对马克思、恩格斯的活动的学习，学生认识到他们对人类历史发展所作出的伟大贡献,培养学生的创新能力和实践能力。

3. 情感态度和价值观:通过对马克思、恩格斯所取得的伟大成就的理解,引导学生形成积极向上的优秀品质,激发学生勤奋学习,追求真理,积极投身于社会实践活动的精神。

(三) 学情分析

新沂市第十中学是一所公办普通初中,位于城乡接合部,南北狭长,相距 10 千米,生源以北沟街道办田吴村、新安街道办的黄墩村及周边社区学生为主,无地的农民和外来流动人口子女占比约 55%。九(1)班属于均衡编班,任课教师配备平衡,学风正,班风纯,学生自我管理意识强。从整体上看九年级的学生学习的积极性、主动性和创造性比较强,学习兴趣浓厚,学习习惯优良。但两极分化现象比较严重,各种学科之间发展不平衡,存在着偏科的现象。

《马克思主义的诞生》这一课,理论性较强,学生难以理解。细细领悟我们党的指导思想——马克思主义、列宁主义、毛泽东思想、邓小平理论、江泽民的"三个代表"、胡锦涛的科学发展观、习近平新时代中国特色社会主义思想,是怎样一步一步促进党的发展和壮大,为何又一以贯之。本课的学习,使同学们树立正确的世界观、人生观、价值观。追根求源,通过对马克思、恩格斯所取得的伟大成就的介绍,教师引导学生形成积极向上的优秀品质。

(四) 教学重点

马克思主义诞生的历史条件,《共产党宣言》的发表。

(五) 教学难点

马克思主义诞生的历史条件与历史意义。使学生认识马克思主义的诞生是历史的产物,从而培养学生初步运用历史唯物主义和辩证唯物主义的基本观点分析问题,解决问题。

（六）教学方法

学讲法、发现法、史料分析法、五环四步三化教学法。

二、课堂实录

（时间：2018 年元月 23 日　授课地点：新沂十中　班级：九（1）班　授课教材：《世界历史·九年级上册》四川教育出版社 2015 年版）

（一）新课导入：目标导学，整体感知

师：（多媒体出示图片《中国共产党第十九次全国代表大会》）这幅照片反映出来我们中国发生了一件什么大事？

生：十九大召开。

师：你知道习近平总书记所作的报告中提到我们党的指导思想是什么吗？

生：（生齐答，师引导补充）马克思主义、毛泽东思想、邓小平理论、江泽民的"三个代表"重要思想、胡锦涛的科学发展观、习近平总书记的新时代中国特色社会主义理论。

师：那么我们今天和大家共同学习我们党的指导思想的根基——马克思主义理论。（教师板书课题：马克思主义的诞生）由此导入新课。

（二）自主先学学进去，合作探究探新知

师：马克思主义的诞生，在我们中学课本上，课程标准中所要求的是三个问题，请大家看教材，是哪三个问题？

生：（阅读教材，回答）欧洲工人运动的兴起；马克思、恩格斯的早期革命活动；《共产党宣言》的发表。（师板书以上内容。）

师：我们今天就来研究这一课相关内容（多媒体出示课件，点击课程标准，明确学习重点）。

1. 记住欧洲宪章运动和《共产党宣言》发表的时间。

2. 理解马克思、恩格斯早期革命活动。

3. 理解马克思主义诞生的历史条件和意义。

（学生认真阅读课件内容，教师向学生解释重难点。）

师：本节课我们需要知道的第一个问题，就是欧洲有一个国家发生了什么运动？

生：英国的宪章运动。

师：其次我们需要知道的是马克思和恩格斯两位伟人的早期革命活动，最后需要理解《共产党宣言》的历史意义和现实意义。

（学生阅读教材，配合教师回答问题。）

师：刚才我们观看了一幅图片《中共十九大的召开》，实际上，"十九大"也是在哪一种思想的指导下召开的？

生：马克思主义（学生齐答）。

师：（多媒体展示课件：《漫步历史长廊，吸取知识精华》）欧洲工人运动的兴起、马克思和恩格斯的早期革命活动、《共产党宣言》的发表。（多媒体出示第一个标题：欧洲工人运动的兴起。）工业革命后，资本主义国家主要有哪两大阶级？

生：（思考）资产阶级和工人阶级。

师：两大阶级之间关系如何？（多媒体出示图片《一个英国资产阶级家庭过生日》《工人们在铁路隧道口辛勤劳作》。）由此可以看出两大阶级之间生活条件的巨大差距。（继续出示马克思和恩格斯深入工人群众中的幻灯片。）一方面，随着资本主义的发展，社会财富迅速增长；另一方面，工人阶级相对更加贫困，他们想要寻求改变，现实中也许做不到，于是他们会怎么做？

生：幻想。

师：是的，幻想、空想。为什么说是幻想、空想？能不能实现？

生：不能。

师：在当时就出现具有这种思想的几位著名的思想家，哪位同学能列举这几位思想家？

生：（阅读，思考）法国的圣西门、傅立叶和英国的欧文。

师：你能不能用最简洁的语言把这几位思想家的核心思想阐述出来？

生：幻想资本家把私有财产交给社会公有，实现人人平等。

师：(肯定学生的回答并加以引导)这些思想家的共同特点都是充满了"空想",在当时是不可能实现的,但是这种"渴望"也是大势所趋。所以在这股潮流的引导下,继而出现了三四十年代几个国家的工人运动。代表性的工人运动有哪些?(指导学生阅读教材后回答。)

生：1836 年英国的宪章运动、1831 年和 1834 年法国里昂两次工人起义、1844 年德意志西里西亚纺织工人起义(师引导补充)。

师：这些运动的最终结果如何?

生：都失败了(表示遗憾)。

师：虽然说工人运动失败了,它还有什么意义吗?

生：(阅读教材回答)表明无产阶级开始作为一支独立的政治力量登上历史舞台。

师：我们来共同梳理马克思主义诞生的历史条件。

生：工人运动的兴起,空想社会主义理论的思想影响(师引导补充)。

师：那么,大家思考一下(小组合作探究)。这些工人运动的失败,给我们带来什么教训?

(多媒体播放《国际歌》,学生齐唱、鼓掌。师提点学生体会歌词体现的情感,奴隶指当时受压迫的工人阶级。视频播放时间约 3 分钟。)

师：从《国际歌》中我们能够感受到一种力量,同时,失败的工人阶级也迫切需要一种理论作为指导思想。下面我们认识一下为理论的产生作出巨大贡献的两位伟人。(多媒体投影马克思和恩格斯画像、生平,并导入第二标题。)

(教师指定学生朗读两位伟人的生平事迹。)

师：我们同学马上要初中毕业了,大家都有自己的目标、理想,当时的马克思的目标和理想是什么?

生：(学生齐读马克思的中学毕业论文片段。)

师：我们中国的许多伟人也有远大理想,大家想想有哪些例子?

生：周恩来——为中华之崛起而读书!

师：你毕业之际的目标和理想是什么?(鼓励学生书写理想,看谁写得又快又好。)

生 1：初中生涯成长了自己,希望考一个好学校。

生 2：任何阶段都要做最好的自己。

生3：学习历史，让我们认识我们不知道的一个一个的历史片段，更进一步了解历史，更加完整地理解历史。

师：（肯定学生的回答并中肯评价）现阶段的任务就是努力学习。我们来了解另外一位伟人恩格斯。（多媒体出示幻灯片，师生一同研读恩格斯的生平，指出恩格斯虽然出身于资本家家庭，但是却立誓要推翻"吃人的资本主义制度"。）

（多媒体出示课件，学生观看，教师解释马克思主义诞生的条件之一：欧洲工人运动的兴起。）

师：（多媒体出示幻灯片：欧洲三大工人运动）三大工人运动的失败，说明无产阶级迫切需要一种比较科学的理论作为指导。（多媒体出示幻灯片：宪章运动木版画）

生：（齐读列宁评价）"世界上第一次广泛的、真正群众性的、政治性的无产阶级革命运动。"

（多媒体出示课件内容：马克思主义诞生的经济条件——工业革命的持久深入发展；阶级条件——无产阶级作为一支独立的政治力量登上历史舞台；理论条件——自然科学取得的许多新成果和社会科学领域的重大发现；思想条件——空想社会主义。教师与学生一起互动交流、阐释并掌握。）

生：（听讲、思考、回答问题。）

师：（多媒体出示幻灯片，介绍两位伟人的早期革命活动，重点提醒1844年两位革命导师的第一次会见）归纳马克思和恩格斯早期活动有哪些。

（学生思考，然后回答问题，教师简要评价后导入下一标题。）

师：（多媒体出示课件）马克思主义的理论来源有几个？

生：三个。

师：（出示幻灯片）讲述黑格尔和费尔巴哈的德国古典哲学、亚当·斯密和大卫·李嘉图的英国古典政治经济学、法国的空想社会主义学说。（教师简介几位人物的生平、贡献。）

生：（阅读幻灯片内容，理解以上几位人物的生平和贡献。）

师：（幻灯片出示课件：科学社会主义，无产阶级革命理论）马克思主义主要包括哪几个方面的内容？

生：马克思主义哲学、政治经济学、科学社会主义。（生看幻灯片回答，师同时强调。)

师：这三方面是马克思主义的主要组成部分,那么马克思主义是怎样诞生的? 在什么时间? 又与什么组织有关? 请大家阅读教材(p142"史海拾贝")并回答,马克思在哪一年、为哪一个组织写了什么文件?

生：1848 年为共产主义者同盟起草《共产党宣言》。(学生齐答)

师：共产主义者同盟的前身是什么?

生：正义者同盟。

师：正义者同盟的前身是什么?

生：流亡者同盟。

师：(归纳)流亡者同盟——正义者同盟——共产主义者同盟。马克思为哪一个组织写的材料?

生：(齐答)共产主义者同盟。

师：是哪一年写的?

生：1848 年。

师：这是我们需要掌握的基础知识。(板书：组织名称、时间、发表的文件)

(教师板书的同时,生识记以上三个知识点。)

师：我们再来研究一下《共产党宣言》的内容包括哪些? (指导学生分组研讨。)

(学生分组讨论约 3 分钟,师在教室内巡视、指导、答疑解惑。)

(老师请学生回答问题。)

生：《共产党宣言》内容包括：1. 有文字以来的阶级斗争史;2. 创造伟大生产力推动社会进步的同时生产了自己的掘墓人;3. 共产党人的任务;4. 口号——"全世界无产者,联合起来"。(生回答,同时教师中肯点评。)

师：(出示幻灯片)这就是《共产党宣言》的封面,旁边的一段文字出自这份文件,大家齐读一下。

生：(齐读)让统治者在共产主义面前发抖吧。无产者在这个革命中失去的只是锁链。他们获得的将是整个世界。(生声音洪亮整齐,有气势。)

师：(多媒体出示课件,归纳《共产党宣言》内容)《共产党宣言》的主要内容可以归纳为以下几个方面：1. 阶级斗争学说;2. 无产阶级专政;3. 实现共产主义;4. 口号——

全世界无产者,联合起来"。

(教师简要介绍这几个方面的内容,指导学生学会"归纳"的方法。)

(学生识记《共产党宣言》的内容。)

师:通过刚才的归纳,我们知道了《共产党宣言》的内容,那么,它的发表有什么意义呢? 我们一起来看一下。

生:标志着马克思主义的诞生,此后,马克思主义成了指导国际工人运动的革命理论,社会主义运动开始蓬勃发展(学生阅读教材齐答)。

师:我反过来问一下,马克思主义诞生的标志是什么?

生:1848 年 2 月《共产党宣言》的发表。(师生齐答。)

师:很好,那么我们来回顾一下,我们这节课学习的内容有哪些呢?

(三) 交流展示,拓展提高

师:下面我们一起来回顾这节课的内容(生答,师多媒体出示课件,小结本课内容)。我们这一节课分为三个标题:1. 欧洲工人运动的兴起;2. 马克思、恩格斯的早期革命活动;3.《共产党宣言》的发表。很显然,本节课的重点是哪一部分?

课堂小结

欧洲工人运动的兴起	1.工业革命加剧了贫富悬殊 2.空想社会主义的出现 3.早期工人运动的兴起 4.工人运动迫切需要科学的革命理论指导
马克思、恩格斯的早期革命活动	1.青年时代的马克思 2.马克思的早期革命活动 3.青年时代的恩格斯 4.恩格斯的早期革命实践
《共产党宣言》的发表	1.马克思主义的三大理论来源 2.《共产党宣言》的发表及意义

生:《共产党宣言》的发表。

师:这一部分大家要多花点时间认真掌握。

(四) 学以致用，知识操练

师：下面我们来做这一课的练习，巩固我们所学知识。

生：(取出课堂作业本。)

师：(指定学生回答问题，教师中肯评价，然后补充讲解，强调"关键字、词"对解题的作用。)

生：(按顺序回答问题，部分同学就问题答案小声讨论。)

师：阅读材料，"让统治者在共产主义面前发抖吧。无产者在这个革命中失去的只是锁链。他们获得的将是整个世界"。

请回答：1. 引文出处在哪里？它的作者是谁？

2. 这个文件发表的时间、地点、发表机构。

3. 这个文件的发表有何历史意义？

附件：课堂小组评价表

项目	课前导学	演练展示	质疑拓展	当堂检测	练习巩固	总分
得分						

(五) 历史回味，情感升华

师：通过这节课的学习我们可以知道，马克思主义理论的形成和完善是非常不容易的(生点头赞同)，它是经过多少代人的努力才最终形成的。那么，作为我们现代人，作为我们中学生，你经过这节课的学习之后，有什么感想呢？能不能给大家分享一下，你学习历史的思路、方法、目标，也包括历史学习对你以后做人、以后的发展有哪些作用。请大家思考一下。

(学生思考问题，部分学生探讨。)

师：(巡视，生举手示意)请这位同学上讲台跟大家分享一下心得。

生：(走上讲台)马克思主义的形成经过了漫长的时间，是不容易的(师提醒学生注意语速)。通过今天这节课的学习，我觉得应该吸取经验。作为十中的学生，要有远大的目标和抱负，要通过努力实现自己的理想，要为祖国的繁荣和民族的复兴尽自己最大的努力。(学生略有紧张感。)

师:(中肯评价,鼓励,学生鼓掌)两位伟人的中学和大学时代的经历,以及他们为全人类所作出的牺牲,再加上《国际歌》的唱响,是不是激起我们一种向上的激情?

生:是。

师:(总结)马克思主义是如何传到中国的?在中国又是如何一步一步完善的?我们的近代史也是一部灾难史(学生点头赞同:是)。中国共产党成立以后,共产党人和封建主义、资本主义、帝国主义进行艰苦卓绝的斗争,终于在1949年建立新中国,使中国人民真正站起来了。然后改革开放让我们富裕起来,现在也逐渐强大起来,在理论上也形成了一整套具有中国特色的社会主义理论体系(生答:是)。我们只要认真地学习马克思主义,对我们学生的表达能力,以及目标的构建会起到良好作用。所以我们要以两位革命导师为榜样,通过自己的努力,(以刚才上讲台同学言论举例)最终实现自己的目标和理想。

(教师宣布下课,师生互相问候,本节课结束。)

三、学生反响

(调查时间:2018年1月23日)

(一) 本节课中你最大的收获是什么?

1. 生1:知道了马克思主义诞生的条件。

2. 生2:懂得了什么是唯物史观。

3. 生3:懂得了中国共产党的指导思想是什么。

4. 生4:以马克思的成功为榜样,思考自己的人生目标。

(二) 本节课中你印象最深的是什么?

1. 生1:《共产党宣言》的发表是人类社会进步发展史上的一个里程碑。

2. 生2:马克思、恩格斯青年时代的活动。

3. 生3:马克思主义博大精深,我们要细细品味。

（三）本节课中你还没有完全把握或还有疑问的是哪一部分？

1. 生 1：马克思和恩格斯的友谊为什么那么深厚？
2. 生 2：马克思主义究竟是怎样指导世界工人运动的？
3. 生 3：欧洲三大工人运动失败的原因是什么？

（四）学完本课后你还想了解的是什么？

1. 生 1：《国际歌》的精神是什么？是如何创作出来的？
2. 生 2：马克思主义是如何在中国传播的？
3. 生 3：德国的古典哲学、英国的古典政治经济学和法国的空想社会主义的核心观点分别是什么？

四、同伴声音

苗成娟（新沂一中教师）：最近，有一个问题一直萦绕在我的脑海里："历史课的价值何在？"听完《马克思主义的诞生》这节课，我似乎有了答案。历史课的价值在于帮助学生审视过去、面对现实、展望未来，帮助其实现学科核心素养的提升。如何才能在教学中实现这一目标呢？这节课立意新颖，从"时代价值"的角度立意来串联史实，从中共十九大的召开、马克思主义中国化的最新理论成果——习近平新时代中国特色社会主义思想等出发，导入新课。这样拉近了历史的距离，具有时代感，更体现了马克思主义中国化的现实价值，有助于学生认识过去，理解现在，着眼未来。

纪传寅（新沂棋盘初中教师）：闫老师在本节课的教学中，设计了一个又一个非常有价值的问题，特别是："当下有志青年为实现中华民族的伟大复兴，应该如何去做？"这就要求学生既要感悟马克思主义的时代强音，认同其作为指导思想的意义，又要从伟人身上汲取精神力量，从历史的、发展的角度认识马克思主义，避免简单说教。这有利于促进学生思考，以及认识能力的发展，鼓励他们"与历史对话"，并能"神入历史"。这节课的另一个特色是，以提升学生核心素养作为教学核心，重视学生的人格培育和能力提升。在教学中，人格教育的渗透与教学内容浑然一体，达到润物细无声的效果。

针对初中生的理想实际情况,以马克思、恩格斯的成功为榜样,引发学生无限思考。

郁慧珍(新沂钟吾中学教师):首先,高唱《国际歌》不但形式较新颖,能够培养学生学习兴趣,而且这首歌曲与本节课内容有密切的关系。在学习目标的叙写上,以"记住……理解……"的方式,为本节课的学习提供纲领,且有活动、有目标,可操作、可检测。

其次,在内容安排上,本课运用了丰富的图片。这些图片在宏观上能够点出本节课的线索,指出从空想社会主义到马克思主义诞生是社会主义理论由空想发展为科学。最后,课堂小结不仅有效结合了课件,辅助了教学,而且条理清晰,知识体系完整;课堂氛围活跃,学生思考积极主动。

我的建议是,在分析马克思主义诞生的条件这一点时,可以展示出瓦特与蒸汽机、棉纺厂、上流社会的舞会等图片,以及三大工人运动的相关图片等,让学生通过图片回到历史现场,引导他们感受和分析马克思主义诞生的背景。

五、教师反思

《马克思主义的诞生》这一课,教学的目标是记住英国宪章运动的名称和《共产党宣言》发表的时间,了解马克思、恩格斯的革命活动,认识马克思主义诞生的历史背景和时代意义。对于初中学生来说,马克思主义的理论是深奥的,难懂的。要想让初中学生理解和运用马克思主义理论,可以说是很难的,为了上好这一节课,我做了精心的准备。我设计了教学环节:树立目标,自主学习;交流展示,质疑拓展;学以致用,知识操练;课堂翻转,巩固提升。学生分组讨论,认真研读材料,完成学习任务,学到了很多知识,但我也感到有很多遗憾。

1. 教学马克思主义诞生的条件时,我将学生的知识存量预想得过高,以至于教学中出现"断点",学生跟不上节奏,因为学生对于德国的古典哲学、英国的古典政治经济学、法国的空想社会主义了解得不多。我在讲的时候,学生云里雾里的,耽误了不少的时间,导致重难点突破环节过于简单。

2. 教学《共产党宣言》的发表时,我发现学生对于阶级斗争学说的理解不到位,特别是讲到阶级不仅跟生产发展的历史相关联,而且和生产关系、上层建筑以及意识形态相关联时,学生不能掌握。对于共产主义是人类社会进入最高级阶段的形态这一点,学生的理解不够透彻。

3. 马克思的一生是战斗的一生,在数十年风雨兼程的跋涉中,斗争是他的生命要义。很少有人像他那样满腔热情、坚韧不拔和卓有成效地进行斗争,所以要分析他的各个时期的活动,包括上学时、工作时,以及遇到困难时。讲这部分内容时,我对学生的引导不足。

4. 我在教学设计时查阅了很多资料,如德国古典哲学、英国古典政治经济学、法国空想社会主义、阶级斗争学说、共产主义等,但在授课的时候,我怕讲不到位,又怕讲越位,有的分析不到位,有的环节浅尝辄止,重难点的突破不到位。

六、专家点评

点评专家:姚焕成,江苏省特级教师、正高级教师

闫刚老师一直以来非常注重阅读教学,积极探索课堂革新模式,体现了教学即生活,生活即教育的教育情怀。他经常换位思考,从学生的角度设计教学思路,课堂教学灵活多样,深受学生喜爱。

1. 本节课从当前的政治新闻导入新课,突破教材子目标限制,分马克思主义理论诞生的条件、马克思主义的诞生、马克思主义诞生的历史意义这三个部分来设计教学,浑然一体。教学中,设问、答疑、落实基础知识等环节,过渡自然,使得教学条理清晰。

2. 教师尽量利用学生已有的知识储存,调动学生的积极性,使学生发挥主体作用。如通过不同形式的活动,增强学生的历史感;引导学生参与教学、主动探究,培养学生的探究意识。

3. 传统与现代教学方式相得益彰。教师在切实转变教学行为的过程中,将自己的讲、问和学生的思考、讨论、朗读、演讲等结合起来,借助现代教育技术,运用多媒体课件创设历史情境,丰富了教学的呈现方式,进一步活跃了课堂气氛。

4. 师生互动,落实"以学生为本"的教育理念。本节课充分展现了学生的主体地位和教师的主导作用。教师的"教"与学生的"学"互动,建构了伙伴型、合作型的师生关系,实现了教师和学生的平等对话。整个设计既有学生的自主、合作、探究学习,尤其是小组合作学习,又让教师充分发挥了主导作用。

如果说有遗憾的话,那就是我在教学中对哲学知识提及过多,有点脱离学生的学情;同时没有引领学生对科学社会主义在不同国家诞生后对无产阶级革命的影响,进行仔细的比较和探讨,错失了培养学生拓展与迁移知识的机会。

【教者简介】

闫刚,南京师范大学历史系本科毕业,中学高级教师,江苏省(初中历史)特级教师,新沂市首批名校长,徐州市名校长,现任新沂市第十中学校长兼党支部书记。他不断完善课堂改革,一直实践"五环四步三化教学法",在《中学历史教学参考》等杂志上发表《浅析农村初中历史教学的现状与对策》《略论法国启蒙思想的内在价值及哲学思考》《雅典民主政治教学的几点理性思考》等20多篇论文,曾主持完成省级课题。

课例 15 动荡的中东地区

执教:赵俊

一、教学预设

(一)课标要求

(新):"知道战后殖民体系的崩溃和亚非拉国家为捍卫国家主权,发展经济所进行的斗争。"

(旧):"了解战后民族独立运动发展的概况。知道中东战争,认识战后中东地区矛盾的复杂性。"

(二)学情分析

九年级学生对中东的基本概念源自地理课本,对中东局势的基本印象就是战乱比较多,但对这些战乱背后的原因所知甚少。比较关注新闻时事的同学对于巴以冲突有一定的了解。笔者执教的班级是淮阴中学开明分校(淮安市开明中学)九年级的创新人才实验班,学生对历史的兴趣比较浓厚,课外历史知识也比较丰富。

(三) 教学目标

了解巴勒斯坦问题形成的基本过程;分析中东动荡不安的局势背后错综复杂的各种因素;认识和平的宝贵和为和平而斗争的艰难曲折。

(四) 重点难点

重点是 20 世纪 70 年代以来,为了中东和平所作的各种努力;难点是如何理解中东和平到现在还没有实现。

(五) 教学方法

比较法、讨论法。

二、课堂实录

(时间: 2017 年 12 月 15 日　授课地点: 淮安市开明中学阶梯教室　班级: 九年级 (17) 班　使用教材:《世界历史·九年级下册》,人民教育出版社 2008 年版)

(一) 导入新课

(因为国家公祭日刚过,课前呈现纪念南京大屠杀的两张图片。)

师:今天是 12 月 15 日,两天前,12 月 13 日,是我们国家的国家公祭日,也是南京大屠杀 80 周年纪念日。在纪念这样一个日子的过程中,有一种声音说:“毕竟 80 年过去了,今天我们已经生活在一个和平的时代,有没有必要做这样的事情?”我们今天真的生活在一个和平的时代吗? 让我们看一段视频。(老师播放一段有关中东战乱的视频,学生专注观看。)

师:这段视频的结论是“你只是生活在一个和平的国家,而不是和平的年代”。视频中很多悲惨的画面主要来自哪个地区?

生:中东地区。

师：对，中东地区。请大家打开课本到第 13 课《动荡的中东地区》。（板书课题）

师：提到中东地区，大家在地理课上已经学到过，这是一个"两洋三洲五海"之地。中东地图的形状很像一个断了翅膀的和平鸽，头部是土耳其，腹部是沙特阿拉伯，两翼是伊朗和埃及，心脏地带有两个国家，以色列和巴勒斯坦。看这则新闻标题"安理会审议巴勒斯坦问题 中国代表敦促各方避免激化矛盾"，可知"巴勒斯坦问题"是整个中东的一个核心问题，其主要表现为巴以之间的冲突。这个冲突是怎么来的？让我们追溯一下巴勒斯坦问题的由来。

（二）巴勒斯坦问题的由来

师（指图）：公元前 18 世纪，这儿生活着希伯来人，他们自称以色列人，于公元前 11 世纪建立起希伯来王国。这个民族信仰什么宗教？

生：犹太教。

师：所以，巴勒斯坦地区是犹太人的祖居之地。但这个地方因为是三大洲交汇之地，地理位置非常险要，也非常具有战略意义，是兵家必争之地。（出示地图）公元前 8 世纪，这里被亚述帝国占领；公元前 7 世纪，被新巴比伦王国占领；公元前 5 世纪，被波斯帝国占领；公元前 3 世纪，被马其顿王国占领；公元 1 世纪，被罗马帝国占领。这个时候犹太人的国家就灭亡了，犹太人开始流散到世界各地。到这个时候，犹太人在巴勒斯坦地区已经生活了大约 1300 年。而 7 世纪的时候，此地又归属了阿拉伯帝国。阿拉伯世界广泛信仰什么宗教？

生：伊斯兰教。

师：这样，这里的主要居民就从犹太人变成了阿拉伯人。阿拉伯人也在这儿生活了大约 1300 年。两个 1300 年，两个民族，两种主张。犹太人说，这是我的祖居之地，所以从 19 世纪开始，犹太人掀起了复国主义运动，流散在世界各地的犹太人陆续回到他们的故乡巴勒斯坦，试图重建犹太国。对于犹太复国主义运动，你是否赞成？（学生思考，老师巡视。）

师：现在，请表明你的态度。赞成的举左手，不赞成的举右手，无法抉择的不举手。（学生们根据自己的观点举手或不举手）

生 1：我赞成犹太复国主义运动。毕竟他们也在这里生活了 1300 多年的时间，应该支持他们复国。我们换位思考一下,如果你是犹太人的话,现在没有故乡,就像没有根一样,当然是希望能重返故土,重建犹太国。

师:换位思考,应该能够理解他们这样一种主张。

生 2:我也赞成,因为犹太人毕竟是在几千年前被人给赶出去的,这里原来是他们的领土,而阿拉伯人是后来的侵略者。

师:犹太人当时被赶出去,这没错,这是他们之前的领土。阿拉伯人赶走了赶走犹太人的罗马人,这里面很复杂,但是我明白你的意思。

生 3:我认为,无论是什么时候,是谁先占有的,就是谁的领土。即使他们离开了很长时间,只要他们回来,应该还是(他们的领土)。

师:无论是什么时候,是哪块领土,曾经是谁先占有的,那么就一直是谁的,无论他们是否离开?(生 3 点头。)

师:这样一说的话,那我们和俄罗斯之间就有账算喽。(学生们笑了。)

师:好,这是一种观点。请坐。现在,请反对的这一方说出你们的想法。

生 1:一个国家,比如中国,可以有很多个民族。如果每个民族都要建立自己的国家,那全世界都要分裂了……犹太人在世界各国,比如说在西方国家,生活得还是可以的。

师:各民族可以很好地相处,就好像我们中国一样,56 个民族是一家,不一定非要独立去建立一个国家,是吧?(生 1 点头坐下。)

生 2:首先,犹太人曾在这个地方居住,后来阿拉伯人也在这里生活,大家同样都是在这里繁衍生息了 1300 年,(这里)都可以被视作大家的故乡,所以我觉得从这个角度说是不大成立的,我对此不支持;第二,为什么一定要给他们领土? 国际上有很多这样的纷争,这个地方有很多国际关系和外交形势方面的问题;第三,既然犹太人已经散居世界各地,那么,为什么他们这个时候还想要重建一个宗教国?

师:民族国家。

生 3:复国的愿望完全可以理解。但是如果一定要回到故乡巴勒斯坦,那么现在居住在这个地区的人们就会对这个观点产生怀疑。

师:你希望他们到哪里去建立一个国家呢?

生 3:我觉得可以采取像中国这样的民族政策,他们可以回到巴勒斯坦地区。然后,我觉着这两个民族之间可以建立比较和平的关系,采取适当的外交政策。

师:明白你的想法。一是不赞成他们回故乡复国,二是提出了一个方案,你可以回到自己的故乡,但是不能建立你自己的国家。在这儿,你可以成为该国家的一个合法的公民。这也是一种方案。我们还有很多同学,既没有举左手,也没有举右手。你们是怎么想的?

生1:刚刚我关注到犹太人和阿拉伯人都在这里生活了1300多年,都对这片土地有着深厚的感情。但是我觉得,犹太人和阿拉伯人一样,他们都是无辜的,就像犹太人流散到世界各地,并不是他们自愿的。

师:对。是被迫的。

生1:但是阿拉伯人在这儿生活了这么多年后,现在犹太人要回来,要建立一个国家,那么阿拉伯人可能就要离开。他们也是无辜的,所以我觉得很难办。

师:我也觉得这个问题实在很难解决。我在网上找到这么一个观点,他说"追求的是自身民族的自由",追求自由没有错,这个"自身民族"指的是哪个民族?

生:犹太民族。

师:犹太民族。你追求自己民族的自由这没有错,问题是你"却忽视了其他民族的合法权益。""其他民族"这儿主要是指什么民族?

生:阿拉伯民族。

师:一个民族为了追求自己的自由,可以不顾及其他民族的合法权益吗?好像——不可以。这是我们今天的一种评判。当时是什么样的?接下来又发生了什么?

(三) 局势:动荡不定,战火频仍

请大家看课本的第一目"战火频仍的中东",所谓"频仍",频繁而持续。现在我们一起梳理一下关键时间节点和关键事件。三个时间节点:第一,一战后;第二,二战以后;第三,以色列独立以后。在这几个时间段,该地区发生了哪些重大事件?(学生仔细看书并圈画,老师巡视课堂。)

生1:一战以后,英国获得巴勒斯坦地区的委任统治权,它支持犹太复国主义运动。犹太人开始陆续前往巴勒斯坦地区。

师:英国获得巴勒斯坦地区的委任统治权。在此之前是哪个国家统治这儿呢?

(生：奥斯曼土耳其。)然而在一战中它崩溃了，然后列强开始重新瓜分殖民地，通过什么会议？

生：巴黎和会。

师：(指图)这儿就是巴勒斯坦地区，英国获得这块地方的委任统治权之后，就以约旦河为界，将该地分成两部分，约旦河以东叫外约旦，就是今天的约旦；约旦河以西就是我们今天所说的巴勒斯坦地区。但无论我们怎么评判，当时的英国是支持犹太复国主义运动的，所以犹太人就陆续前往巴勒斯坦，想在这儿建立起国家。然而对当地人来说，他们是外来者，流血冲突在所难免。这是第一个时间段，第二个时间节点是什么？

生 1：1947 年 11 月，联合国大会通过《巴勒斯坦分治决议》，1947 年犹太人国家以色列建国。

师：这是联合国第 181 号决议案，咱们看地图。在巴勒斯坦地区要建立起两个不同的国家，一个是信仰犹太教的犹太人国家，以色列(蓝色地块)；而剩下的深绿色这块呢，就让阿拉伯人建立一个阿拉伯国家。1947 年，联合国决议案分给犹太人的地区占本地区总面积的 56％，留给这儿的巴勒斯坦居民的土地面积是 44％。你是否赞成联合国这个处置方案？为什么？你可以选择某一方，也可以坚持你自己的观点。现在请表明你的态度，赞成或者反对，没有中间立场。(学生们举起左手或右手。)

师：绝大部分同学举的是右手，反对。赞成的有吗？

生 1：犹太人流亡了 2000 年，除了这个区域，在别的区域建国，都会处于阿拉伯世界的包围之中，所以我觉得这应该是比较合理的。

师：如果它势单力薄，就很容易被一口吃掉，是吧？(生 1 点头。)

生 2：这个方案利大于弊。第一，它分为三个部分，耶路撒冷归国际共管，我们不去探讨。以色列包围了巴勒斯坦地区，巴勒斯坦(国)位于中间地带，从地理位置上面来讲，是将沿海地区分配了较大部分领土给以色列，所以以色列占据了比较大的优势，可以(说)是对流亡 2000 年的犹太人的一个弥补。

师：你说弥补，二战中犹太人大量被屠杀，好像有一种补偿的意味。

生 2：第二，在它的周围都是阿拉伯国家，如果划给以色列的区域在中间，势必会形成对以色列的压迫形势；第三，这样的划分，对于阿以、巴以关系都有一定的缓冲。

师：你在阐述的过程中，更加强调的是合理性。这给了我们思考问题的两个角度，第一个是是否公正。大家觉得是否公正？（很多学生摇头。）你们觉得不公正的理由是什么呢？

生1：好比犹太人一开始在这里盖了一所房子，后来这所房子被拆掉了。之后阿拉伯人过来，盖了一栋房子给自己住。然后他们打了一场大仗，犹太人胜利了，在阿拉伯人的房子里占了一大块给自己住。

师：要是换了我，肯定不乐意。这是公正性的问题。大家觉得不太公正，世界可以补偿你，但凭什么由阿拉伯人来补偿你？阿拉伯人没有屠杀你。为什么不在德国圈块地给犹太人？阿拉伯人可以这么说吧？（学生点头）第二，我同情你，我理解你，但你不能侵犯我的利益。刚刚有同学论述合理性的问题，这样做到底合理不合理？这也应该是我们思考问题的一个维度，无论我们是否赞成。让我们看看当时的历史事实是什么。

师：联合国大会投票，苏、美等33国赞成。因为这两国各有各的打算，它们希望将来的犹太国成立后倒向自己一方，便于自己控制中东地区。而阿拉伯世界的11个国家全体投了反对票。可想而知这会埋下仇恨的种子。以色列的领袖表示，我接受，但是太小了。它想多大？

生：整个地区。

师：所以，不仅仅是巴勒斯坦人、阿拉伯世界不满意，以色列也不满意，它嫌小了。不是说在你的房子里盖个房子，是把你的房子拆掉，我原地重建。所以当时的阿拉伯国家联盟断然拒绝。阿盟委员会高层下令，对以色列的犹太平民展为期三天的暴力袭击，大规模冲突出现了。对于阿盟委员会高层的这个命令，你支不支持？（学生们纷纷摇头。）

师：为什么你不支持？他们很愤怒啊。你为什么不赞成？

生1：他们可以通过外交手段，可以发出声明，但是不能发动针对平民的袭击。

师：针对平民的袭击是非常不人道的。那我现在不袭击平民了，我攻击你这个国家可以吧？1948年5月14日，在英国托管期结束的前一天的子夜，以色列国正式宣布成立。就在第二天凌晨，阿盟向以色列发起"圣战"——第一次中东战争。我们来看一下几次中东战争。

师：(指图)1948 年,阿拉伯国家联盟进攻以色列,希望把以色列消灭在襁褓之中。打完之后怎么样呢? 以色列占领了整个巴勒斯坦地区总面积的 4/5,本来给他们 56％,现在占了 80％,70 多万巴勒斯坦人失去家园。

1956 年,英、法、以色列进攻埃及,在国际社会的干涉下,这三国最终选择撤军,这样埃及就最终实现了苏伊士运河的国有化,这是第二次中东战争,目的是争夺运河的控制权。

第三次中东战争,1967 年,以色列袭击埃及、约旦、叙利亚,占领了几乎整个巴勒斯坦地区,并且向南控制了埃及的西奈半岛,向北控制了"中东的水塔"——戈兰高地。

第四次中东战争,埃及、叙利亚和巴解组织进攻以色列,希望能够收复失地,结果收复的地方很少,对埃及来说,只收回了苏伊士运河东岸部分地区。

第五次中东战争,以色列入侵黎巴嫩,主要是因为黎巴嫩境内有巴解组织的基地,还有叙利亚的驻军。以色列曾经占领黎巴嫩 1/3 土地,直到在国际社会的干涉下被迫撤回。但是在此期间,入侵者以色列人和他们所支持的黎巴嫩右翼民兵组织制造了贝鲁特大屠杀,有 1 000 多名巴勒斯坦难民被血腥屠杀。这是我们想象不到的事情,在二战中,数以百万计的犹太人被纳粹杀害,他们应该能感受到这种悲伤和沉痛,没想到这个民族又向另外一个民族举起了屠刀。所以有人说,人的潜能可以使他成就伟大的事业,也可以使他犯下滔天的罪行!

师：五次中东战争之后,我们看一下形势发生了什么样的变化。(指图)打来打去,属于巴勒斯坦人民的土地越来越少、越来越小,阿拉伯想通过战争解决问题,想把以色列消灭在襁褓之中,结果呢……以色列领土越来越大,但它有没有什么损失呢?

生：人员伤亡。

师：从此这里不再拥有和平和安宁。

师：五次中东战争,以色列为什么有这么大的战斗力? 它的背后还有什么人?

生：美国。

师：举例来说,前一段时间特朗普到中东飞了一圈,和很多中东富国签订了军售合同,卖出去很多武器。一转眼到以色列,把最先进的 F35 战斗机卖给它——形成了代差。五次中东战争,造成严重后果,人员伤亡巨大,经济遭受严重破坏,阿以双方长期陷入报复与反报复的恶性循环当中。用我们中国的老话来说,就是冤冤相报何时了。如何才能相逢一笑泯恩仇？（学生若有所思。）

五次中东战争，都发生在中东的心脏地区，中东其他地区局势如何？我梳理了一下（指图），1980—1988 年两伊战争；1990 年科威特战争；1991 年海湾战争；2003 年伊拉克战争；从 2011 年持续到现在的叙利亚内战；从 2014 年持续到现在的剿灭 ISIS 的战争；从 2015 年至今的也门战争……这仅仅是战争，我还没有提席卷整个中东地区的阿拉伯之春。所以，这个地带的局势，我们可以怎样归纳？

生：动荡不定，战火频仍。（老师板书"局势：动荡不定，战火频仍"）

师：那么这样一种动荡不定、战火频仍的局势是怎样产生的？让我们来一起分析一下。

（四）原因：大国争夺，错综复杂

（呈现任务）

快速阅读课本第二目《中东地区错综复杂的矛盾》，回答下列问题：

1. 列强争夺中东的根本出发点是什么？中东价值何在？

2. 哪三方面因素使得中东地区的矛盾更加复杂化？

3. 以色列建国以来，哪些争夺加剧了冲突？

4. 中东问题的关键是什么？

（生查找和标注，师巡视）。

师：我们来梳理一下。大国争夺的根本出发点是什么？

生：自己的利益。

师：为了自己的利益就可以争夺其他地方吗？正不正义？历史上有没有发生过这样的事？如果真的发生过，说明有过那么一个弱肉强食的时代。哪些因素使矛盾复杂化？历史、宗教、种族。以色列建国以后主要争夺什么？

生：领土、水源、圣城。

师：圣城是哪里？耶路撒冷，这是巴以冲突中最为棘手的问题。区分一下，大国争夺是外部因素；历史、宗教和种族是内部因素；还有现实因素。我们发现最重要的外部因素就是大国之间的争夺。（板书：原因：大国争夺，错综复杂）

师：巴以冲突中最棘手的问题是争夺耶路撒冷，让我们一起看一下耶路撒冷。有一本书叫《耶路撒冷三千年》,道尽了耶路撒冷的沧桑。这座城市 3 000 年来,37 次被征服,8 次毁于战火。(指图)在这里有犹太教的哭墙,犹太教说,"这是古代犹太王国的首都,也是他们的宗教圣殿所在";这里有基督教的圣墓教堂,基督教说,"这是耶稣诞生、传教、牺牲、复活的地方,当然是无可替代的圣地";这里有伊斯兰教圆顶清真寺,伊斯兰教说,"这是穆罕默德登天聆听真主安拉祝福和启示的圣城,因此有世界上第一等的清真寺"。三大宗教汇集于此,宗教不是导人向善的吗? 为什么会有这么大的纷争? 有一本书指出,"没有一种宗教可以垄断真理"。但是很难有一种宗教敢于承认这一点。犹太圣经说:"上帝给了世界十分美丽,九分给了耶路撒冷。"后人又补充说:"上帝给了世界十分哀愁,九分给了耶路撒冷。"这是个美丽之城,也是一个哀愁之城。怎么样才能化解耶路撒冷的哀愁? 就是要走向和解。如何和解?

(五) 和解: 曲折反复,步履维艰

师:(结合年代尺讲解)1974 年,阿拉法特走进联合国总部。以什么身份?

生:巴勒斯坦解放组织领导人。

师:(呈现阿拉法特的演讲词节选)"不要让橄榄枝从我手中失落"表达了阿拉法特对国际社会的何种期盼?

生 1:联合国不要倾向于哪一方,要公平。

师:公平地拥有什么?

生 1:和平地拥有领土。

师:橄榄枝主要象征什么?

生 1:和平。

师:什么样的和平?

生 1:公平、公正的和平。

师:他寻求公平、公正的和平,如果得不到,只有用自由战士的枪来捍卫。这是他的选择。1977 年,埃及领导人萨达特来到以色列。[呈现材料"这不是我个人的战斗,也不仅是以色列领导人的战斗。它是我们(这一地区)所有国家、全体公民和每一位公民的战斗。生活在和平之中是他们的权利。"]请问"这一地区"是指哪一地区?

生:巴勒斯坦地区。

师：也可以是整个的中东地区。他为什么战斗？为和平，为了实现中东地区的和平。他为什么用"战斗"这个词？1979 年，埃及同以色列缔结和约。1981 年，萨达特在参加盛大阅兵式时，被极端分子袭击身亡。这个极端分子支不支持他的和平方案？

生：不支持。

师：这是萨达特的陵墓，"他为和平而生，为原则而死"。1982 年，按照条约规定，埃及收复在战争中失去的西奈半岛。1988 年，巴勒斯坦建国，1989 年，选举阿拉法特为总统，宣布接受联合国 1947 年 181 号决议，就是那个 56％对 44％的决议。历史很让人感慨，虽然我们都觉得无法接受，不公平，但是现在，巴勒斯坦人宣布接受了。问题是——还能回到从前吗？（指图）巴勒斯坦控制的地带很少，外面还有以色列修建的隔离墙，还有加沙地带，这是以色列主动交还的。他们还能不能回到从前？（学生们纷纷摇头）

师：1993 年，巴以领导人实现了历史性的握手，握手言和，相互承认。调解者克林顿说："勇者的和平只在咫尺之遥。整个中东都期待着能够过上平静的生活，但是我们知道这条道路有多么艰难，每个和平都有它自己的敌人。"巴以和平协定签署之后，以色列有十万人在国会广场前集会，巨大的海报上写着："拉宾是犹太民族的叛徒！"但是拉宾不为所动，他说："几万名示威者的喊叫，远不如一个战死儿子的母亲的眼泪给我的震撼。我是一个经历过浴血战斗的人，所以我要寻找和平的出路，这是一个转机，虽然它同时也是一个危机……"为什么这是一个危机？危机在哪里？敌人在何方？

生 1：至少以色列有一部分人是反对和平协议的。这可能会造成以色列的内乱和分歧。

师：1994 年，拉宾、佩雷斯和阿拉法特共获"诺贝尔和平奖"，和平曙光乍现。1995 年的一个晚上，拉宾参加一个和平集会，他说："我相信现在有一个机会，一个争取和平的伟大机会……我们必须把握住这个机会。"但是他们最终没有把握住这个机会，集会结束后，拉宾被一名犹太激进分子刺杀，当时他身上带着的《和平之歌》歌词被鲜血染红。"每一个和平都有它的敌人"，让我们听一听这首《和平之歌》。（师播放视频，呈现歌词。学生表情严肃地聆听。）

师：1981 年萨达特被刺，1995 年拉宾被刺，2004 年阿拉法特死于钋中毒。我们看到，和解之路曲折反复、步履维艰（板书：和解：曲折反复，步履维艰）

师：和平之敌在哪里？可能在我们的外部,可能在我们内部,甚至在我们内心。如果战争发生,你手持钢枪走上战场,只要你不做逃兵,你就可能战胜归来成为英雄,也可能战死沙场成为烈士;而当你去寻求和平,有些人说你是英雄,可能还有些人说你是叛徒！寻求和平——这不是一件很容易的事情。因此,克林顿说"勇者的和平",而非怯懦者的和平。希望在哪里呢？

（六）希望：和平之翼,唯寄宽容

师：中东地区的地图形状就像一个折断翅膀的和平鸽。如何把这个翅膀补起来？和平要靠什么呢？ 和平之翼要建立在什么之上？（板书：和平之翼,唯寄＿＿＿＿＿）

师：补充一段资料,习近平新形势下关于推动解决巴勒斯坦问题的"四点主张"：坚定推进以"两国方案"为基础的政治解决;坚持共同、综合、合作、可持续的安全观;进一步协调国际社会的努力,壮大促和合力;综合施策,以发展促进和平。

中国在促和平,而不是像特朗普那样,单方面宣布耶路撒冷为以色列的首都,从而引起轩然大波。这样的中国主张适逢其时。大家觉得用什么来支撑起中东的和平？

生 1：我觉得是宽容。因为这时候最重要的是放下怨恨,通过两方对话来达成一个公平的、合理的协议,这样才能实现和平。

师：唯有宽容,才能消除这种冤冤相报何时了的局面,建议大家看一本书,名字就叫《宽容》。中国现在正在提倡建立一个人类命运共同体。人类命运共同体的建立,需要发展、需要宽容,只有宽容才能实现和平,否则中东地区就会陷入无休无止的混乱,那里的人们世代为仇。今天我们就学到这里,下课。

三、学生反响

（一）本节课中你最大的收获是什么？

生 1：了解了中东地区问题的由来,以及各国为争取和平的曲折历程。

生 2：了解了中东的历史,并从中东的历史中提升了自己对于和平的认识。

生 3：很有条理地理顺了巴以冲突的来龙去脉,这是我原来不太清楚的,同时也深知自己是何等幸运,生活在此时此地。

生 4：不能只顾自身利益,和平需要共同努力。

生 5：要多方面、多角度考虑问题,综合各种因素;要追求和平,维护和平,世界才会更美好。

生 6：学会辩证地看一些历史问题;了解到和平与战争的关系;认识到民族、宗教的复杂性。

生 7：要辩证地看待问题,换位思考;不能有过激的思想和行为;要维护和平。

生 8：知识性的收获是了解了中东地区千百年来战火纷扰的历史,但我想于我而言,更重要的是了解和平的来之不易,和平的背后是无数人的牺牲。我希望做一个争取和平的斗士,为争取和平而奋斗。每一个为和平抗争的人都是勇者。

生 9：了解了和平和宽容才是解决中东问题的关键;了解了中东问题以及渴望和平的人们为之作出的努力;了解了战争的残酷。

(二) 本节课中你印象最深的是什么?

生 1：耶路撒冷的神圣与悲哀。

生 2：实现和平的难度很大,不能以暴力报复不公平。

生 3：在百万怒吼前,拉宾的镇定与勇敢令人动容。

生 4：犹太人在二战中是受害者,却在中东战争中多次侵略他国,人可以为了眼前的利益而忘记过去的伤痛。

生 5：中东难民生活的凄楚和中东人民对和平的深切诉求。

生 6：拉宾追求和平却遇刺,口袋中的《和平之歌》被鲜血浸染。

生 7：课堂上大家各抒己见,思维的火花不断碰撞产生交流。

生 8：对于一些历史的决议,表示赞成、反对或不赞成也不反对的观点。

生 9：每一个和平都有它的敌人,我们企求的和平,是公平公正的。我们只是生活在一个和平的国家,并不是和平的年代。

生 10：关于公正、公平与合理的不同看法。

生 11：一些大国为了自身的利益,任意摆布弱小国家,而不顾它们的利益,丧失了人性。

生 12：关于巴以冲突以及中东其他国家间矛盾的存在与战争反反复复上演的残

酷事实,以及和平艰难、曲折的过程。

生 13:无休无止、恶性循环的中东地区问题(巴以问题)。

生 14:犹太民族在侵略黎巴嫩时进行的巴鲁特大屠杀。二战时被屠杀过的他们竟然也犯下了如此罪行,令人感慨。

(三) 本节课中你还没有完全把握或还有疑问的是哪一部分?

生 1:为什么第一次中东战争以色列会赢?

生 2:宗教本身是引人向善的,为何在利益面前就放弃了宽容,这是否违背了信仰?

生 3:知识点要进一步理清。

生 4:中东地区如今的局势如何? 外界又对其持什么样的态度?

生 5:为什么中东国家不能和平相处?

生 6:为何阿拉伯国家的人们不愿意接受以色列,他们心中没有对犹太人或者人性的清晰认识吗? 或者,他们想到会发生这样的严重后果吗?

生 7:国际上维护和平的方式是什么? 是否只有用武力才能维护和平?

(四) 学完本课后你还想了解的是什么?

生 1:以色列除了欧美国家还有谁的帮助? 以色列人明明刚搬过来,土地又小,为何还是占据很大优势? 欧美国家为何不帮助巴勒斯坦?

生 2:二战后中东地区爆发的其他的战争;犹太人的历史。

生 3:犹太民族和阿拉伯民族之间互不相融的具体原因。

生 4:中东地区以后的发展将会怎样? 如何才能更有效地维护和平?

生 5:如何才能理智、正确地处理不同宗教的矛盾。

四、同伴声音

李小飞(淮安工业园区实验学校教师):这是一节非常有价值的课。它激发了学生的学习动机,为学生搭建了探讨的平台,打开了他们的思维闸门,也引发了学生的情感共鸣。同时，这也是一节基于核心素养的课。"两个1300年"的铺垫、一战以来中东地区的变局、巴勒斯坦人在1946—2000年间领土被蚕食的情况、在1张地图上呈现历次中东战争、在"圣城——耶路撒冷"鸟瞰图上同时标示三大宗教遗迹，其目的是精心培育学生的时空观念。

围绕争取和平的进程，带着学生辨析史料、运用史料，培养学生论从史出、史论结合的素养——在此过程中体会实证精神。一句"你只是生活在一个和平的国家，而不是和平的年代"——满满的家国情怀。三段讨论很有新意，但耗时较多，可否适当精简一些？

马红（淮安市开明中学教师）：这是一节体现学生主体地位的历史课。课堂上老师给了学生判断和选择的机会，在这样积极主动的参与中，学生的辩证思维、时空思维、证据思维、因果思维等得到锻炼，逐渐学会像"历史学家"一样思考。从课后学生自我评课的反馈来看，不少学生表示收获颇多，并且引发了他们更多的思考。

这是一节有灵魂的历史课。有人说："对历史的追问，不只是人们茶余饭后的消遣与娱乐，也不仅仅满足于对史实的讲解或思古之幽情，它是深切关注人的命运与价值、存在与尊严这样关乎个人或整个人类命运的话题。"赵老师运用大量资料及各种现代化手段，营造浓厚的历史情境，带领学生融入其中，让他们设身处地进行思考、辨析，从而衍射出来"如何看待战争与和平""如何平衡公正与合理"等话题。

大量资料的运用可以增强学生的历史感，但过犹不及。本堂课信息量很大，如再能有所取舍，更好地体现"少就是多"就更好了。

李洪中（淮安市淮海中学教师）：赵老师的课朴实而亲和，充满思想且灵动，体现了他的学识厚度和思想高度。

1. 关注现实，用历史浸润人心，用教育启迪心灵

出示12月13日"南京大屠杀公祭日"两幅刷屏、令人泪目的黑白漫画，引发学生对于战争与和平的思考。一句"你只是生活在一个和平的国家，而不是和平的年代"切入主题，无痕导入、过渡。

2. 以学生为中心，用思想点燃课堂

赵老师在本课施教中精心设计认知冲突，紧扣主题，突破重难点，让学生有意料之外、却合情合理之感，使师生思维碰撞、心灵互动、共振、共鸣，有效推进课堂教与学。

3. 用人物启迪心灵,开阔视野

赵老师通过与历史人物进行对话,提炼勇敢者的和平、和平的转机与危机等历史信息,启发学生对和平的深层思考,让他们认识到人类需要和平但不乞求和平;鼓励学生发表不同见解,指出、纠正学生发言中的明显错误,让他们真正努力做到"眼中有人"。

所以,这是一节聚合了"人性、理性、诗性"的历史课。

五、教师反思

巴以冲突,孰是孰非? 中东和平,如何实现? 这节课的教学内容在 2011 版的课程标准中并没有明确规定,但我觉得这既是一个历史问题,又是一个现实问题。我想通过这节课,帮助学生很好地梳理出巴以冲突的历史脉络,中东乱局的复杂因素,认识到和平的可贵与追求和平的艰难。

为了营造历史的代入感,我设计了三组"你赞成吗"的讨论题。

1. 对于犹太复国主义运动,你是否赞成? (给出三个选项由学生自主选择: 赞成、不赞成和纠结)

2. 对联合国《巴勒斯坦分治决议》(联合国第 181 号决议案),你是否赞成? (只有两个选项,赞成或者反对)

3. 联合国大会通过《巴勒斯坦分治决议》(联合国第 181 号决议案)后,阿盟委员会高层下令对以色列的犹太平民展开为期三天的暴力袭击。对阿盟委员会高层的这个命令,你是否赞成?

这不是唇枪舌剑的辩论,而是引导学生从每一个角度思考复杂的历史与现实问题。因为任何一个艰难的抉择,从来不是非黑即白那般简单,我希望在这节课上学生能深度体验这种复杂性,从而领悟到抉择之难。从学生问卷的反馈看,很多学生对这三个讨论环节印象深刻,并有较为深入的思考。

在课堂对话中,学生生成了我预料之外的探讨角度。在评判联合国第 181 号决议案时,有学生试图从合理性角度进行评价,而我们多数人是从正义性角度进行探讨的。我立即抓住了这个契机,充分肯定这个评判的新角度——合理性。仅仅关注正义,双方容易对立,在关注正义性的同时也关注合理性,就可能相互妥协、相互退让、相互理解、相互认同,从而达成共识,达到双赢。这是一种外交智慧,何尝不是一种为人处世的智慧呢?

人人都晓和平之可贵,但往往认识肤浅。如何让认识由浅入深?在搜集到克林顿关于"勇者的和平"这段话时,我眼前一亮,找到了一个突破口——勇者的和平。

我在设计本课第三板块"和解:曲折反复,步履维艰"时,就紧紧围绕"勇者的和平"展开。在本板块的最后,我呈现了一把年代尺,左边是 5 次中东战争,右边是 1981 年萨达特被刺、1995 年拉宾被刺、2004 年阿拉法特死于钋中毒。这些为和平而战的战士最终"为和平而死",这些正是克林顿所说的"每一个和平都有它自己的敌人"的悲壮注脚。

然后,我问了一个问题——和平之敌在哪里?并自问自答——可能在我们的外部,可能在我们内部,甚至在我们内心。从学生问卷的反馈看,这个环节对他们触动很大。尽管追求和平的道路艰难,但和平依然是我们努力追寻的远方。

由此,我设计了第四个环节"和平之翼"。我在课堂的开头已经为这个环节做了铺垫——"中东的地图形状像一个折断了翅膀的和平鸽",这里就是要补齐断翼,让和平鸽展翅飞翔。我设计了一个填充式问题,"和平之翼,唯寄_____"。师生达成共识,唯有"宽容"才能相互理解,化敌为友。

在整理学生问卷的过程中,我感到很欣慰,因为他们对于和平的来之不易,对于追求和平的艰难,体悟都很深,对于宽容也有新的认知。

另一方面我受到很大的震撼,有学生提出"为什么第一次中东战争以色列会赢""为什么中东国家不能和平相处""如何才能理智正确地处理不同宗教的矛盾",这些问题我在教学设计时并没有"预设"到,而是在课堂教学时,与学生的深入探讨中自然生成的。可惜生成了却没有被及时发现,没有成为教学资源,只能放到课后探讨。如果没有这个问卷环节,我也不会知道课堂中生成了这样的问题,所以在以后的教学中,对于在课堂中生成的问题,如何提供呈现乃至深入研讨的机会,是值得我思考的。至少它们应该被发现、被关注、被记录,使课堂教学向纵深拓展、延伸。这对于提升学生的历史素养极有意义,也是我在这节课上的意外收获。

纵观全过程,教师"导"的痕迹很重,大段的讲述也很多,颇有些自导自演的嫌疑,尤其在"巴勒斯坦问题的由来"这个环节。当我意识到这个问题之后,本着"少就是多"的原则,对课件做了大量删减。于是,我在一张地图中呈现巴勒斯坦地区多次易主,用一张地图呈现五次中东战争的攻守态势,用一把年代尺呈现中东和平进程。但我仍旧以讲述为主,对于如何体现教是为了学,还需要更多的努力探索。

关于选材也有需要反思之处,当我们搜集了大量教学素材时,我们该本着什么样的原则对素材进行筛选,是新鲜、新奇、流行,还是厚重的历史感? 选材的功夫还需修炼。

六、专家点评

点评专家:张文华,博士,淮阴师范学院教授

赵老师是用心在教,用情在教,用智慧在主导,用艺术在引领。他宏阔的学科视野,宽博的学科知识,科学的教学设计,清晰的教学思路,灵活的教学方法,知识与能力并举、教书与育人并重的教学理念,都给我留下了深刻的印象。我想用"一种精神、二个中心、五个结合"来概括赵老师的这堂课。

一种精神:对博、通的追求。

博与通是和专与精相对的。一般来说,专、精相对容易,博、通很难达到。司马迁说,他写《史记》就是要"究天人之际,通古今之变,成一家之言"。这就是典型的博通。应该说,博、通是史家孜孜以求的最高境界。学术上专、精,那是专家;学术上博、通,那是大家。教师教学上做到专与精固然使课堂有深度,但很容易把课上死了;而教学上做到博与通,可以将历史进行纵向的贯通与横向的联系,使课堂变得纵横捭阖、游刃有余、鲜活自由、多姿多彩。这需要讲课者具有相当宽广的学科视野和知识储备。我认为,不论是历史学术研究,还是历史教学,都应该追求博与通,赵老师就是在向这个方向做出了巨大努力。本课涉及到自然、历史、社会、政治、文化等诸多领域的问题和内容,如地理、石油、水源、运河、宗教、民族、种族、地缘政治、国际关系、文化交流、东西交通等等,在讲课中,赵老师能将这一切融会贯通,穿插讲授,尤其注重其间的内在关联,显得博而不杂,有章有法。在讲授具体问题时,他又特别注重追根溯源,并作贯通式的考察。如对"巴勒斯坦问题的由来"的讲授,赵老师从公元前 11 世纪建立的希伯来王国开始，到公元1世纪犹太人亡国，再到公元7世纪归属阿拉伯帝国，最后到公元19世纪犹太复国主义运动兴起，他都进行了历史的回溯和梳理。这样的讲授，既激发了学生学习的兴趣，也增强了讲课的深度和厚度，体现出"通"的无限魅力。

两个中心：以教材为中心，以学生能力培养为核心。

赵老师的整个课堂，坚守着两个中心：以教材为中心，以学生能力培养为核心。以教材为中心，并不是沦为教材的奴隶，而是把教材作为依托、作为凭借，最终目的是服从和服务于培养学生的综合能力这个中心。这个综合能力包含了历史材料的释读利用，历史问题的理解、判断和评价，历史的意识，历史的思维方法等。

教材是中学历史教学最重要、最根本的依据，能否将教材中的主要内容在课堂中讲授，并被学生所理解、接受，应该是衡量一堂课质量的基本标准。但教材的内容量毕竟有限，只讲教材，难免照本宣科，不利于培养学生综合能力。所以如何合理处理好以教材为中心与拓展教材内容的关系，就成为值得教师认真考量、慎重对待的事情。换言之，如何做到坚守教材而又超越教材？在这个问题上，赵老师处理得很好。如对"巴勒斯坦问题的由来"的拓展，极大地拓展了教材中一段小字的内容，便于学生的理解和把握。再如对中东局势特点的概括、中东问题的关键、中东价值何在等问题的提出，都有利于提高学生分析、总结、概括、提炼历史问题的综合能力。

五个结合：

一是时间与空间的结合。

历史学是一门关于时间的学问，没有时间就没有历史，没有时间观念也就很难培养出历史的意识。同时，历史的发展也离不开地理、离不开空间。没有地，哪里来的人；没有人，哪里来的史。如果我们把历史比作戏剧，那么人就是演员，地就是舞台，丰富多彩的历史内容就是剧情。因此，确切一点讲，历史是一门关于时间与空间的学问。讲历史，就要讲时空；学历史，就要懂时空，要知道历史的空间和空间的历史。只有这样，有些问题才能看得清、看得深、看得透。时间的观念和空间的意识，既是一种学习历史必备的素养，也是一种分析历史问题的思维方式。赵老师的课，特别强调时间序列和空间格局，使许多问题变得线索分明、条理清晰、态势明朗，让学生具有了全局的意识。如在讲述中东和平进程的时候，以时间为顺序，以重大关键事件为节点，同时辅助大量不同时期、不同类型的图片，历史感、空间感强，纵横交织，时空交融，效果非常显著。这样的讲授可以让学生跳出中东看中东，中东不是中东的中东，而是世界的中东。

二是历史史料与历史思维的结合。

史料是历史研究的原料，是史学这个高楼大厦的基石。培养中学生初步的史料搜集、分析、整理、解读能力是非常重要的。赵老师在授课中精心选择不同类型的典型史料，有文献、有口述、有演说、有图像，这些史料来自不同人群，如伊拉克孩子、阿拉法特、萨达特、克林顿、拉宾等。通过对事件的介绍，史料的解读，可以很好地培养学生重实证、重逻辑、重关联的历史思维和历史方法。

三是历史理解与历史解释的结合。

历史理解是对人物、事件、现象、历史过程等的把握，怎么把握，怎么理解？用陈寅恪的话说，"要同情地理解"。历史解释是对过去历史的理性分析与客观评判。历史知识是历史理解的基础，历史理解是历史解释的基础。历史教学要上层次，不能停留在历史知识层面，而要上升到历史理解，更重要的是历史解释。按我的理解，简单地说就是"历史理解"是回答是什么的问题，"历史解释"是回答为什么的问题。本课的讲授就是贯穿着这样的理念，我们从课程的设计中就能十分明显地看出来。本课有四个部分"一、局势：动荡不定，战火频仍（知识、理解）；二、原因：大国争夺，错综复杂（理解、解释）；三、和解：曲折反复，步履维艰（理解、解释）；四、希望：和平之翼，唯寄宽容"。

四是历史价值观与人文情怀的结合。

历史科学是人文社会科学的基础，是最具有人文情怀的学科。学生通过学习历史，从而关注国家、民族、文明、民众、人类，形成对人类生存发展、前途命运等重大问题的历史认识，也可以培养他们尊重、理解、包容、合作的情怀与精神。本课贯穿着对"人类和平"这个永恒主题的讴歌、期望和追求，对学生价值观的教育有着特别显著重要的意义。"富强、民主、文明、和谐"是我们新时代的社会主义核心价值观。

五是过去历史与现实社会的结合。

历史、现在和未来是三位一体的，是不可隔断的。今天是昨天的延续，是明天的历史。历史是过去的今天和现在。赵老师具有浓厚的学术意识、时代意识和当下意识，对现实社会充满关切，对人类和平充满关怀。本课从南京大屠杀 80 周年 12 月 13 日国家公祭日开始讲起，一直到 2017 年 7 月 18 日习近平会见巴勒斯坦国总统阿巴斯，甚至一直讲到 2017 年 12 月 6 日美国总统特朗普正式承认耶路撒冷为以色列首都。这样的讲授现实感特别强烈，很好地实现了历史与现实的交融。这就可以很好地让学生理解：中东问题既是一个重大的历史问题，也是一个特别棘手的现实问题。

建议改进之处：五次中东战争的比较、特点、政治原因、历史影响可以进一步充实、深入，这样可以充分突出由"战争——和平"这个发展历程，以及人类共同追求和平这个主题。

【教者简介】

赵俊，男，1974 年出生，中共党员；1996 年毕业于南京师范大学历史社会学系，同年到淮阴中学初中部（淮安市开明中学）工作至今，现任该校副校长；中学高级教师，江苏省第 13 批特级教师（初中历史），江苏省基础教育教学指导委员会综合实践活动学科专家委员，江苏省第四期"333 高层次人才培养工程"第三层次培养对象。出版专著《品读名师课堂》，主编或参与编写著作 8 部，2 篇论文获"师陶杯"二等奖，数篇论文在《中学历史教学参考》等杂志上发表，自工作以来持续参与省市级课题研究工作，独立主持完成两项市级课题。

总 结 篇

第6章　基于核心素养的初中历史教学

　　培育儿童的历史核心素养,必将是一个长期而艰巨的挑战。教师首先要持续提升自身的核心素养,教学设计时精准分析学生情况,教学实施中创新教学模式、方法,以全力彰显学科特质,学习评价中着力进行多元评价,由此逐渐形成一个教授、学习和评价契合一致的核心素养培育系统。

一、持续提升教师素养

　　教师质量决定了教育的质量。没有好的教师,就没有好的教育。如果要培养学生的核心素养,首先教师应具备相应的核心素养。因此,当学生发展核心素养成为当今教育领域当仁不让的"焦点"和"热点"后,我们有必要首先提升教师的核心素养。

　　教育部颁发的《中国学生发展核心素养》,以培养"全面发展的人"为核心,中国学生发展核心素养分为文化基础、自主发展、社会参与三个方面,综合表现为人文底蕴、科学精神、学会学习、健康生活、责任担当、实践创新六大素养。在此背景下,每位教师应该至少具备六大素养。根据 2017 年版《高中历史课程标准》,历史学科的核心素养为唯物史观、时空观念、史料实证、历史解释和家国情怀,则每一位历史教师应该至少具备这五大核心素养。

　　实际上,从教师专业的内涵和外延来看,学科教师应该具备的核心素养应该比学生发展核心素养和学科核心素养更广、更深,主要包含专业知识素养、专业能力素养和专业精神素养。

（一）专业知识素养。教师的专业知识是教师职业区别于其他职业的理论体系和经验系统。美国教育家舒尔曼认为，教师必备的专业知识至少应该包括如下方面：1.学科内容知识；2.一般教学法知识；3.课程知识；4.学科教学知识；5.学生及其特点知识；6.教育脉络知识；7.教育目的目标、价值、哲学及历史渊源知识。学科教学知识是前述七类知识的核心，是教师面对特定问题进行有效呈现和解释的知识基础，即教师在具体教学情境中，把学科知识、学生知识、课程知识、评价知识、一般教学法知识等"活化"之后，经由自身价值观做出判断、选择、重组而形成的动态知识，是教师主动建构、积极创造的结果。学科教学知识形成的过程，就是教师生命运动的过程，就是教师个性发展的过程。可以说，教师在创造了新的学科教学知识时，也创造了崭新的自己。

学科教学知识是学科教学专家必备的重要知识，是教师理解自己专业的特殊形式，它将学科专家和一般教师区别开来。教师虽然在大学期间打下了一定基础，但仍要在教育教学实践中不断锤炼、完善。终身学习是提升教师专业素养的必由之路。上海名师于漪说："要教得好首先是自己学得好，为此我千方百计挤时间读书，用双倍的努力弥补。"教师应该具有不断学习的精神，从而提升自身的理论素养。相对于其他学科，历史学的发展变化迅猛。因此，中学历史教师尤其需要不断地充电。只有那些具有强烈的自我发展和终身学习的愿望、用心体悟教育魅力的教师，才能真正通过修炼，感悟教育的真谛。历史教师学科素养的程度直接决定了他们所培养学生的学科素养的高度，教师要有俯瞰历史的高度，纵览历史的宽度。只有这样，教师对历史的理解才有深度，对历史的解释才有厚度，对历史的情意才有温度。

（二）专业能力素养。专业能力是教师在教育教学活动过程中，运用一定的专业知识和经验顺利完成某种教育教学任务的方式和本领。教师的专业能力是教师综合素质最突出的外在表现，也是评价教师专业性的核心因素。教师的专业能力主要包括：1.教学设计能力，指教师在课前根据学生的特点，对教学内容进行组织加工，并选择恰当的教学模式与方式方法以取得教学效果的最优化，包括分析学生情况与组合教学内容、确定恰当的教学目标、选择教学模式与教学方法、预测课堂情形变化等技能。2.教学语言能力。教学语言是教师对学生实施教育教学的最重要媒介，即使在现代教育技术高度发达的今天，课堂教学中教师语言的功能仍不可替代。通过科学正确、条理清晰、通俗易懂、生动形象的语言,有效调动学生学习的积极性、自觉性,使学生心驰神往于特定的教学目标和教学内容,是教师教学语言能力的体现。一般而言,教学语言可分为口头语言(有声语言)、书面语言(板书、板画)和身体语言(无声语言)三种类型。3. 教育教学交往能力。这既是教师有效实现与学生的双向沟通所必需,也是教师群体形成教育合力、教师与社会各界合作搞好学校教育所必需。4. 组织和调控课堂的能力。这是保证教学过程顺利、有效进行的重要条件。在课堂教学实施中,教学目标是"灵魂",教学程序是"蓝图",教学评价是手段,合理组织调控课堂结构是核心,洞察学生心理是基础,运用教育机智艺术地处理突发事件是保证,营造融洽适宜的课堂氛围是根本。5. 教育研究能力。教师在从事教育教学工作的同时,应该是一个终身学习者和研究者。具有科研意识和科研能力,坚持在教育教学实践中开展研究,是教师专业能力不断发展的重要保证,"问题即课题,教学即研究,成果即成长"是中小学教师最常用的研究模式。教师的教育研究源于对自身教育教学实践的反思,在反思中发现问题,带着问题学习并进行研究,在研究中提升对教育的认识和教学技能,最终促进自身专业化发展。6. 创新能力,是指创新教育思想、教学内容、教学方法、教学模式等的能力,是提升教师专业能力的追求与归宿。

教学既是一门科学,也是一门艺术。国内外大量的研究表明,教师取得大学学历证和教师资格证并不表明就成了一名合格教师,而教育教学工作所需要的专业能力绝大部分是在职后逐渐形成的。单纯累积从教时间并不会使专业能力有所发展,教师要想提高自己,需要勤于学习,勇于实践,潜心揣摩,不断总结,善于反思。譬如,初中历史教师的首要挑战是要通过深入浅出、通俗生动的讲解,把教材中大量抽象的知识具体化到足以使学生可以理解的程度。至于引导学生像历史学家一样思考,培养学生的历史思维能力,则更是艰难的挑战。

(三)专业精神素养。苏霍姆林斯基说:"教育是人与人心灵上最微妙的相互接触。"师德是教师精神素养的核心,师德的根本是师爱,没有热爱便没有教育,热爱学生是教育的全部技巧。关注每一位学生的全面健康发展,用足够的耐心来促使每一位学生的特长与个性得到发展,从而使学生创造出彩的人生,这是一项伟大的工程,这个工程灌注了教师的无限心血与才智,自然闪耀着理性的光芒。不论时代怎样变化,不论课程怎样改革,不论学校形态如何,教师的爱都是学生成长的精神动力,是他们生命成长的养料！没有对学生的热爱，就没有真正的教育。

教育教学过程实质上就是教师与学生心智和情感交流的过程。教师的人格魅力赋予教师的言行、情态等活动和形象一种高贵的品位，教师正是以这种品位来熏陶学生的。教师的人格形象是学生亲近或疏远的首要因素。由于教师职业的特殊性，社会对教师的思想道德要求远远超过其他行业。理想教师的人格包括：善于理解学生、和蔼可亲、真诚质朴、公平正直、富有耐心、善解人意、兴趣广泛、开朗乐观、意志力强、诙谐幽默、宽容大度等。专业人格的建构是教师在教育教学过程中，基于对教育的本质与价值、对学生生命与特征、对自我生命与生活的深切感悟和理解而逐步形成的，是教师在长期的教育实践中，对职业道德和教育理想自觉追求的结果与内化，是教师专业发展、心智成熟的表现。

二、精准分析学生情况

学情分析是教学活动的基本环节，也是教学研究的基本内容。美国著名教育心理学家奥苏伯尔在其名著《教育心理学》的扉页中写道："如果我不得不将教育心理学还原为一条原理的话，我将会说，影响学习的最重要的因素是学生已经知道了什么，我们应当根据学生原有的知识状况去进行教学。"①

学情分析的概念目前并没有准确的界定。我们认为学情分析主要是指，在学生的学习起点到学习终点之间，对学生的知识水平、认知结构等智力因素以及学生内在潜力等非智力因素和教学环境、教学资源等教学因素的总体分析。

就现状而言，目前一线教师在日常教学中学情分析显性缺失的现象大量存在。在教学设计中，绝大部分教师最关注的是教材、教学参考书及相关资料，学情状况基本上是最不被教师关注的。我们在绝大部分的教学设计或教案中很难发现相关的内容，只有少量有形式上的存在，但是内容空泛抽象，很少触及真正的学情，属于内容隐性缺失。如"七年级的学生，虽然心智还不很成熟，尚缺乏综合分析的能力，但好奇心驱使他们思维活跃，求知欲望强烈，有助于他们积极参与探究学习"。这类学情分析，多数

---

① 奥苏伯尔.教育心理学：认知观点[M].任夫松，译.北京：人民教育出版社，1978.

是从学生整体所处年龄阶段特点或学生学习能力的总体倾向角度进行概括,忽视与具体教学内容相关的知识技能储备的分析,忽视具体的学校、班级、个体、学科、教学内容的分析,从而导致学情分析停留在抽象笼统的层面,无法辨别学生学习的特定起点、反应和结果。

即使在本书的案例中,也有资深老师甚至特级教师在反思中大胆承认自己对学情把握和分析有不足。有的学情分析过于笼统,有的对学生应有的水平估计过高。或者是史料的难度过大,学生不容易明白;或者是所讲内容过于艰深,学生不易掌握。在此情势下,可以说对学情分析无论多重视也不为过,我们要把学情分析作为教师新的教学基本功,作为教学研究的重要生长点。

有效的学情分析应该既有"宽度"又有"长度"。"宽度"是指学情分析要对学习者的学习风格、学习环境、学习兴趣、起点能力、一般特征,以及学习者个性、共性做全面深入的分析。"长度"是指学情分析至少应该跨越课前、课中、课后三个时段。在传统的教师备课观念里,"学情分析"基本等同于"备学生"或"了解学生"这个备课环节,即把"学情分析"仅仅当作教师上课前要完成的一项任务来看待。目前的相关研究对"学情分析"的外延已经取得共识,认为"学情分析"包含学生在课前、课中、课后的学习情况分析,贯穿了课堂教学设计到课堂教学实施,再到课堂教学评估的全过程。

我们认为,"学情分析"与课堂教学的教学设计、教学实施、教学评价三个基本层面对应。"学情"主要应该包括学生的学习起点、学习反应及学习结果三大要素。具体为:(1)"学习起点"主要是指学生在进行课堂学习时的基础、需要与准备,是课堂教学的起点;(2)"学习反应"主要是指学生在课堂教学过程中体现出来的"学"的基本状态,包括师生问答、小组讨论、班级讨论、独立学习等课堂活动中"学"的状态,既指学生在课堂上表现出来的外显行为,也指与外显行为相关联的内隐学习状态;(3)"学习结果"主要是指学生对课堂教学内容的学习结果,即学生通过学习活动所形成的作为结果的学习经验,一般包括测试、课堂作业和课外作业。

课前学情分析聚焦于学生的学习起点,涉及学生已有的知识基础、学习方式、智能偏好和兴趣领域等信息。任何一个学习者都会把他原来的知识、技能、态度带入新的学习过程中,它们对新知识的学习既可以起正面作用,也可以起反面作用。如本书中的罗红伟老师,在《海峡两岸的交往》一课教学之前,对学生有关"海峡两岸的关系"的了解做了一个简单的学情调查。设计了"海峡两岸关系是哪两者之间的关系""台湾和大陆之间现在是什么关系""台湾和大陆之间为什么会出现这种关系"三个问题。从回答的情况得出：(1)学生并不清楚什么是"海峡两岸"；(2)学生不知道现在两岸的关系；(3)学生不知道为什么出现"海峡两岸分离"的局面。因此，罗老师在教学设计和教学实施中就可以有的放矢，提高效能。

课中学情分析聚焦于学生课上的学习反应，对这一阶段的学情进行考察需要教师收集学生学习的证据和学生对"教"的反应的数据。教授的有效性取决于学习的有效性。学习的体验可以反映在学生的形体、表情、情绪、语言等方面。学生是恍然大悟还是愁眉不展，是热情洋溢还是冷漠厌烦，是否能够认真倾听老师的讲解和同学的回答（记笔记/查阅/回应），是否能够积极有效地参与各种课堂活动（人数/时间/对象/过程/质量），是否能够自主学习（探究/记笔记/阅读/思考），这些动态和静态的信息是课中学情分析、是教学实施有效性的评价依据。从信息提供者的角度看，考察课中学情，可以是执教者和学生自察、互察，也可以由课堂观察者提供学情信息。当我们通过课堂观察发现学生的反应与教学预设有偏差时，就应该及时调整策略，优化教学，以提升教学有效性。

如本书中的赵俊老师，在《动荡的中东地区》的课堂对话中，及时捕捉并利用了生成资源，令教学增色。在评判联合国第181号决议案时，有学生试图从合理性角度进行评价，而我们多数人是从正义性角度进行探讨的。赵老师立即抓住了这个宝贵的契机，充分肯定这个评判的新角度的合理性。仅仅关注正义，双方容易对立，在关注正义性的同时也关注合理性，就可能相互妥协、相互退让、相互理解、相互认同，从而达成共识、达成双赢。这是一种外交智慧，又何尝不是一种为人处世的智慧呢？

课后学情分析指向学生学习的结果，为判断学生"学到了什么，达到何种程度"提供信息。当然，在教学实施中也可以进行部分学习评价。学习结果评价主要涉及以下指标：预设的目标是否达成，有多少人达成，有什么证据（观点/作业/表情/板演/演示）；这堂课生成了什么目标，效果如何，如何检测，是否有效。本书的课例，统一要求教师在每节课后都进行课后学情问卷调查，这对于绝大部分老师来说都是第一次，老师们普遍反映收获非常大。

教师进行精准的学情分析，需要科学的手段和方法。一线老师进行学情分析，大多是凭借平时积累的经验。经验当然有用,但若只靠经验,则易造成主观性、表面性与片面性等问题,所以还应该结合学生的实际情况,多管齐下,进行科学、有效的分析。课前和课后学情分析通常采用测验、访谈、问卷调查、资料分析等方法,课中学情分析多用观察法。出于前后对照的目的,课后学情分析的具体操作与课前学情分析的具体操作要有所对应,比如前测和后测。这些方法看似简单,但要真正揭示学生的学习困难,暴露学生的迷思,则需要系统设计和规范实施。

经验分析、问卷调查、资料分析、观察、测验、访谈,是我们进行学情分析常用的六种方法,它们各有利弊。测验与问卷调查属于量性研究,其余都属质性研究。我们应该多管齐下,量性研究与质性研究相结合,避免仅用一种方法。问卷调查、测验与访谈是专业性较高的三种方法,建议新手先借鉴资深教师的成熟案例,或在有经验的教师、专家的指导下使用这三种方法进行学情分析。通过不断实践,我们会逐渐掌握不同的方法,学情分析的能力也会逐渐提高。

三、全力彰显学科特质

学科是教学实践的主要原料和依据,学科性质决定了学科的地位与价值。教学改革的突破需要教师具备不同的学科理解方式。但凡新课改的重大问题,如学科课程、学科教学、学科测评等,无不以学科性质及内涵为基础。然而"教学论恰恰缺乏对诸如学科的性质、学科的要素、学科的结构等基本问题的研究"[1],历史学科教学论研究也不例外。

工具书所谓"中学历史学科特质"中之特质,应指中学历史学科特有的性质。这类特点,即中学历史学科所具有的独特的地方,尤其是反映学科本质的性质。它既与历史学、历史学科的性质区分,又与其他基础学科性质相异。截至目前,有关中学历史学科特性(特点)的研究仍然非常薄弱。

中学历史学科是由政府主导的、以历史学为核心、以中学生为对象的一门基础教育学科,故其特质主要由政府、中学生、历史学、基础教育四大要素综合决定。基于前

---

[1] 李松林. 推进教学论研究的突破口[J]. 教育研究,2012(8): 95—100.

贤研究,笔者以为,中学历史学科主要具有史政性、史趣性、史忆性、史证性、史变性、史鉴性六大特质。

(一)史政性。史政性即基于历史的政治性,与前人所言"思想性、政治性"内涵大体一致,这主要是由历史学的特殊社会功能及教育的政治性所决定。政治是直接影响、制约教育的重要因素,意识形态是其突出表现,即教育须符合统治阶级的意志并使所有基础学科皆具政治性,但内容、方式和影响力度不同。历史是受政治影响的力度仅次于政治的学科(再次为语文),但是其内容及呈现方式与政治、语文等学科有明显区别,所以笔者特以"史政性"名之。

史政性于历史学科自然不可或缺,这一点中外皆然。从某种程度上讲,现代公民具备什么样的历史观,将会深深地影响现代国家的政治走向。因此,几乎每一个国家都确立了蕴含明确国家意识形态的中小学历史教学纲要或者课程标准。① 任何政府都需要维护自己国家和民族历史的正面形象,以此凝聚民族精神和塑造公民文化,其间某些曲笔不可避免。② 然而,我们亦须充分考量历史学及中学生的特点,因材施教。

(二)史趣性。历史的故事性、神秘性、变化性能使人好奇,引发兴趣,甚而震撼心灵。这主要是由历史学的特性及中学生的身心特点所决定的,与文学的生动形象及自然科学的神秘深奥等引发的兴趣有本质区别,笔者特以"史趣性"命名。此特质尚未引起学界足够重视。

"故事是人类历史中的客观现实","故事性内在于历史中"③。在英语中代表历史的单词——history 本身便包含故事(story),甲骨文中"史"字本意即记事者(史官),引申为被史官记录的事。历史本身有情节、有首尾,人物命运跌宕起伏,社会形势风云变幻,是有血有肉、生动活泼的。

血肉丰满、故事不断,这也是中学生喜欢历史科的原因。中学生求知欲旺盛,学

---

① 赵亚夫,张汉林. 国外历史课程标准评介[M]. 北京:人民教育出版社,2005.
② 美国历史学家洛温以大量具体事例揭示了美国历史教科书不惜"谎言"和"错误",将历史人物塑造为英雄神话的过程. 詹姆斯·洛温. 老师的谎言:美国历史教科书中的错误[M]. 马万利,译. 北京:中央编译出版社,2009.
③ 周建漳,赖勇龙. 试论历史存在的故事性[J]. 史学理论研究,2010(1):32—35.

习动机单纯,注重知识的故事性、趣味性。在基础学科中,历史的故事性、趣味性是最自然、最丰富的,本应对中学生产生强大的吸引力。然而事实并非如此,个中缘由值得深思。故事需要教师针对教学重点、难点和疑点进行精心选择和设计,不能仅仅作为一种活跃课堂气氛的手段,甚至是野史轶事的传声筒,这样才能收到良好的效果。

(三)史忆性。史忆性包含前人所言"知识性、基础性及人文性"等部分内容,蕴含古今中外通用的人文基础知识,目标是传承民族文化、构建集体记忆。这主要是由历史学科的内涵、功能及中学生的身心特点所决定,因与其他学科的"知识性、基础性及人文性"差异明显,笔者特以"史忆性"为名。

当下,历史课程的内容问题颇多。国民欲对国家有深厚感情,必先对其历史有深厚认识,必先对其历史有温情与敬意。"凡对于以往历史抱一种革命的蔑视者,此皆一切真正进步之劲敌也。惟藉过去乃可认识现在,亦惟对现在有真实之认识,乃能对现在有真实之改进。故所贵于历史知识者,又不仅于鉴古而知今,乃将为未来精神尽其一部分孕育与向导之责任也。中国为世界上历史最完备之国家,然中国最近,乃为其国民最缺乏国史知识之国家,今日国人于国史,乃最为无识也。于一切史实,皆以'专制黑暗'一语抹杀。对当前病症,一切归罪于二千年来之专制。"[1]传统文化的持续衰落及集体记忆的混乱无序久矣,社会的信仰危机、道德危机持续久矣,试问:现代中学生有多少人喜欢历史课? 有多少人对吾国历史尚存温情与敬意? 有多少人于历史课程中悟到了现代公民所需的基本素养? 中学历史的内容与其现代使命差距尚远,课程建构亟待完善。

(四)史证性。史证性即基于历史的实证性,具体而言为"史由证来,证史一致,论从史出,史论结合"十六字方针。这是由历史学特有的研究方法所决定,是最具学科特色的特质之一。虽然在人文社会基础学科中实证性为历史所独有,但数、理、化等自然科学基础学科皆具实证性,故不妨以"史证性"对其加以区分。

历史学是介于科学和艺术、客观和主观之间的一门特殊学科,其客观性、科学性最突出的表现即"史由证来,论从史出"。"凭证据说话是理性的民主和法治社会公民的

[1] 钱穆. 国史大纲(引论)[M]. 北京:商务印书馆,1996.

基本素质,历史课程是培养学生证据意识、知识和能力的最佳途径。"①搜寻史料——鉴别史料——解读史料——运用史料论证,这是史学研究的一般过程。对于中学生而言,显然不必掌握系统完整的史证方法和理论,但是基本原则及方法不可或缺,初中、高中历史既要延续又要有分别。

言必有据、据必有证、证必充分的史证意识,理应在教师的引领下成为中学生学习历史的核心意识,尽管专家多强调其重要性,但在中学教学实践中它往往受到轻视。中学生的史证意识和能力普遍较弱,这是一个亟待重视的问题。

(五)史变性。历史学科内容、方法、观念与理论皆极具变化性、多元性,它是由历史学自身的特性所决定的,并与其他基础学科的变化性、多元性有本质区别,笔者特以"史变性"名之。历史的真正魅力即在于此。相较于自然科学的确定性和可控性,历史学中纯粹的、线性的演进微乎其微,"历史活动是由有思维的人的活动构成的,表现出强烈的个别性、偶然性"②。

历史学博大精深,无所不包,中学历史虽然仅取其沧海一粟,然其内涵仍足以包含中学其他所有学科。史料乃历史学基石,史学方法、理论为框架,史家各显其能,反复论证,得出自己的观点、结论,最终构建出自己的历史大厦。史料、史实、方法、理论与史家五大因素,皆带有不同程度的主观性,充满着未知和变数。即使相同的史料,也很可能存在完全相反的解读。史实推翻史实,史料更新史料,史家辩驳史家,史观批评史观,其中任一因素的变化都可能导致新的观点、结论出现。学术中的历史百家争鸣,故若干年后,对历史的解读很可能完全不同。故中学历史课程在基础教育学科中变化最迅速、最猛烈。

然而,限于诸多原因,中学历史课程与教学中的变化性、多元性特点还未充分展现。当下的历史教科书特点为:重客观,轻主观;重知识,轻人性;重规律性,轻变化性。学术研究日新月异,历史教师理应是充电频率最高的教师,但实际情况却令人非常担忧。教师们没有时间甚至没有意识充电是普遍现象,史变性特质教学任重道远。

(六)史鉴性。"历史真理内在的包含问题性,现实意向性内在支配和强力主导着

---

① 聂幼犁. 癸奶、狼奶、狗奶和人奶——新课程背景下中学历史教育的反思、机遇和责任[J]. 中学历史教学参考,2006(1—2):4—9.

② 葛懋春主编. 历史科学概论[M]. 济南:山东教育出版社,1987.

所有历史观念、历史研究、历史知识的必然逻辑。"①希腊语"historia"为西方语言"历史"（英语 history、法语 histoire、意大利语 storia 等）的词源，初意即"征问、探讨"。"史鉴性"即以史为鉴、鉴古知今，包含前人所言借鉴性、感染性、人文性等部分内容，它是历史学最重要的社会功能之一，核心是基于现实的理性批判和反思。这与其他基础学科的借鉴性、感染性、人文性有本质区别，故笔者特以"史鉴性"为名。批判性思维"在几乎每个生活情形中都有作用"②，是现代公民不可或缺的一种思想技巧和习性。中学历史是启发中学生批判性思维的最佳课程。

没有对历史的反思与批判，便不会有对现实的超越和创新。批判性思维是指人们用有别常规的多种视角和方法去观察、分析客观事物，对既往的结论或观点大胆质疑，在扬弃中开拓，并做出个人独立的判断，获得全新的思维成果。它主要有真理性、独立性、多向性、挑战性、创新性和超越性等特点。历史学应该是一门最具有思想性的学科。思想就是批判，而且是彻底的批判。在批判之路上，永远没有终点。唯其如此，深刻的思想才能诞生，历史学才会充满非凡的意义和感人的魅力。"历史学不能改变历史，但能改变现实，史学对思想的挑战性永远不可低估。"③

"历史研究的最终目的显然在于增进人类的利益"④，当历史教师坚持不懈地引进多元叙述，一以贯之地引领多层次的理性思考，锲而不舍地触发生命与生命碰撞，长久持续地冲击学生的思想，"寂然凝虑，思接千载；悄然动容，视通万里"之境自然可达，人性、自由、真理等人文精神可以渐次潜移默化。

我们认为，五大核心素养并不能涵盖中学历史学科的所有关键品质和本质特征，有其局限性。学科特质反映了学科本质，是能够涵盖学科核心素养、学科关键能力的上位概念。譬如，史政性包含但不限于唯物史观和家国情怀，史证性包含了史料证据，史鉴性包含但不限于历史理解与历史解释，此外还有史趣性、史忆性、史变性等特质。中学历史学科的六大特质与国外学者凝练的时序、证据、变迁和延续、原

① 雷戈. 史学在思想（自序）[M]. 开封：河南大学出版社，2011.
② 安妮塔·伍尔福克. 伍尔福克教育心理学（原书第 11 版）[M]. 伍新春，赖丹凤，季娇，等，译. 北京：中国人民大学出版社，2012.
③ 雷戈. 史学在思想（自序）[M]. 开封：河南大学出版社，2011.
④ 马克·布洛赫. 历史学家的技艺[M]. 张和声，等，译. 上海：上海社会科学院出版社，1992.

因和结果、相似与不同、历史意义、神入等中学生历史思维的核心概念也有不少相通之处。因此,学科特质是中学历史学科课程、教学及测评的基础,是中学历史学科教学的根本抓手。

四、创新教学模式方法

核心素养很难通过死记硬背、题海战术来培育。我们必须改进传统的、单纯讲授式的教学模式和方法,积极践行启发式、参与式、讨论式、体验式教学,营造独立思考、自由探索、勇于创新的良好环境,让学生学会发现学习、合作学习、自主学习。

美国教育学者诺克斯(Jeffery D. Nokes)曾经感叹:"学校中的传统教学方法与历史学家专业活动的差距之大,为其他学科所未见。譬如生物课,学生须进行实验解剖;数学课,学生要演练计算;地理课,学生得学习测量和实查;体育课,学生得经常练习运动技能;英文课上,学生必须练习写诗作文。只有在历史课堂中,听讲和背诵"史实"是最典型的学习方式。"[1]

至于当下大行其道的所谓史料教学,实践中也有不少偏差。运用史料培育中学生的历史思维,并非如表面上看起来那么简单,可以说这是一项比历史学者所面对的问题还要复杂的挑战。以此为目标的历史老师,不但需要像历史学家一样对历史知识有相当多的理解,还需要有可以将这些知识教给一般中学生的相关教育教学知识与能力。事实上,许多英国历史老师都承认,如果史料用得不好,史料教学只会使学生感到困惑,只能让他们留下片段和混乱的图像。而在课堂、课本或试卷上,一条条篇幅简短但数量很多又不一定明确与问题相关的史料,也令许多英国学生感到反胃,以致他们"被条条史料烦死"(death by sources A to F)。更严重的问题是,学生往往被要求使用这些简短的史料摘录去对一个很大的历史问题做出判断,事实上这些材料常简短得连是否可称之为史料都有疑问,很可能不足以提供充分的证据,这等于是鼓励学生在空虚的基础上做出判断。剑桥大学历史教育专家克里斯汀·康塞尔(Christine Counsell)对

---

[1] Jeffery D. Nokes. Building Students' Historical Literacies: Learning to Read and Reason with Historical Texts and Evidence [M]. New York: Rutledge, 2013.

这种做法进行了严厉的批判,认为"这根本是在伤害学生的证据概念,而不是增进它"①。

很多科班出身的历史教师虽然熟稔史料证据理论与使用方法,但是大部分高三文科生仍知之甚少,更别说初中生了。这显然是教学理念、方法及能力的问题。长期以来,教条地灌输是历史教学的主要形式。"重结论,轻史实""重史料,轻考辨"的现象仍然比较突出;灌输"是什么"比较多,分析"为什么"比较少;引用各种材料比较多,对材料的考辨分析比较少。学生常常将史料视为关于过去的"直接报道",当成是教材的补充,所以他们不能在历史的脉络中深化理解。这样的情形与历史学建构知识的路径完全背道而驰,也全然无法对应历史学家的研究和思考。因此,我们应该努力构建民主和谐的教育文化,积极践行启发式、参与式、讨论式、体验式教学。

启发式教学的实质在于教师能够激活学生的情感和思维,使学生达到主动积极的学习状态,即使他一言不发。问答只是启发式教学的一个外在表现形式,最重要的是首先给学生足够的思考时间,然后在恰当的时机导引思维方法,而非简单的多问多答。比如介绍司南车和地动仪,教师可以如下依次引导启发:①关于中国古代的这两项重要发明,大家有没有听到负面消息?②如果它是假货,假在什么地方?③某些教材在图片说明后加注"复制品"或"仿制品",这样是否就妥当?④为什么长期以来我国的历史教材未认真交待背景?⑤其他国家,比如美国和英国,他们的历史教材有没有类似的问题?又比如李冰开凿都江堰会遇到哪些困难,没有现代化工具和技术的古人如何解决?学生很容易想到凿开玉垒山、开凿宝瓶口是一个非常大的困难。但教师如何引导学生像古人那样思考,并逐步引导他们自己想到先用火烧再用冷水激的方法,这非常考验老师的启发功力。

讨论式教学法早已经被证明对学生的学习和发展有诸多好处,其与讲授式的理念有本质区别,因此师生都需要一个循序渐进的适应过程。一般可以先进行集体讨论,然后再实行分组讨论。有关史料证据的讨论至少从初中就可以开始。早在 20 世纪 80年代,英国学者谢米尔特就曾对 13—16 岁的儿童对历史史料证据的运用进行了试验研究。结果证明,通过积极的问题解决来进行教学,儿童很少倾向于认为"事实"是当

---

① Counsell, C. Didn't we do that in year 7？——planning for progress evidential understanding [J]. Teaching History, 2000(99): 36 - 41.

然的。张謇是否"弃官从商"、中山装是否蕴含"三民主义"等特殊的政治含义,这些都是史料证据讨论的良好素材。本书的案例中也有很多讨论,比如:官渡之战和赤壁之战都是曹操指挥,为什么会一胜一败? 郑和的远航会遇到哪些困难? 西安事变中他们"杀蒋"还是"放蒋"? 你是否赞成犹太复国主义?

体验式教学强调身体力行的"体验",注重在实践中学习领悟。历史教学的体验式学习方式有很多,主要包括:参观历史博物馆、纪念馆、档案馆及爱国主义教育基地,考察历史遗址和遗迹,采访历史见证人,编演历史剧,观看并讨论历史题材的影视作品,仿制历史文物,撰写历史小论文,写家庭简史、社区简史和历史人物小传,编辑历史题材的板报、通讯、刊物,举办小型历史专题展览,等等。对于很多中学生来说,身边最熟悉的人却是最陌生的人,最熟悉的社区却是最陌生的历史。因此,可以从家族史、社区史、地方史等材料中"发现身边的历史",开展探究活动。正如英国学者所指出的,"学校历史课的一个重要目的,是应该让学生意识到自己周围存在有历史的证据,并通过这些证据来刺激他的想象和对历史的评价"[1]。本书中《让我们共同来感受历史》这一课例便包含了体验式教学。

角色扮演是一种重要的体验式教学方法。它是指在课堂教学中,让学生扮演官员、地主、农民、皇帝、记者、导游等不同的角色,运用小品、短剧、新闻发布会等形式,寓学习于表演中,使教学过程生活化、艺术化。开展角色扮演,学生不但可以提升学习兴趣,更容易体会历史人物的处境,也能更深刻地理解相关的概念。角色扮演不一定非得是全体欢唱的戏剧音乐节,有时只需要挑选少数学生来表演,还可以是更简单的要求学生根据资料参与模拟决策练习。当你获得教学自信并寻求可利用的其他教学法类型时,你会发现有许多主题适合开展角色扮演活动。当学生必须处理概念上十分困难的议题,比如商鞅变法的影响、宗教改革的影响时,角色扮演常常最有用武之地。

第一人称虚拟写作也是一种重要的体验式教学方法。历史写作是培养学生高级思维的重要教学工具。第一人称的历史虚拟写作,使学生体会仿佛被邀请进入历史人物身处的情境。以此思考过去,他们就能够站在前人的立场上思考,常常能显示出超

---

[1] W. H. Burston, C. W. Green. Handbook for History Teachers[M]. London: Addison Wesley Longman Limited, 1972: 230.

常的历史背景理解力。譬如以汉武帝征伐匈奴为时代背景,通过老师的讲述,以及引自《史记》《汉书》等经过翻译的史料,将自己化身为一个参与其中某场战役的士兵,从而推论当时主帅可能被给定的评价、当时战役的被认同度、士兵眼中所见可能之塞外风光与战地生活的景象,完成《一封寄自疆场的家书》。[①] 如果你对学生写作的最终成果有明确期待和成功的标准,那就让学生清楚你的期待,这样对学生完成任务很有好处。

虚拟人物也是一种常见的体验式教学方法,如本书中方元老师在教授《宋代经济的发展》时,虚拟了一位"王员外",通过设置相应的历史情境,将宋代的农业、手工业和商业等发展特点串联起来。

从本书的课堂教学文字实录和视频实录中可以明显地看出,即使是经验丰富的资深教师,他们中的绝大部分人在如何启发学生的历史思维、如何充分发挥学生主体性方面都还有不少提升的空间。因为教学模式和方法的改进、提升绝非一朝一夕之功,需要他们不断地实践、反思和改进。

五、着力实施多元评价

历史学业评价是历史课程实施的重要环节,对改进历史教学和提高教学质量具有重要意义。长期以来,受传统应试教育模式的影响,学校把考试成绩作为评价教师的重要依据,而教师则把考试成绩好坏作为评价学生的主要标准。这种评价模式影响了教学目标的全面实现,不利于学生健康、和谐和全面发展,也不利于学生的个性发展。

2011 版《初中历史课程标准》提出,"学习评价要坚持诊断性评价、过程性评价与终结性评价相结合,教师评价与学生自我评价、同伴评价相结合,量化评价与质性评价相结合的原则"。既要注重评价学生的学业成就,如历史知识、能力、思维方法与品质等,也要考虑到学生学习的其他变化,如对所学内容的情感倾向、对学习方式的效果领悟,以及历史知识与相关学科知识的迁移情况,特别是学生历史认识的变化。

学业评价不仅要关注学生的学习结果,更要关注学生在学习过程中的发展和变

---

① 张元. 一封寄自疆场的家书——高中历史课后作业的研究[J]. 清华历史教学,1997(9).

化。评价的主要目的是全面了解学生学习历史的过程和结果，激励学生学习，促进学生的学业进步和全面发展，提高教学质量。对学生的历史学习过程和效果进行价值判断，需要运用科学的、可行的和多样的方式。除了最常见的纸笔测验（考试）外，还有观察评价、多元主体评价、表现性评价、问卷调查评价等。

观察评价，是指教师对学生课堂内外的表现进行认真观察后进行的评价活动。历史教师在课堂教学中细心观察学生学习表现，做到"眼观六路，耳听八方"，对认真听讲的学生给予表扬，激发他们的学习热情；对学习马虎的学生提出批评和严格的要求。教师对学生在日常学习中表现出的能力、情感、态度进行观察，并记录在案。这种记录既是教师及时了解学生情况、调整教学的依据，也是教师期末评价学生学习状况的参照。

多元主体评价，指通过学生、小组、家长、教师等多元主体进行评价的方法，它有利于教师全面、客观、公正地评价学生。学生自评是学生对自己在学习中的学习态度、策略和效果等方面的评价。这种评价有助于学生明确影响学习的因素，从而逐步培养起评价、调控自己学习活动的习惯和能力。在指导学生评价的过程中，教师可清楚地了解学生的心理，从而改进教学。小组评价是小组对其他人在学习中学习态度、策略和效果等方面的评价。这种评价有助于学生逐步养成尊重、理解、欣赏他人的态度，拓宽自己的视野和胸怀。家长根据子女在家学习的情况和作业完成的情况对其进行评价，能够全面反映学生的学习状况；教师根据学生平日参与的课堂学习、课外活动表现和学习效果给予评价，可以给予学生奋发向上、不断进步的动力。

表现性评价，是指在真实或模拟的生活环境中，让学生运用先前获得的知识解决某个新问题或创造某种东西，以考查学生知识与技能的掌握程度，以及他们实践、问题解决、交流合作和批判性思考等多种复杂能力的发展状况。表现性评价是注重过程的评价，在课堂教学与评价中受到教师普遍的重视和推广。如通过撰写历史小论文，考查学生开放性的思维能力，锻炼学生语言文字表达能力，以及收集和处理信息能力；通过制作历史模具，丰富学生历史知识，考查学生动手动脑的综合实践能力；通过历史调查、访谈，考查学生综合运用历史知识分析、解决现实问题的能力；通过历史演讲，锻炼学生的思辨能力和口头表达能力；通过历史表演，让学生身临其境，深刻领会和感悟历史，从而激发他们的历史学习兴趣，挖掘他们的潜在能力等。对于每次活动，教师要采取切实可行、科学有效的评价措施，一般可采用分数、等级加评语等多种评价方式。分数、等级是对学生实践活动能力、个性发展的积极肯定，而评语则是师生之间情感上的一种交流，是教师对学生的积极肯定、鼓励和期望，它们可以化作巨大的力量鼓舞学生学习进步和不断成长。譬如本书中，生鹏老师让学生在课后探究自己的姓氏来源，方元老师让学生写 200 字左右的小论文。

问卷调查评价。问卷调查是教育教学研究时常用的方法。问卷题目和常规的测试、作业题目有差别，它要求教师必须有相关的专业知识与能力，能够科学地设计问卷并深入分析、整合调查数据，否则得不到想要的结果。如针对某课时内容的小型调查，一般设计四五个问题就可以，利用课前或者课后很短的时间便可进行。譬如本书要求每个课例作者在教学后都要进行的一个调查是：

1. 本节课中你最大的收获是什么？

2. 本节课中你印象最深的是什么？

3. 本节课中你还没有完全把握或还有疑问的是哪一部分？

4. 学完本课后你还想了解的是什么？

前两个问题主要测试学生的收获，换个角度看即是教师教学成功之处；后两个问题主要是测试学生学习过程中的疑点、难点、兴趣点，换个角度看便是教师教学需要改善之处。这些都是弥足珍贵的学情，相信有心的读者已经从本书课例的"学生反响"部分得到了很多有用的信息。我们不必每节课都进行调查，但至少每个学期可以进行一两次类似的单元教学调查，相信你在实践后会有很多出乎意料的收获。比如隋唐史单元，通过调查我们了解到，其实很多孩子在课前对于玄武门之变、武则天的残暴和荒淫都有所了解。

除以上评价方式外，教师还可以从学校与学生的实际出发，灵活运用并创造出多种合理的评价方法，构建科学合理的综合评价体系。